高等职业院校“双高计划”建设教材
“十四五”高等职业教育财经商贸类系列教材

电子商务数据分析

李　佳◎主　编
孙福东　高淑娟　韩　旭◎副主编

中国铁道出版社有限公司
CHINA RAILWAY PUBLISHING HOUSE CO., LTD.

内容简介

本书是针对高等职业院校财经商贸类专业数据分析类课程编写的一本活页式教材，主要包括初识电子商务数据分析、市场数据分析、客户数据分析、运营数据分析、数据可视化及报告撰写共五个项目14个工作任务，包括数据采集、数据指标的确定、数据分析方法的选择以及电商运营策略等多个任务环节，帮助学生通过制定数据分析目标，明确数据指标类型、数据获取渠道，对数据进行初步整理，掌握电子商务领域数据分析技能，熟练开展电子商务数据分析。

本书结构清晰，体系完整，内容新颖，且注重时效性和针对性，内容对标电子商务数据分析“1+X”证书考核标准。

本书适合作为高等职业院校财经商贸类专业教材，也适合作为从事电子商务数据采集、数据处理、数据可视化等运营工作的企业人员自学。

图书在版编目（CIP）数据

电子商务数据分析/李佳主编. —北京：中国铁道出版社有限公司，2024.1

高等职业院校“双高计划”建设教材 “十四五”高等职业教育财经商贸类系列教材

ISBN 978-7-113-30885-8

Ⅰ.①电… Ⅱ.①李… Ⅲ.①电子商务-数据处理-高等职业教育-教材 Ⅳ.①F713.36②TP274

中国国家版本馆CIP数据核字（2023）第250560号

书　　名：电子商务数据分析
作　　者：李　佳

策　　划：潘星泉　　**编辑部电话：**（010）51873371
责任编辑：潘星泉　张　彤
封面设计：高博越
责任校对：刘　畅
责任印制：樊启鹏

出版发行：中国铁道出版社有限公司（100054，北京市西城区右安门西街8号）
网　　址：http：//www.tdpress.com/51eds/
印　　刷：番茄云印刷（沧州）有限公司
版　　次：2024年1月第1版　2024年1月第1次印刷
开　　本：787 mm×1 092 mm 1/16　**印张：**18.5　**字数：**449千
书　　号：ISBN 978-7-113-30885-8
定　　价：64.00元

前　言

在信息网络经济及“互联网+”背景下，数据已成为重要的生产要素并渗透到了各行各业，数据的分析与利用已经成为企业发展的必要环节和重要工作，对于电子商务运营人员的电子商务数据分析与应用能力的培养，体现了行业、企业对电子商务人才的新需要。

本书是针对高等职业院校财经商贸类专业数据分析类课程编写的一本活页式教材，将电子商务数据分析应用场景与数据分析理论方法相结合，通过任务工作手册形式，辅助课堂教学和实训练习。读者可以通过本书学习，掌握数据分析的方法与应用技能，提升对于电子商务数据分析实际问题的调研、分析和解决能力。本书以项目引领、任务驱动为宗旨，既包含了必备的电子商务数据分析理论知识，又突出了对于数据分析实操技能的培养，以活页式任务工作手册的形式，实现教材应用过程中的理实结合。

本书的创新之处主要体现在以下几个方面：

1. 内容详实，理实结合

本书以电商数据分析理论知识为基础，突出实用性和操作性。主要内容包括：初识电子商务数据分析、市场数据分析、客户数据分析、运营数据分析、数据可视化及报告撰写五个项目，内容设计遵循商务数据分析的知识结构和学习逻辑，讲解深入浅出。通过对本书的学习，读者可以掌握电商数据分析的基本知识、基本原理和基本操作技能，能够胜任电商数据分析工作。

2. 项目引领，任务驱动

本书编写过程中打破了传统教材编写理论模式，采用项目引领、任务驱动方式，以活页式工作手册形式设计教材内容。书中一共包括了五个工作项目 14 个工作任务 45 个实训子任务，每个工作任务由“案例导入”“知识储备”“资讯拓展”“任务实训”等模块组成，每一项实训子任务的设计，立足从实际应用场景的角度出发，精选实操案例，以使得读者能够将理论学习与实际应用衔接得更加紧密。

3. 岗课证融通，对标“1＋X”

本书的内容设计，面向电子商务数据分析师岗位，以商务数据分析工作过程为主线，以数据分析师的实际工作内容为载体，依据实际工作环节设计项目任务。同时，课程内容对标电子商务数据分析“1＋X”证书考核标准，拓展电子商务数据分析内容范围，以满足不同读者的学习需求。

4. 多维评价，素养贯穿

本书的任务单编写注重对于任务完成情况的考核，进一步深化了任务考核评价体系的设计，将技能评价与素养评价相结合，以素养目标的设计及素养评价考核单的应用等方式，将学生的思政培养、职业素养培养融入项目任务的学习中。

本书由黑龙江农业工程职业学院李佳担任主编，黑龙江农业工程职业学院孙福东、高淑娟、韩旭担任副主编。全书由李佳统稿。

本书编写过程中，编者借鉴了国内出版物和网络资源，在此谨向各位原作者表示由衷的感谢和敬意。电子商务行业发展变化速度较快，加上编者水平所限，书中难免存在不足之处，请读者批评指正。

编　者
2023年6月

目　录

项目一　初识电子商务数据分析

【项目目标】

学习目标

1. 理解电子商务数据分析的含义及价值
2. 熟悉电子商务数据分析工具
3. 掌握构建数据分析思路的方法

能力目标

1. 能够根据任务情景明确电子商务数据分析的目的
2. 能够针对数据分析目标制定合理的分析计划
3. 能够运用电子商务数据分析的思维解决实际问题

素质目标

1. 培养学生耐心细致、精益求精的工匠精神
2. 培养学生严谨清晰的数据分析思维
3. 培养学生诚实守信的职业道德

【项目导图】

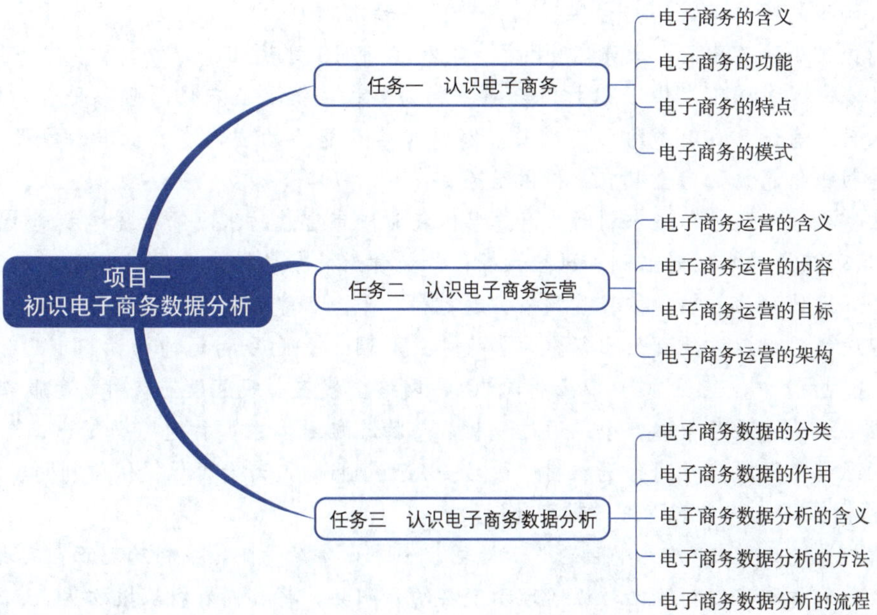

任务一　认识电子商务

【案例导入】

以“数”为媒推进大数据与农业农村融合发展

一块屏幕、一部手机，让村民“小事不出门、大事不出村”，特色农产品通过电商平台进城。在贵阳，随着数字信息基础设施不断完善，大数据正在赋能乡村建设，助力乡村振兴。近年来，贵阳市依托大数据发展优势，推进乡村产业“数字化”、农民生活“数字化”、乡村治理“数字化”，积极探索数字赋能乡村振兴之路。

1. 数字赋能——乡村产业“数字化”

贵阳市修文县栽种猕猴桃已有30多年历史，“小绿果”变身“致富果”，与大数据密不可分。扫一扫猕猴桃身上的二维码，就能看到果园基本信息、猕猴桃生产概况、检测报告等，极大满足消费者知情权。目前，该县已有38家猕猴桃种植园接入物联网大数据平台，覆盖6万余亩猕猴桃种植基地。

近年来，随着大数据技术的发展，贵阳市农业生产已实现精细化、智能化，贵阳市农特产品在市场竞争中更具活力。贵阳市先后在猕猴桃、蓝莓、马铃薯、茶叶生产基地试点开展农业大数据应用，推广部署环境实时监测系统，实现环境实时感知和控制，提升便捷化、精准化生产管理水平。同时，贵阳市加快推进“食用菌种植与互联网融合运营管理平台”“数字化肉鸡养殖云服务平台”等六个省级融合标杆项目建设。

2. 互联网+——农民生活“数字化”

在贵阳市息烽县，数字平台实现信息和服务精准到户，农技、医疗等优质资源下沉到村，让村民“小事不出门、大事不出村”。自2020年10月获批成为中国首批国家数字乡村试点地区以来，贵阳市息烽县以打造数字乡村为契机，搭建益农信息服务平台，按照有场所、有人员、有设备、有宽带、有网页、有持续运营能力的“六有”标准，建设益农信息社，选聘村级信息员，为全县农户提供服务。

探索“数字＋服务”进农村时，息烽县依托贵阳市智慧防汛决策系统建成息烽防汛“一张图”，实现应急降水实时监测和风险预警；依托贵州数字乡村建设监测大数据可视化平台，推动人居环境信息化管理；依托贵州省“通村村”平台，建成“通村村”县级调度中心，接入数条客运线路，以方便百姓出行。为加快“互联网＋”向乡村延伸，贵阳市2021年新建农村4G基站50个，实现30户以上村民组4G网络全覆盖；规范设置农村电商服务站点380个，建成县级物流服务中心6个。通过乡村智慧物流配送体系，打通“黔货出山”“网货下乡”双向通道，解决电子商务进农村“最后一公里”问题，为老百姓提供便利的生活服务。

3. 积极探索——乡村治理“数字化”

村情村貌“云监测”、大小问题“云处理”……如今在贵阳，乡村治理正在实现数字化、精准化。作为贵阳市农村生活垃圾治理示范县的开阳县，将县内农村垃圾收集点、垃圾收运车共同接入“贵州数字乡村”App农村垃圾收运体系数字化监测平台，实时监控农村生活垃圾收运、环卫设施运行情况，实时调度人员车辆清扫清运，确保垃圾“日产日清”。让数据多跑路，群众少跑腿或不跑腿，贵阳市运用大数据技术，将乡村两级政务服务事项同步进驻贵州政务服务网，打通网办渠道。以贵阳市白云区为例，2021 年 7 月，该区依托“一云一网一平台”，实现营业执照、驾驶证、社保卡等多类电子证照一键调用，梳理“政务服务类事项”1 500 余项进驻“电子政务服务平台”，做到群众事网上办。

“十四五”期间，贵阳市将着力围绕农村信息基础设施优化升级，致力推进农村宽带、5G、互联网建设，提升农村信息基础设施数字化水平；引进和应用新型智能农业设施装备，加强农村智慧应急管理体系建设；加强农民数字素养与技能培训，提升村级事务管理智慧化水平。以大数据助推农业现代化，持续推进大数据在乡村振兴中发挥更大作用。

【知识储备】

电子商务数据分析是在电子商务交易过程中，将电子商务平台上用户的交易信息，包括购买时间、购买商品、购买数量、支付金额等进行收集整理，基于平台的运营数据对交易行为进行分析，以评估客户的价值，及针对客户的扩展营销的可能性。因而在电子商务数据分析学习之前，首先要了解电子商务的相关概念、特点、功能模式等知识。

一、电子商务的含义

电子商务实质上就是在商务活动中，交易双方借助现代信息与通信技术，支持商业流程及商品与服务的交换，实现商务活动各阶段的电子化，从而降低人、财、物等资源的消耗，提高商务活动的社会效益和经济效益的一系列新型商务模式的集合。电子商务的含义中，信息与通信技术手段和商务活动的关系如图 1-1 所示。

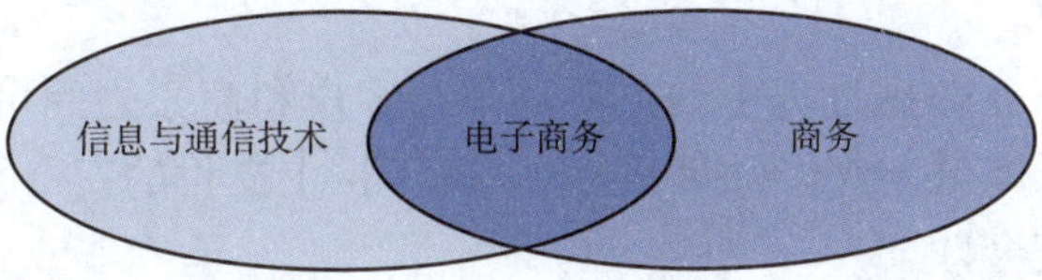

图 1-1　电子商务含义

二、电子商务的功能

电子商务可以提供网上交易和管理等全过程的服务，因此它具有广告宣传、咨询洽谈、网上订购、网上支付、电子账户、服务传递、意见征询、交易管理等各项功能。

（一）广告宣传

电子商务使企业、消费者和政府部门等，都可以通过自己的电商网站、新媒体平台和在线通信等渠道，在全球范围内做广告宣传，在互联网上宣传企业形象和发布各种商品信息，客户用网络浏览器可以迅速找到所需的商品信息。

（二）咨询洽谈

电子商务使企业可借助网络通信工具，例如非实时的电子邮件、新闻组和实时的讨论组来了解市场和商品信息、洽谈交易事务。在网上的咨询和洽谈能超越人们面对面洽谈的限制、提供多种方便的异地交谈形式。京东电子商务网站如图 1-2 所示。

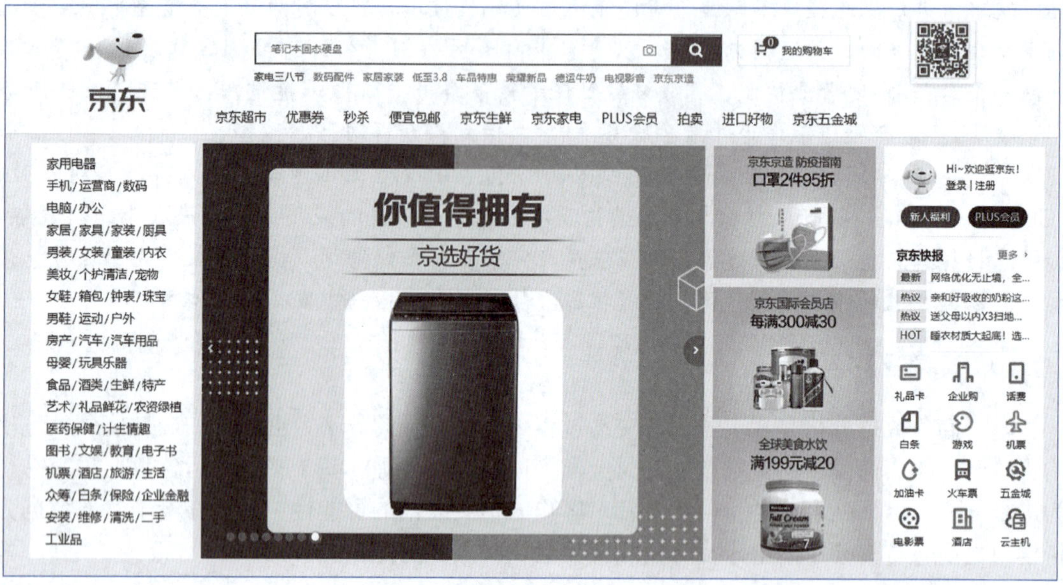

图 1-2 京东电子商务网站

（三）网上订购

电商企业的网上订购系统，通常都是在商品介绍的页面上提供十分友好的订购提示信息和订购交互表格，当客户填完订购单后，系统回复确认信息单表示订购信息已收悉。电子商务的客户订购信息采用加密的方式使客户和商家的商业信息不会泄露。

（四）网上支付

网上支付是电子商务交易过程中的重要环节，客户和商家之间可采用信用卡、电子钱包、支付宝等多种电子支付方式进行网上支付，对于网上支付的安全问题现在已有实用的技术来保证信息传输的安全性。

（五）电子账户

网上支付是指由银行、信用卡公司及保险公司等金融单位提供包含电子账户管理在内的金融服务，客户的信用卡号或银行账号是电子账户的标志，它是客户所拥有金融资产的标识代码，电子账户通过客户认证、数字签名、数据加密等技术措施的应用保证电子账户操作的安全性。

1. 服务传递

电子商务通过服务传递系统将客户所订购的商品尽快地传递到已订货并付款的客户手中，对于有形的商品，服务传递系统可以通过网络对在本地或异地的仓库或配送中心进行物流的调配，并通过物流服务部门完成商品的传送。无形的信息产品如软件、电子读物、信息服务等则立即从电子仓库中将商品通过网络直接传递到用户端。

2. 意见征询

企业的电子商务系统，可以采用网页上的问卷等形式及时收集客户对商品和销售服务的反馈意见，这些反馈意见能提高网上、网下交易的售后服务水平，使企业获得改进产品、发现新市场的商业机会，使企业的市场运作形成一个良性的封闭回路。

3. 交易管理

电子商务的交易管理系统可以借助网络快速、准确收集大量的数据信息，利用计算机系统强大的处理能力，针对与网上交易活动相关的人、财、物、客户及本企业内部事务等各方面进行及时、科学、合理的协调和管理。

三、电子商务的特点

电子商务提供的网络化全球性商务环境，大大提高了商务活动的水平和服务质量，具有较强的优越性和特点，归纳起来主要体现在以下几个方面（见图 1-3）。

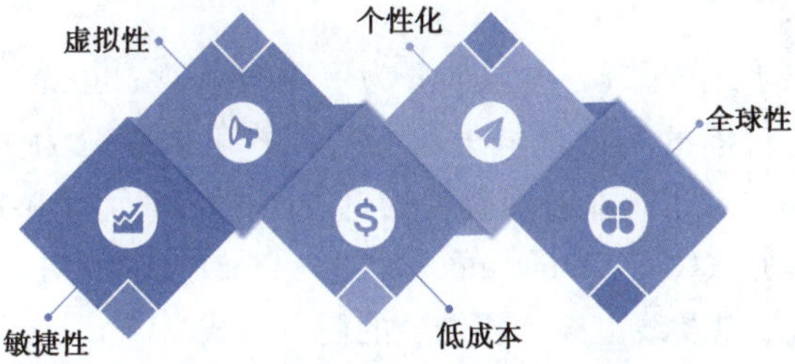

图 1-3　电子商务的特点

（一）虚拟性

电子商务是一种在虚拟市场运作的商务形式。除商品本身是实体外（部分商品本身并无实体，如电子图书、影像制品等数字产品等），一切涉及商品交易的手续，包括合同、资金和运输单证等，都以虚拟方式出现，交易双方在互联网上进行交易，由面对面交易变为机对机交易，跨越了时空的界限。

（二）低成本

电子商务突破了行业和产品物理特性的限制，使商品信息的透明度增加，交易范围急剧放大，大幅度降低信息的收集成本、发布成本和撮合成本，减少许多中间环节，使交易成本大幅度降低，由于电子商务较少受店面租金、库存压力、经营规模以及场地限制的制约，可以大幅度减少信息传递成本、中间环节交易成本、文件处理成本、库存与管理经营成本以及广告促销成本。

（三）个性化

电子商务使个性化定制信息需求更加强劲，个性化商品的深度参与成为必然，小批量、多品种成为新的营销模式。

（四）敏捷性

电子商务时代的企业需要对变化多端的电子商务市场进行准确而有效的快速反应，缩短生产周期，提高产品质量，实现对多边的市场需求快速准确的反应，电子商务克服了传统贸易方式易出错、处理速度慢等缺点，极大地缩短了交易时间，使整个交易非常快捷与方便。

（五）全球性

电子商务的市场范围从概念和实现形式都是统一的全球市场，电子商务的开展使企业从一开始就面对全球市场，即使是刚刚诞生的小公司，也可以通过进入国际互联网树立全球形象，直接开展全球范围的商务活动。

【知识链接】电子商务作为一种新型的交易方式，将生产企业、流通企业、消费者和政府带入了一个网络经济增长迅猛的新世界，在电子商务的环境中，人们不受地理位置的限制，客户能以非常简捷的方式完成以往比较复杂的商业活动，同时使企业对客户的服务质量大大提高，作为一种不同于传统的新型交易模式，电子商务将生产企业、流通企业以及消费者和政府引入一个数字化的虚拟空间，以一种简单、快速的方式来完成复杂的业务活动，提高业务系统运行的严密性和效率。

四、电子商务的模式

电子商务按照不同的分类标准，可以划分为不同的类型，也就是电子商务的不同模式。最为常见的是按照交易对象的不同，电子商务的模式可以划分为企业对企业的电子商务（B2B，business to business）、企业对消费者的电子商务（B2C，business to customer）、消费者对消费者的电子商务（C2C，customer to customer）、企业对政府的电子商务（B2G，business to government）以及线上线下相结合的商业模式（O2O，online to offline）。

（一）企业对企业的电子商务

企业对企业的电子商务，即企业与企业之间通过互联网进行产品、服务及信息的交换，多指商品采购、批发和业务处理。电子商务交易的供需双方使用 Internet 的技术或各种商务网络平台，完成商务交易的过程。这些过程包括发布供求信息，订货及确认订货，支付过程及票据的签发、传送和接收，确定配送方案并监控配送过程等，如阿里巴巴网、中国五金网。

（二）企业对消费者的电子商务

B2C 模式即企业直接面向消费者销售商品和服务的电子商务模式，是我国最早产生的电子商务模式，即消费者通过线上的方式完成商务和服务的咨询、购买、使用和订单处理等。比较典型的 B2C 电子商务网站有京东商城、唯品会等。

（三）消费者对消费者的电子商务

C2C 模式是用户对用户的模式，C2C 商务平台就是通过为买卖双方提供一个在线交易平台，使卖方可以主动提供商品上网拍卖，而买方可以自行选择商品进行竞价，如淘宝网等。

（四）企业对政府的电子商务

B2G 模式即企业与政府之间通过网络进行的交易和商务活动的运作模式，比如电子通关、电子报税等，比较典型的就是各类各级网上政务办理大厅。B2G 模式大大提高了政府的相关工作效率，节省了企业与政府的时间，在一定程度上方便了政府和企业的工作人员，使得业务办理效率有了很大的提高。

（五）线上线下相结合的商业模式

O2O 是近年来新兴起的一种电子商务新商业模式，即将线下商务的机会与互联网结合在一起，让互联网成为线下交易的前台。在 O2O 平台商业模式中，整个消费过程由线上和线下两部分构成。线上平台为消费者提供消费指南、优惠信息、便利服务（预订、在线支付、地图等）和分享平台，而线下商户则专注于提供服务。

【资讯拓展】

新的互联网商业模式

随着互联网技术的发展，以及互联网人群的扩大，互联网商业模式将不断演变、创新。目前，一些新的互联网商业模式正如同种子一般，破土而出，快速生长。

1. 与物联网及产业互联网相关的商业模式

物联网通常被定义为“物物相联的互联网”，即互联网延伸至物体和物理对象，并使之相互通信和信息交换（互联互通）。物联网是新一代互联网技术和计算机技术的重要发展方向，也是互联网未来应用的主要领域所在。它将广泛应用于智能工业、智能农业、智能物流、智能交通、智能电网、智能环保、智能安防、智能医疗、智能家居等领域。至于与物联网相关的商业模式，除了物联网硬件和软件的开发、制造、销售之外，有一种形态值得关注：基于物联网信息平台的服务运营。例如智能家居领域的家庭信息化服务平台，智能电网、智能交通等领域的信息服务平台等。

2. 与云计算相关的商业模式

云计算是一种基于互联网的计算方式，其目标在于将计算和存储简化为像公共的水和电一样易用的资源，用户只要连上网络即可方便地使用，按量付费。云计算极大地提高了全社会信息存储和信息利用、加工的效率，企业及个人无须构建信息中心就可以在云端平台上运行各种各样的业务系统。云计算本身就是互联网领域一种新的服务型商业模式。如果对其进行细分的话，可以分为云服务和云计算在其他行业的应用两大类。就云服务而言，通常包括三种模式：一是基础架构“云”；二是平台“云”；三是应用“云”。目前，亚马逊、谷歌等互联网在全球范围内分别提供不同层次的云服务，我国的阿里巴巴也推出了阿里云。

3. 与大数据相关的商业模式

无论是自然系统还是社会系统，都在不断产生和沉积巨量信息与数据。计算机技术的进步，为巨量、动态、非结构数据的分析、利用和管理创造了条件。就商业领域而言，通过对大数据的分析处理，可以辨识、梳理、思考商业机会和顾客需求，也可以更精准地进行顾客价值定位，以及探求创造价值的新方法。尤其一些只在线上经营的网络企业，处于茫茫虚拟世界，顾客的踪迹和特征无法通过直接接触来观察，只能借助于“雁过留声”“踏雪有痕”的数据和信息来捕捉。

与大数据相关的商业模式，最简单的就是拥有大数据的机构出售大数据。而对大部分企业来说，运用大数据分析，更能适应细分的、个性化的需求，可以更加准确地理解顾客，与特定顾客的互动可以更为深入持久（例如精准沟通、商品推荐）。随着大数据技术的广泛应用，相关软件及配套硬件企业将会迎来巨大的发展机遇。由于大数据仍属新鲜事物，具体的商业模式仍有待创造和研究。

4. 与移动终端相关的商业模式

目前，智能移动终端的增长极为迅猛，基于移动互联网的新商业模式创新将不断出现。首先，以手机 App 为入口的应用还会增加。其次，微信平台上的商业模式将更加丰富，尤其是源于信任的社交型电子商务将会有长足的进展。再次，移动终端上的各种平台将会在竞争中融合、转化和演变，从而整合出新的业务形态和收入模式。此外，到了物联网时代，移动终端将会成为智能家居、智能汽车，以及其他有关生产生活功能系统的控制中心和管理平台，与之相关的新商业模式有很大的想象空间。

商业模式大都不是事先想出来的，而是基于某种顾客需求和社会生活中的某个问题自然而然、水到渠成地生成。而幸运者则是在正确的地点（存在规模化的需求空间以及可整合利用的供应资源）、正确的时间（新的商业模式从不成熟到成熟的转折点上）做了正确的事。

【任务实训】

任务单 1.1.1

<table>
<tr><td>任务项目</td><td colspan="2">认识电子商务</td></tr>
<tr><td>任务目标</td><td colspan="2">（1）掌握电子商务的定义。
（2）了解电子商务的发展历程。
（3）能够分析归纳互联网环境下电子商务与传统商务的区别，以及电子商务对社会生活带来的主要影响</td></tr>
<tr><td>任务描述</td><td colspan="2">假如你是某电子商务管理咨询公司职员，现需要你通过互联网获取并整理电子商务发展历程相关信息。
步骤 1：在互联网上搜索有关电子商务发展相关数据，例如：登录中国互联网信息中心，网站首页如图 1-4 所示。

图 1-4　电子商务的特点
步骤 2：就某一主题，下载不同时间周期的报告，进行动态比较。
步骤 3：通过比较分析，了解互联网发展历程，总结归纳</td></tr>
<tr><td>任务要求</td><td colspan="2">根据以上内容，结合所学习的电商知识，分析互联网环境下电子商务与传统商务的区别，以及电子商务对社会生活带来的主要影响有哪些</td></tr>
<tr><td rowspan="2">任务记录</td><td>实施过程</td><td>其他事项</td></tr>
<tr><td></td><td></td></tr>
</table>

<table>
<tr><td rowspan="2">任务记录</td><td colspan="4">实施过程</td><td>其他事项</td></tr>
<tr><td colspan="4"></td><td></td></tr>
<tr><td>任务反思</td><td colspan="5"></td></tr>
<tr><td>学号</td><td></td><td>姓名</td><td></td><td>时间</td><td></td></tr>
</table>

【任务实训】

评价单 1.1.1

<table>
<tr><td>评价项目</td><td colspan="5"></td></tr>
<tr><td rowspan="2">技能评价</td><td colspan="2">学生互评</td><td>组内评价</td><td colspan="2">教师评价</td></tr>
<tr><td colspan="2"></td><td></td><td colspan="2"></td></tr>
<tr><td rowspan="5">素质评价</td><td colspan="3">评价要点</td><td>达标</td><td>未达标</td></tr>
<tr><td>工匠精神</td><td colspan="2">有耐心、精益求精</td><td></td><td></td></tr>
<tr><td>协作精神</td><td colspan="2">重合作、团队协商</td><td></td><td></td></tr>
<tr><td>创新意识</td><td colspan="2">有想法、创新创意</td><td></td><td></td></tr>
<tr><td>学习能力</td><td colspan="2">会运用、求真求实</td><td></td><td></td></tr>
<tr><td>学号</td><td></td><td>姓名</td><td></td><td>时间</td><td></td></tr>
</table>

【学习总结】

项目学习总结记录

【任务实训】

任务单 1.1.2

任务项目	体验电子商务	
任务目标	探讨农村电子商务的发展与优势	
任务描述	我国电子商务经过多年的发展，已经形成了一个完整的产业体系，并通过创新和协调的发展方案渗透到人们生活的方方面面。随着互联网技术的不断完善和相关技术的不断进步，越来越多的传统企业选择转型，积极走上电子商务发展之路。 纵观我国电子商务的整体市场，城市覆盖率极高。与城市相比，农村有较大的发展空间。未来农村电子商务将逐步走向标准化，在生产、包装、销售、运输等环节严格按照标准执行，为规模化发展铺平道路。随着一系列有利于农村发展的国家政策的出台，电子商务在农村的发展步伐将更加有力	
任务要求	根据以上内容，结合所学习的电商知识，进一步分析我国农村电子商务的发展与优势	
任务记录	实施过程	其他事项

<table>
<tr><td rowspan="2">任务记录</td><td colspan="4">实施过程</td><td>其他事项</td></tr>
<tr><td colspan="4"></td><td></td></tr>
<tr><td>任务反思</td><td colspan="5"></td></tr>
<tr><td>学号</td><td></td><td>姓名</td><td></td><td>时间</td><td></td></tr>
</table>

【任务实训】

评价单 1.1.2

<table>
<tr><td>评价项目</td><td colspan="5"></td></tr>
<tr><td rowspan="2">技能评价</td><td colspan="2">学生互评</td><td>组内评价</td><td colspan="2">教师评价</td></tr>
<tr><td colspan="2"></td><td></td><td colspan="2"></td></tr>
<tr><td rowspan="5">素质评价</td><td colspan="3">评价要点</td><td>达标</td><td>未达标</td></tr>
<tr><td>工匠精神</td><td colspan="2">有耐心、精益求精</td><td></td><td></td></tr>
<tr><td>协作精神</td><td colspan="2">重合作、团队协商</td><td></td><td></td></tr>
<tr><td>创新意识</td><td colspan="2">有想法、创新创意</td><td></td><td></td></tr>
<tr><td>学习能力</td><td colspan="2">会运用、求真求实</td><td></td><td></td></tr>
<tr><td>学号</td><td></td><td>姓名</td><td></td><td>时间</td><td></td></tr>
</table>

【学习总结】

项目学习总结记录

任务二　认识电子商务运营

【案例导入】

乡村振兴——荣电集团探索农村电商新路子

合肥荣电集团发挥电商运营优势，与肥东县商务局共建肥东电商公共服务中心，坚持“企业为主、政府推动、市场运作、合作共赢”的原则，发展农村电商，助力农产品上行，帮助农户增收致富和推进乡村振兴。

为了更好地服务区域经济，提升区域电子商务整体水平，经肥东县人民政府批准，于2016年5月正式成立肥东电商公共服务中心，通过政府购买企业服务的方式，由荣电集团代为运营管理。中心秉持“创新驱动、科技兴农”的服务理念，立足于肥东当地农业农村资源禀赋，深入了解各乡村、各农户发展条件及本土农特产品、旅游资源、人文资源等，制定电商赋能方案。

针对肥东县网络零售发展情况，中心建成肥东电商大数据分析平台，汇总了农产品电商系统上的品类、价格和成交量等，覆盖每个商品类目。借助大数据存储及处理技术，实现农产品各项数据的整合分析以及电商企业经营状况分析，进而得出农产品交易、产品信息和县域内电商企业直观数据视图。肥东电商大数据平台以可视化方式展现出肥东网络零售领域的宏观趋势和微观行情。提供一站式全方位的肥东县网络零售企业名录库，同时具备网络零售企业信息查询功能，能够展示网络零售企业的基本信息、店铺信息和销售数据，用于分析和评估企业经营情况。

推动农产品网货化，需要规模化、规范化生产，针对农产品的特点加强农产品供应链规划、建设和管理，完善农产品检验检测、质量标准和追溯体系，打造特色品牌。中心深入企业内部积极对接，先后前往古城镇江淮社区扶贫产业园、张集乡扶贫产业园、公和堂等多家本地企业。通过基地拍摄、包装设计、产品企划、店铺搭建等成套的营销策划，推广肥东本土特色农产品，实现网货化、品牌化，提升肥东农产品品牌影响力、知名度。

中心通过“平台+合伙人”模式，鼓励更多人投身到农村电商中来，积极创业，学习复制新农人成功模式，形成规模农业和特色农业，探索农村发展新路径。中心定期开展线下培训及官网和视频号线上直播培训、短视频技巧培训等电商专题培训，累计上千场，帮助企业和农户掌握多种营销手段。

中心围绕促进农村消费、农产品上行、乡村普惠金融、民生服务质量开展直播助农及社区团购。各类活动的开展向本地用户营造数字生活消费氛围，为本地企业普及电商直播、社区团购等营销新业态新工具，对外展示宣传积极向上的优质营商环境。农村电商大有可为，在巩固现有成果的基础上继续打造农村电商培育基地，助力农业农村数字化转型，助推乡村产业和生态经济实现高质量发展。

【知识储备】

一、电子商务运营的含义

运营是指对运营过程的计划、组织、实施和控制，是与产品生产和服务密切相关的各项管理工作的总称。对于传统企业来讲，运营涵盖的内容以及运营经理的职责主要包括七个方面：产品研发、制造和生产、供应链、质量管理、销售和营销、资金、人力资源。

电子商务运营与企业运营存在相似之处，包括调研、产品定位、运营策划、产品管控、数据分析、营销与推广等。但其执行对象有别于实体产品，电子商务运营的对象是根据企业需要开发设计的电子商务平台的所有附属推广产品。从广义上看，电子商务运营是一个很大的范畴，指一切与企业电子商务运营相关活动的总称，包括平台建设、技术、美工、市场、销售、内容建设等，甚至企业电子商务战略、物流建设等；从狭义上看，企业电子商务平台的运营是独立于技术、销售、市场、物流等工作内容而存在的。

二、电子商务运营的内容

随着各类新型电商模式如直播带货、社群营销等的出现，电子商务逐渐颠覆了人们以往的消费习惯，同时也刺激了物流行业和线下实体店的转型，电子商务运营工作内容主要包括以下几个方面，如图 1-5 所示。

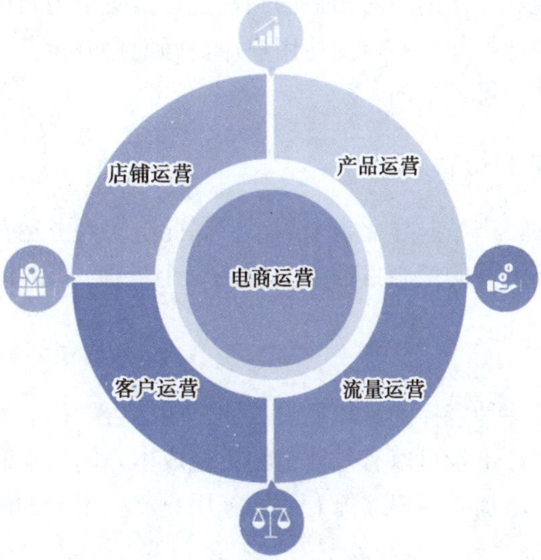

图 1-5　电商商务运营的内容

(一) 店铺运营

店铺运营包括开店基本操作、店铺装修、产品更新、订单处理等工作内容。小型电商企业一般运营负责以上全部工作，而大公司会将这些工作区分开，设计作图、运营做商品上下架、客服做订单处理等。

（二）产品运营

产品运营指的是产品包装、产品上下架、产品定价以及产品出入库管理等。产品运营过程中，以产品定价为例，运营人员需要在产品进货的基础上，分析平台内部同类商品，参考竞品的定价，核算成本，查看出货及物流费用等，最终确定价格。产品运营中也包括与线下渠道的沟通合作等。

（三）流量运营

流量运营也分付费和免费，主要包括：凭着平台的内部渠道规则，免费优化自己的产品排名，比如文案、海报设计、产品上架时间、促销情况等；竞价行为，也就是付费，如何通过付费获取流量。设计营销活动也是刺激产品销售以及吸引流量的一种形式，在我们熟知的“双 11”“618”等大型电商活动中，电商运营参与这类活动会在适当的时候让店铺排名和销量有一定的上升。外部推广，常见的就是淘宝客、社群或者是分销等。

（四）客户运营

客户运营不仅可以提升客户的活跃度、增加客户满意度，还可以通过收集客户反馈，为企业下一次的产品优化做准备。

电子商务运营的主要工作包括但是不限于以上内容，另外还会有图文设计、视频制作、数据统计和分析等内容。效果数据分析是将平台运营效果划分为阶段性数据分析，并整理、指导可持续性运营策略的重要工作，是根据用户习惯来调整平台运营方向，对网络媒介的每一个细节进行分析，实现和提高网站对用户的黏性，提高吸引力及网站关注度。以数据分析来指导运营才能有的放矢地抓住核心，抓住用户，更好地提升运营效果。因此，电商运营中的数据分析是非常重要的不可或缺的一步。

三、电子商务运营的目标

互联网行业竞争激烈，产品差异化越来越小，因此电子商务运营的差异化成了企业核心竞争力的关键，电子商务运营的核心目标主要围绕三个方面：增加新客户、维护存量客户、提升活跃度。

（一）增加新客户

带来新用户的途径是多种多样的，比如投放朋友圈广告、门店海报、微信商城等。借助有效的营销工具增加新客户不仅可以有效地节约资金成本，同时在时间管理上也是如此。对于传统商家和电商平台，增加新客户才能有效弥补用户流失带来的问题。

（二）维护存量客户

老客户维系和忠实度的建立是复杂的过程，当卸载和选择越来越多样化，“用户留存”的难度要比增加新客户的难度更高。留存的方式也有很多种，如商品质量、价格、用户体验和会员管理，以及定期不定期地准备活动。提升存量用户的忠诚度，而且又让老客户愿意分享给其他新客户，这样留存和增加新客户才能可持续进行。

（三）提升活跃度

提升消费者的活跃度，让消费者更加愿意频繁登录，同时主动购买和使用商品。想让客户留下并长期关注商城，除了分析用户类型（年龄段、需要点、地点、性别）、多手段地激活和召回沉默用户，还要完善用户激励机制，让用户在访问过程中都能有所成长和受益。通过关注签到任务、定期活动推送等各种渠道或手段触达用户，来提升用户的活跃度。

电子商务运营在不同发展阶段，运营目标和运营手段是不同的，电商运营不仅要兼顾用户体验，也要考虑到企业品牌，甚至要为企业利润做更多的工作。

四、电子商务运营的架构

电子商务运营涉及采购、研发、生产、库存、销售、推广、客户维护、售后等一系列环节，企业会根据不同的运营模式采取不同的组织结构。越来越多的电子商务企业重视电子商务的数据化运营和管理，通过数据支持和数据监控，更好地掌握运营各个环节的具体情况。在电子商务数据分析的过程中，了解企业的组织架构，熟悉企业各个职能部门的主要工作内容和工作目标，有利于提高数据分析工作的效率和价值。电子商务企业运营组织架构如图 1-6 所示。

(1) 运营部。负责对企业经营管理的全过程进行计划、执行和控制，对企业日常经营活动及各运营流程的衔接工作进行具体指导、协调和监督，对企业内部资源进行有效的整合。

(2) 推广部。负责企业项目的定位与推广，企业市场形象推广策略的研究与实施，及相关业务的协调与管理。

(3) 数据部。负责业务数据监控、收集、整理、分析、报表制作，及时准确地提供、反馈各渠道数据并负责与渠道方核对。

(4) 客服部。负责订单管理、处理客户投诉与退货申请、接待客户咨询等与服务客户相关的事务。

(5) 市场部。负责市场开发与维护，拉近产品与消费者之间的心理距离。市场部可以根据实际情况划分为产品市场部、市场开发部、市场宣传部、销售支持部等。

(6) 销售部。负责将产品送到消费者面前，并收回资金，实现产品价值。

(7) 营销部。负责对企业产品价值实现过程中的各个销售环节进行管理、监督、协调与服务。

(8) 采购部。采购企业所需产品或原材料，定期分析销售、库存等数据，提高动销率、产品销售业绩与库存周转率等。

(9) 储运部。负责库存管理，安排配货、打包、发货等与物流相关的事务。

(10) 人力资源部。负责企业的人员规划、招聘和培训，计算薪资绩效等事务。

(11) 行政部。负责企业办公设备和办公用品的采购和管理、活动组织等事务。

(12) 财务部。负责企业财产物资的管理，包括会计核算、资金管理、成本控制等事务。

【资讯拓展】

电商企业运营组织架构

随着电商的热潮化，越来越多的人加入了电商行列，一个网店或者电商部门的领头羊就是运营。日常经营过程中，电商企业的各个岗位都在等待运营部门的指示或者方案，因而运营部门在电商企业中扮演着的重要角色，如图 1-6 所示。

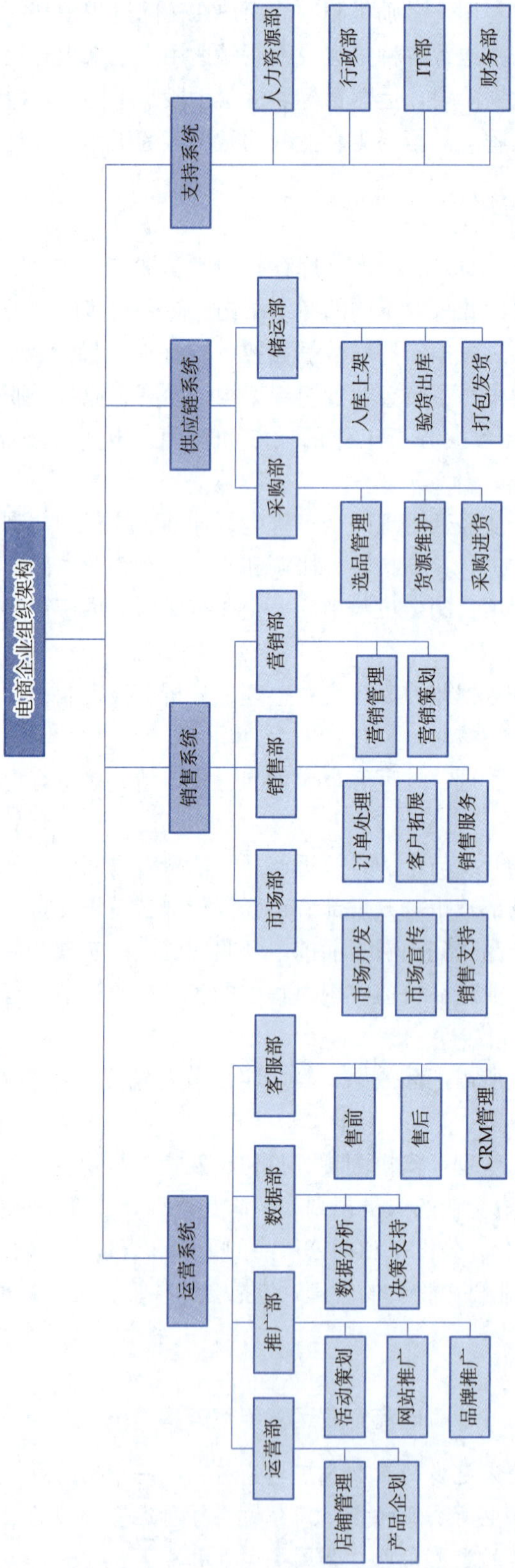

图 1-6　电子商务企业运营组织架构

一、分析数据找出问题

电商平台运营人员每天上班的第一件事就是分析数据并找出问题。分析数据不仅仅局限于自己店铺的数据，还有竞品的数据，因为只有对比才能发现问题。

(1) 分析市场大盘数据。统计大盘的流量、收藏加购、转化率，这里主要是看大盘的流量是涨还是跌，通过大盘流量数据判断自己的流量是涨了还是跌了。

(2) 分析自己产品数据。产品数据需要多维去分析，不管是免费流量还是付费流量，不管是搜索渠道还是推荐渠道，都要全面进行分析。例如，发现单品流量同比昨天出现了下滑，那么就要清楚是什么渠道的流量出现了下滑，再针对性地分析是什么原因造成的下滑。

(3) 分析竞品数据。以搜索为例，搜索的展现完全取决于哪一个产品的数据更好，给平台贡献的价值更高，那么这个产品就排在前面，给予更多的展现量。运营人员在进行统计数据的时候就要去分析竞品，究竟哪一个产品的价值更高，从而分析自身平台产品的排名到底是升还是降。

二、解决问题

通过分析问题清晰知道了问题的症结所在，接下来就需要进一步解决问题，解决运营问题的过程，就需要找企业内部对应岗位的工作人员进行沟通。

1. 推广

如果产品流量的下滑主要是付费流量造成的，那么就要跟推广人员沟通，提高每天的推广费用。如果产品的转化率下降了，就要跟推广人员沟通是不是引流的渠道或者流量的精准度出现了下滑。

2. 美工

如果点击率出现了下滑，首先要沟通的就是美工，当然不能仅仅依赖美工，需要运营和美工共同协作。运营的职责是通过数据给出美工什么样的内容图片更容易获得高点击率，如果让美工自己凭空想象，没有任何数据支撑，永远也做不出高点击率的图片。

3. 客服

运营还要去跟客服了解询单转化率和服务态度。一个优质的客服，具备高的询单转化率，可以把用户快速转化成店铺的客户，当然如果店铺有上新活动或者周年庆、大促等活动的时候，一定要跟客服协商好优惠力度或者搭配套餐等，让店铺的活动更加有效果。

4. 品控物流

如果店铺的动态评分（DSR）出现了下滑，就要通过电话回访或者评价快速找到原因，然后去解决。一般 DSR 出现了下滑，就是产品质量、发货、快递的问题，是什么问题就相应地去解决问题。

三、调整方法，提升效率

虽然店铺的推广策略是店铺的根基也是贯穿整个店铺的方案，不能随意更改，但是在推广中策略出现了问题，还是要及时纠正。通过纠正策略，让策略更加完善，更容易完成既定目标。一个优秀的平台网店运营人员，是通过数据分析去发现问题，通过跟各个部门的沟通快速解决问题，让店铺运营越来越好。

【任务实训】

任务单 1.2.1

任务项目	体验电子商务运营	
任务目标	体验并理解电子商务运营流程	
任务描述	某网店运营工作人员李想一大早就到了公司，他首先要做的就是统计与分析网店昨天的数据，主要是销售数据、流量数据、推广数据等，统计数据后李想发现，昨日较前日的销售数据降低了近 20 000 元。考虑到网店的销售数据受流量、转化率和客单价三个指标的共同影响，因此他开始重点对这三个指标进行分析，以便找到销售数据降低的原因。 李想首先查看流量数据，看看是不是网店的搜索流量减少了，或者付费推广流量减少了。经过一番仔细检查，李想确定问题并不是出在流量上。另外，网店商品的种类和定价在近一段时间也没有太大的变化，因此客单价一直比较稳定，所以他把注意力集中到了转化率这个指标上。经过排查，李想发现一款畅销商品的转化率急剧下降，然后他集中精力分析该商品转化率下降的原因，终于发现了问题：该商品的评价中有一条差评被推到了评论区的首位，李想马上联系客服部，协助解决该问题	
任务要求	根据以上内容，结合所学习的电商运营知识，回答如下问题： （1）李想的电子商务运营工作主要包括哪些内容？ （2）李想排查流量数据时如果发现搜索流量减少了，那么他应该做哪些运营调整	
任务记录	实施过程	其他事项

<table>
<tr><td rowspan="2">任务记录</td><td colspan="4">实施过程</td><td>其他事项</td></tr>
<tr><td colspan="4"></td><td></td></tr>
<tr><td>任务反思</td><td colspan="5"></td></tr>
<tr><td>学号</td><td></td><td>姓名</td><td></td><td>时间</td><td></td></tr>
</table>

【任务实训】

评价单 1.2.1

<table>
<tr><td>评价项目</td><td colspan="5"></td></tr>
<tr><td rowspan="2">技能评价</td><td colspan="2">学生互评</td><td colspan="2">组内评价</td><td>教师评价</td></tr>
<tr><td colspan="2"></td><td colspan="2"></td><td></td></tr>
<tr><td rowspan="5">素质评价</td><td colspan="2">评价要点</td><td>达标</td><td colspan="2">未达标</td></tr>
<tr><td>工匠精神</td><td>有耐心、精益求精</td><td></td><td colspan="2"></td></tr>
<tr><td>协作精神</td><td>重合作、团队协商</td><td></td><td colspan="2"></td></tr>
<tr><td>创新意识</td><td>有想法、创新创意</td><td></td><td colspan="2"></td></tr>
<tr><td>学习能力</td><td>会运用、求真求实</td><td></td><td colspan="2"></td></tr>
<tr><td>学号</td><td></td><td>姓名</td><td></td><td>时间</td><td></td></tr>
</table>

【学习总结】

项目学习总结记录

【任务实训】

任务单 1.2.2

任务项目	网店运营诊断	
任务目标	熟悉网店运营初步诊断流程，并撰写网店诊断报告	
任务描述	数据化运营之所以越来越重要，是因为数据是由消费者所产生的，通过数据多角度分析能够更好地理解平台规则、消费者行为、市场变化、竞争对手运营手法，从而寻找到运营规律。通过对网店运营数据的诊断，能够得到问题的反馈，如搜索流量是否增长、退款率是否上升、商品库存结构是否合理、销售额下降是由什么原因引起的等。根据数据反馈进行优化，才能够做好全局精准运营，实现运营效益最大化。 本次任务要求学生分工协作，对于电商平台经营的店铺展开初步诊断，在销售额变化趋势分析的基础上对店铺的访客数、店铺成交转化率和客单价三个指标展开分析并做出诊断，根据诊断结果提出对策	
任务要求	店铺诊断的依据是“销售额＝访客数×转化率×客单价”，通过将本网店的这三个指标与行业的这三个指标进行对比分析，找出其中存在的差距。 任务实施步骤： 步骤 1：获取网店诊断的相关数据； 步骤 2：对比分析，找出差距； 步骤 3：商讨对策； 步骤 4：撰写《××网店初步诊断报告》； 步骤 5：做好汇报的准备	
任务记录	实施过程	其他事项

<table>
<tr><td rowspan="2">任务记录</td><td colspan="4">实施过程</td><td>其他事项</td></tr>
<tr><td colspan="4"></td><td></td></tr>
<tr><td>任务反思</td><td colspan="5"></td></tr>
<tr><td>学号</td><td></td><td>姓名</td><td></td><td>时间</td><td></td></tr>
</table>

【任务实训】

评价单 1.2.2

<table>
<tr><td>评价项目</td><td colspan="5"></td></tr>
<tr><td rowspan="2">技能评价</td><td colspan="2">学生互评</td><td colspan="2">组内评价</td><td colspan="2">教师评价</td></tr>
<tr><td colspan="2"></td><td colspan="2"></td><td colspan="2"></td></tr>
<tr><td rowspan="5">素质评价</td><td colspan="3">评价要点</td><td>达标</td><td>未达标</td></tr>
<tr><td>工匠精神</td><td colspan="2">有耐心、精益求精</td><td></td><td></td></tr>
<tr><td>协作精神</td><td colspan="2">重合作、团队协商</td><td></td><td></td></tr>
<tr><td>创新意识</td><td colspan="2">有想法、创新创意</td><td></td><td></td></tr>
<tr><td>学习能力</td><td colspan="2">会运用、求真求实</td><td></td><td></td></tr>
<tr><td>学号</td><td></td><td>姓名</td><td></td><td>时间</td><td></td></tr>
</table>

【学习总结】

项目学习总结记录

任务三　认识电子商务数据分析

【案例导入】

李宁×云盯：探索“运动的艺术”与数智力量的融合之道

近日，中国自有运动品牌——李宁，与门店可视化管理及商业大数据服务商云盯达成合作，通过客流统计分析、收银防损系统等新技术及服务，为李宁的门店实现客流全数据链的整合分析、门店数字化升级提供助力。

1. 门店升级，与时俱进

新零售时代的门店与传统的门店是不同的，门店不仅仅是商品的陈列，更多的是商品多元化展示；门店也不仅仅是售卖的功能，更应富有社交、娱乐、休闲等体验的功能。对于生活在城市中的个体来说，除了产品本身，我们或许很难体验到每个门店带来的温度和文化，但是我们也不得不承认，门店中的各项服务和管理问题已经越来越成为企业捕获消费者的核心。

2. 创新思变，引入消费新密码

李宁集团信息系统选择与云盯合作，就是希望引入云盯的门店管理系统及数据服务，通过数字化、智能化、系统化的手段，进一步连接起品牌与消费的路径。了解李宁品牌服饰的都知道，李宁旗下门店数量众多，尤其是各种线下体验店、概念店、特色店的建设吸引了大批消费者前去“打卡”，但是如何将这些庞大的客流转化为实时的数据则是一个难题。有了云盯的客流分析系统的加入，不仅可以对李宁旗下门店客流数据进行实时采集，还能直接对接到李宁信息部的相关平台，形成通透的数据链条，实现客流全数据链的整合和分析。通过了解进店顾客的人数、什么时间是客流高峰期，再结合门店客群进店率、销售成交率等各维度的门店商业数据，对实体门店顾客的洞察就不再是凭经验而论了。同时，对李宁相关部门管理者而言，也能更精准地掌握各地区门店客流和销售情况，从而针对不同的消费人群，确立统一精准的营销布局，主动制造消费触点，做出更契合消费者个性的营销决策。

3. 竞争入局，数字化转型任重道远

凭借从业经验，李宁集团 IT 系统总监提出了更深刻的议题：客流分析系统只是一个小小的方面，关于如何追踪营销活动并不断优化、如何实现智能化自动化的营销服务等问题，企业仍需要持续推进数字化技术在李宁集团零售业务的创新和应用。通过管理及精细化运营，提高单店的质量和贡献，也是李宁亟需增益的部分。

云盯的收银防损系统，可以利用收银小票信息与视频图像叠加，通过时间、票号、视频录像或图片的快速查询，实现李宁门店数据与证据的互相照应；同时系统也可以随时提醒有顾客无收银、顾客长时间停留收银台却没有收银信息等情况，并自动生成预警信息。引入收银防损系统，一方面，可以带给顾客更细心周到的服务，另一方面也是为了有效避免各门店收银损失积少成多的问题，让李宁门店收获经营效益。

4. 打开视角，中国李宁不负所望

李宁集团已经将旗下多家门店都接入了云盯的门店客流统计及收银防损系统，以求进一步促进门店管理方式的智能化、管理过程的可视化和管理结果的数据化。

数字智能对于企业来说，就是数据采集和数据应用能力的不断增强，让企业能够更细颗粒度地去洞悉问题和商机。未来，对客流数据的准确分析与把控，将成为李宁集团门店业绩转化的重要一环。作为国内运动品牌的前锋，走到今天，“中国李宁”不负所望。

【知识储备】

数据（data）是已知的用于进行推理或估算的基础性事实，是对客观事物的逻辑归纳。数据可以是用符号或字母等方式对客观事物进行的直观描述，也可以是表达知识的字符集或信息的各种表现形式。

一、电子商务数据的分类

（一）按照由个体到整体的数据范畴划分

电子商务数据按照由个体到整体的数据范畴划分可以分为网站数据、运营数据、业务数据、企业数据。网站数据以网站为数据生产环境，主要是与站内流量相关的数据。运营数据是指围绕电子商务运营形成的数据环境，除站内流量数据外，还包括营销数据、用户体验数据、在线销售数据、商品关联数据等。业务数据是围绕整个业务体系形成的数据环境，是企业所有业务类数据的总称，除运营数据外，还包括运营的上下游业务部门的数据。企业数据包括企业产生的所有业务数据、财务数据、职能数据等，这些数据构成了企业的大数据集合。

（二）按照数据的表现形式划分

电子商务中的常用数据分为两类，即数值型数据和分类型数据。

1. 数值型数据

数值型数据即由多个单独的数字组成的一串数据，是直接使用自然数或度量单位进行计量的具体数值。如好评率 95%、销售量 8 390 个、长度 17 厘米等，这些数值就是数值型数据。

2. 分类型数据

分类型数据是可以进行分组或者分类反映事物类别的数值或观测值，包括定类和定序两种数据类型。定类数据与其所在的分类之间没有本质上的顺序之分，如商品类型、品牌类型等；定序数据则存在明确的顺序，如用户按年龄顺序可划分为老年、中年和青年三类。

二、电子商务数据的作用

随着大数据技术的发展，数据对于人类生产生活的作用越来越多样，也越来越重要。电子商务数据在数据诊断和数据预测方面发挥着最为重要的作用。

（一）数据的诊断作用

数据能够帮助我们找出问题的来源和解决方案，如通过分析用户访问路径报表的统计结果，可以判断访问者是不是按照预先设想的流程访问网页，进而诊断网站的设计是否存在问题；通过分析商品访问名称搜索量，可以判断网站对引擎的友好性，即网站是否有利于搜索引擎对信息的检索；通过分析网店访问者浏览时间的长短，可以判断网店是否有利于浏览、是否能给浏览者提供美好的交流体验；通过分析用户对电子邮件信息接收过程的开信率、阅读率、删除率等指标，可以评价电子邮件管理的效果等。

图 1-7 所示为京东商智平台在统计日内统计某店铺的成交金额、访客数、转化率等数据的实时情况。此后便可以进一步针对各种数据进行诊断，分析数据的变化趋势以及到底是什么原因导致这种变化的出现。

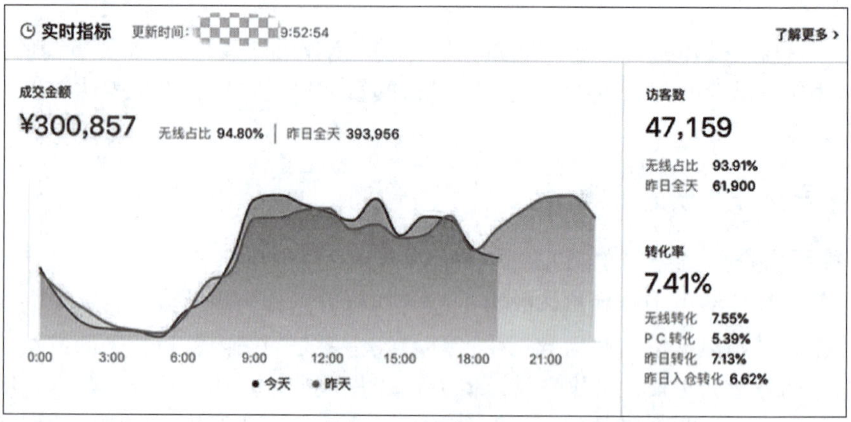

图 1-7　京东商智平台实时指标

（二）数据的预测作用

预测分析在商业智能领域变得越来越流行，电子商务数据可通过预测分析和假设情况分析，帮助用户评审和权衡潜在决策的影响力，也可通过分析历史模式和概率，预测企业未来业绩并采取预防措施。营销人员和企业正在迅速采用实时数据分析，以保持领先的竞争，并取得成功。电子商务企业也在利用数据分析的方法，获得企业竞争优势。例如，亚马逊目前正在使用预测性客户行为分析在正确的时间里准确地为客户提供他们想要的东西，提供了“我的组合”和“你也应该买”两项新服务，旨在通过数据，对客户行为进行识别并推荐个性化产品。

分析某些指标异常变化的原因，预测市场变化趋势。网站某些指标的异常变化往往是外界市场变化的客观反映。例如，页面浏览量减少（异常）就要分析用户是搜索来源减少还是直接访问量减少，如果是搜索来源减少，就要观察用户搜索的关键字、搜索引擎等内容是否有问题。对于一些数据的异常增加或减少，一定要分析其产生的原因与市场时机，这对平台以后的发展及政策导向非常有借鉴意义。

【知识链接】大数据技术是一种新一代技术和构架，以快速的采集、处理和分析技术，从各种超大规模的数据中提取价值。大数据涉及数据的采集、整理、存储、安全、分析、呈现和应用。云计算和大数据是相辅相成关系，从应用角度来讲，大数据离不开云计算，因为大规模的数据运算需要很多计算资源；大数据是云计算的应用案例之一，云计算是大数据的实现工具之一。大数据说的是一种移动互联网和物联网背景下的应用场景，各种应用产生的巨量数据，需要处理和分析，挖掘有价值的信息；云计算说的是一种技术解决方案，就是利用这种技术可以解决计算、存储、数据库等一系列 IT 基础设施的按需构建的需求。

三、电子商务数据分析的含义

（一）电子商务数据分析含义

1. 数据分析

数据分析（data analysis）是对原始数据进行排序和组合的过程，是用于帮助解释过去和预测未来的一系列方法，是进行测量、评估和预测的基础。

2. 电子商务数据分析

电子商务数据分析（data analysis in e-commerce）是指用适当的数理统计、数据挖掘以及大数据分析等方法，对收集的大量电子商务数据进行分析与挖掘，为提取有用信息和形成结论而对数据加以详细研究和概括总结的过程。在实际应用中，电子商务数据分析可以帮助企业判断市场走势，为进一步采取商业行动提供决策依据。

（二）电子商务数据分析的内容

电子商务数据分析就是能够把隐藏在一大批看来杂乱无章的数据中的信息，集中、萃取和提炼出来，以找出所研究对象的内在规律。在电子商务运营过程中，通过数据化的工具、技术和方法，对运营过程中的各个环节进行科学分析、引导和应用，从而达到优化运营效果和效率、降低成本、提高效益的目的。电子商务数据分析的内容如图 1-8 所示。

图 1-8　电子商务数据分析的内容

1. 现状分析——提供决策参考

电子商务企业运营数据现状分析，提供了企业现阶段整体运营情况，以及各项业务的构成情况等，其中包括业务的发展及变动情况，为企业管理决策提供重要的参考依据。

2. 经营分析——防范运营风险

通过数据分析可以帮助企业预判可能出现的经营风险，发现企业存在的问题及原因，并根据原因制订相应解决方案，及时调整运营策略，防范运营风险。

3. 预测分析——把握市场动向

电子商务企业可以利用数据进行预测，对于产品或活动做出合理的判断和决策。例如，企业通过电子商务网站中某种商品的关键词搜索量去预测商品的销量等。

四、电子商务数据分析的方法

电子商务数据分析人员在分析数据时，可以根据对数据的需求不同，利用不同的方法，来挖掘数据的价值。常见的电子商务数据分析方法包括直接观察法、AB 测试法、对比分析法、转化漏斗法、5W2H 分析法及逻辑树分析法等，熟悉这些方法并加以应用，可以提高数据分析的效率和准确率。

（一）直接观察法

所谓直接观察法，是指借助各种数据平台展示的数据内容，直接观察出数据的大小、发展趋势、异常等情况。对于基础的数据分析而言，采用直接观察法可以有效提高信息处理的效率。例如，通过观察数字或趋势图表，能够迅速了解市场需求走势、订单数量、业绩完成情况、客户构成等，从而获取数据信息，有助于后期的决策。

图 1-9 所示为某电商平台大码女装客户的职业、年龄、地域分布情况，从图中可以看出该产品类别的主要客户是公司职员、个体经营/服务人员。从地域来看，广东、江苏、山东是客户分布最多的省（区、市）。从年龄结构上可以看出，大码女装主要客群在 18～34 岁的女性。分析这些数据，能够为选择广告投放地域提供依据，电商企业可以在客户分布密集的区域，结合该区域的特色来重点投放广告。

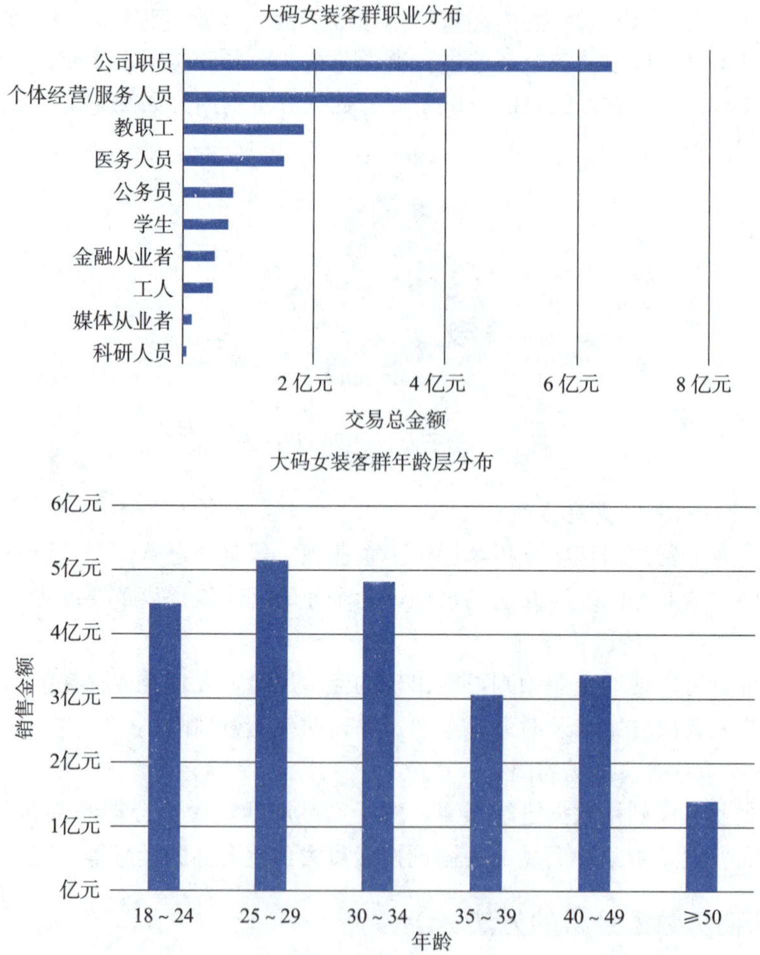

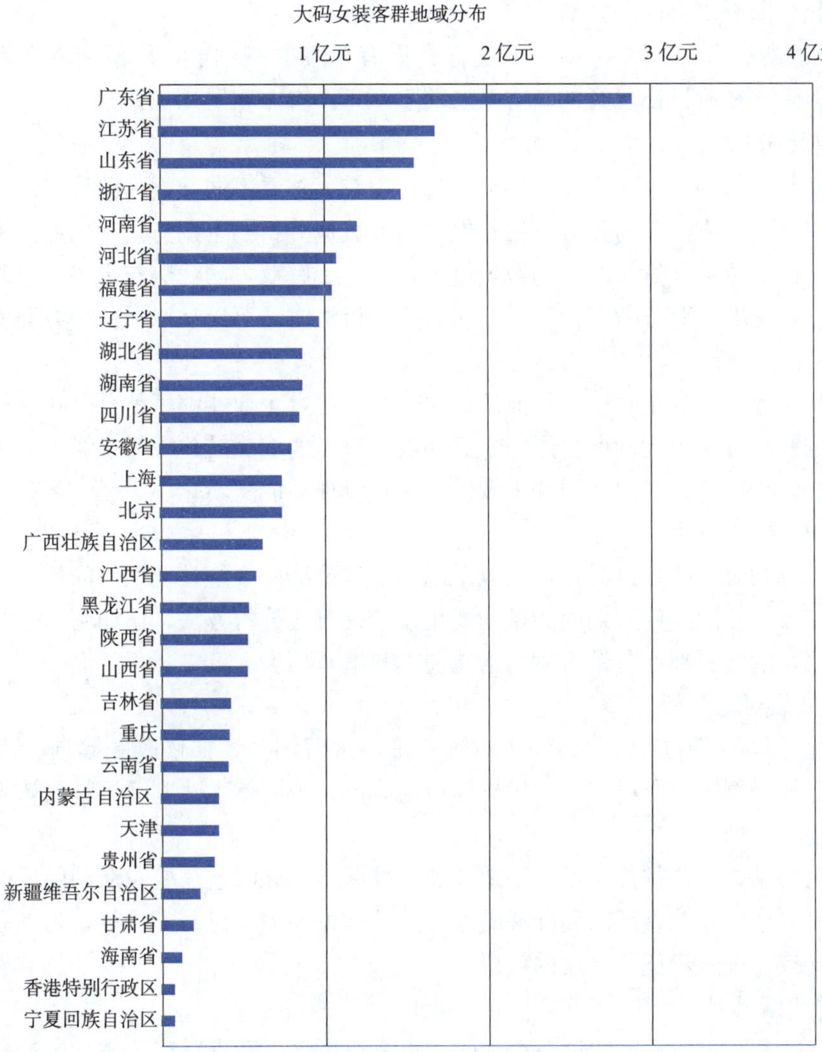

图 1-9　客户构成情况数据图

（二）AB 测试法

AB 测试法通常是指设计出两个或多个数据分析版本，其中 A 版本一般为当前版本，B 版本或其他版本为设想版本。通过测试比较这些不同的数据版本，数据分析人员可择优选出最好版本的数据分析方法。AB 测试法可以应用在电子商务企业的各个业务模块，包括市场、产品、运用、技术等。

AB 测试法的经典应用案例是淘宝直通车创意设计。在对直通车图片进行优化时，应对当前图片进行分析，并提炼现有的创意要素，然后分析各要素的表现情况。如果发现某张图片点击率较低，并认为该情况可能是文案不理想所造成的，则可以测试使用另一种文案所获得的效果。如果认为是拍摄问题，则可以测试采用另一种拍摄方案所获得的效果。不断地进行分析设想，得到优化后的策略，制作出新的图片，然后在直通车中对新图片与旧图片进行轮播测试，经过一段时间后就可以提取测试数据，通过分析和总结数据，就可以确定设想是否正确，优化方向有没有问题。

AB 测试法的优点在于“可控”。它建立在原有方案的基础上，即便新方案不可行，也有旧方案做保障，在测试出可行的新方案之前不至于没有方案可用。

（三）对比分析法

对比分析法是将两个或两个以上的数据进行比较，查看不同数据的差异，以了解各方面数据指标的一种分析方法。对比分析法是电子商务数据分析的常用方法，例如分析竞争对手时，可以将自己的数据与竞争对手的数据进行比较，了解双方的优势与劣势，以调整或制定相应的策略。对于电子商务数据而言，采用对比分析法时，可以从以下几个方面入手：

1. 竞争对比分析

通过将自身数据与竞争对手或行业的数据进行对比，企业能够了解自己在该行业中所处的位置，并进一步分析出现问题的原因。例如发现自己的成交转化率低于竞争对手，企业就可以分析成交转化率过低的原因，并采取优化措施以提高成交转化率。

2. 时间周期对比分析

企业比较不同时期的数据时往往可以采用环比（连续两个统计周期内的量的变化比）和同比（今年与去年相同统计周期内的量的变化比）的对比分析方法，比如用本月销售额与上月销售额对比，就能明确本月销售额的增减情况和增减幅度。

3. 优化前后对比分析

在数据化运营过程中，企业会经常对运营策略进行调整，如修改关键词、优化推广图片、修改商品详情页等，此时应进行优化前后的对比，否则就无法判断调整的效果。

4. 活动前后对比

为提升销售额，企业往往会不定期地开展各种活动，此时就需要对活动前后的各项数据指标进行对比，这样才能判断活动开展的效果及活动策划的优点与不足等，为下一次活动策划提供数据支持，进一步优化活动的效果。

（四）转化漏斗法

转化漏斗法是一套流程式数据分析方法，也是电子商务数据分析中经常用到的重要分析模型，它能够科学地反映用户行为状态，以及从起点到终点各阶段用户转化率的情况。转化漏斗法是比较常见和有效的数据分析方法之一，无论是注册转化漏斗，还是电子商务下单转化漏斗，应用都非常普遍，如图 1-10 所示。转化漏斗法的优势在于，它可以从先到后还原消费者转化的路径，并分析每一个转化节点的效率。

1. 转化漏斗法的作用

（1）利用转化漏斗法，可以监控用户在各个层级的转化情况，聚焦用户选购全流程中有效转化路径；找到可优化的短板，提升用户体验；降低流失。通过不同层级的转化情况，迅速定位流失环节，针对性持续分析找到可优化点，如此提升用户留存率。

（2）多维度切分与呈现用户转化情况，成单瓶颈无处遁形。科学的漏斗分析能够展现转化率趋势的曲线，能帮助企业精细地捕捉用户行为变化。提升了转化分析的精度和效率，对选购流程的异常定位和策略调整效果验证有科学指导意义。

（3）不同属性的用户群体漏斗比较，漏斗对比分析是科学漏斗分析的重要一环。运营人员可以通过观察不同属性的用户群体各环节转化率、各流程步骤转化率的差异对比，了解转化率最高的用户群体，分析漏斗合理性，并针对转化率异常环节进行调整。

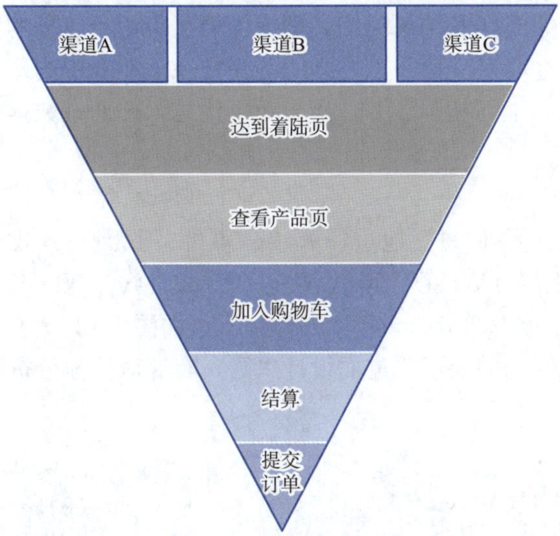

图 1-10　转化漏斗法图示

2. 使用转化漏斗法时的关注点

（1）从开始到结尾，整体的转化效率是多少？

（2）每一步的转化率是多少？

（3）哪一步流失最多？原因在什么地方？流失的消费者符合哪些特征？

3. 漏斗分析的核心步骤

漏斗分析的四要素分别是研究对象、时间、节点及指标，如图 1-11 所示。

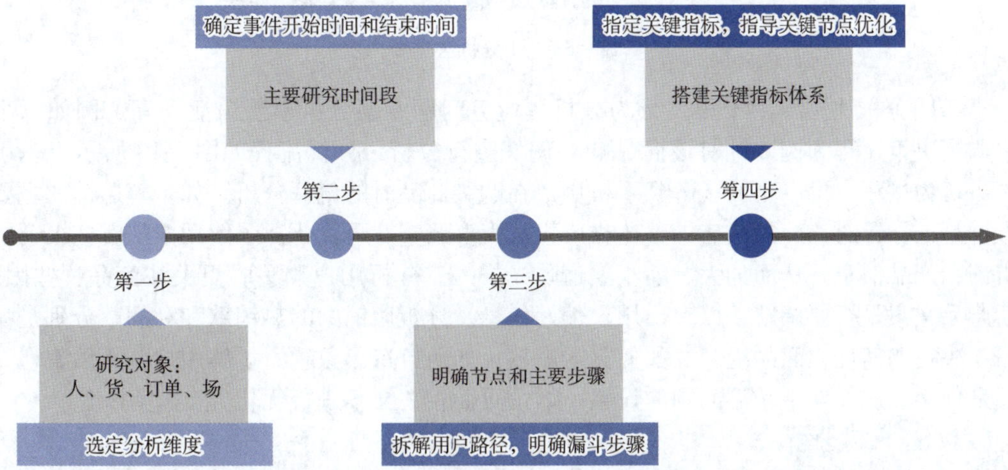

图 1-11　转化漏斗分析四要素

根据转化漏斗分析四要素，总结漏斗分析的主要步骤包括：

（1）确定研究对象，选定分析维度，即选定数据统计的角度，如电商常用人、货、订单等。

（2）确定事件的开始时间和结束时间，即漏斗模型应用于业务的时间段。

（3）拆解用户路径，明确关键节点，即明确用户在该业务中的每一个步骤节点。

（4）指定关键指标，全面刻画业务，指导业务优化，即通过数据指标诠释业务现状和监控业务发展。

（五）5W2H 分析法

5W2H 分析法模型围绕时间、地点、人物、事件、原因、方式方法、程度七个要素，即为什么（Why）、什么事（What）、谁（Who）、什么时候（When）、什么地方（Where）、如何做（How）、什么价格（How much）展开分析，如图 1-12 所示。这种方法通过主动建立问题，然后找到解决问题的线索，进而设计思路，有针对性地分析数据，最终得到结果。

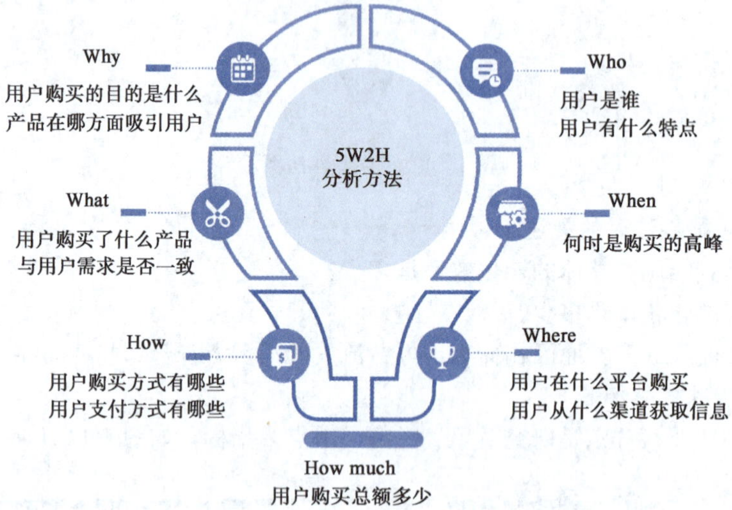

图 1-12　5W2H 分析法主要内容

5W2H 分析法主要用于用户行为分析、业务问题专题分析、营销活动等。例如以手机用户购买决策过程为例，针对该商品购买偏好进行分析，分析流程如图 1-13 所示。基于用户购买行为过程，可以全面了解到手机用户在购买商品时的偏好分析。如了解店铺的主要客户人群是谁，针对该商品或店铺整体推广投放人群调整及再优化。了解用户从哪些渠道了解到店铺、产品信息，从而加大、缩小渠道曝光投入。分析用户购买时更关注商品哪些因素，判断产品文案是否要调整，以突出用户偏好信息。分析店铺中的热销款和利润款分别是哪款商品，决定如何优化商品组合、如何打造爆款、如何打造形象款。了解用户购买后常遇到的问题是什么，从而对于常见问题的设置、详情页面相关文案进行优化。

（六）逻辑树分析法

逻辑树又称为问题树、演绎树或分界树等，一般可用于业务问题的专题分析，使用时配合思维导图，它是将一个问题分层拓展、一步一步拆解的模型。逻辑树形式类似于树木结构，把初始问题作为树干，将相关联的问题和点作为树枝，将所有问题的子问题分层罗列，

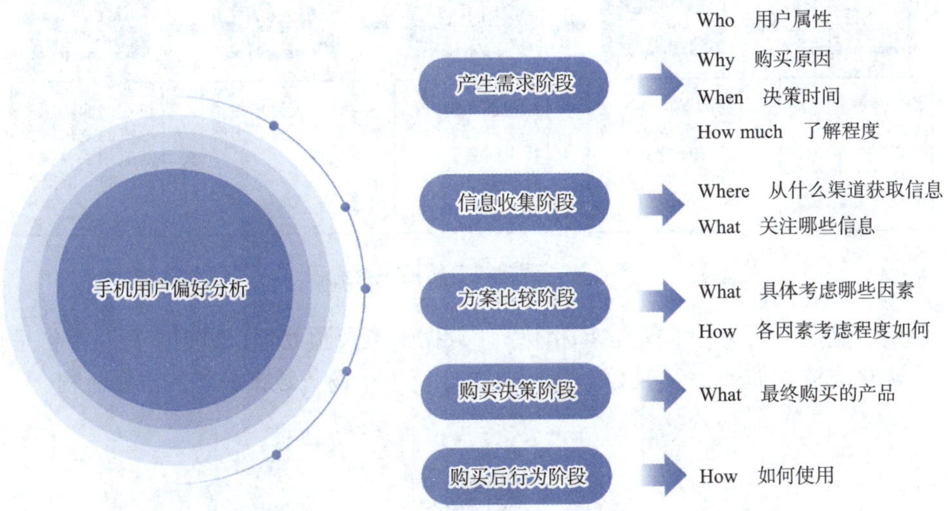

图 1-13　手机用户偏好分析

从最高层开始并逐步向下拓展，逻辑树是金字塔原理在分析中最为典型的应用。图 1-14 为逻辑树分析法。

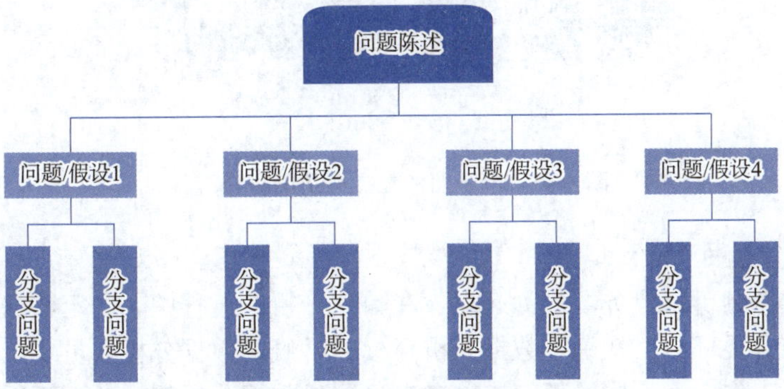

图 1-14　逻辑树分析法

1. 逻辑树分析法的作用

（1）逻辑树能够理清思路，避免进行重复和无关的思考。

（2）逻辑树能够保证解决问题过程的完整性。

（3）逻辑树能够将工作细分，确定各部分的优先顺序，把责任明确到单位。

2. 逻辑树分析法的主要流程

逻辑树分析法的主要流程如图 1-15 所示。

五、电子商务数据分析的流程

在大数据环境下，电子商务领域需要应对的数据是海量的，在数据分析过程中，有效的分析流程，能够提高数据分析的效率和质量，达到事半功倍的效果。电子商务数据分析的主

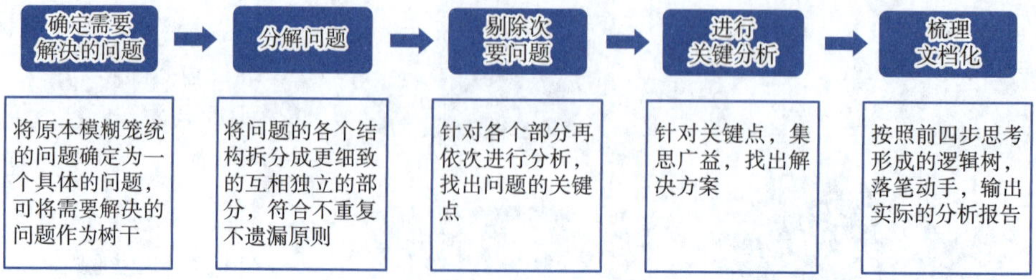

图 1-15　逻辑树分析的主要流程

要流程包括：确定分析目标、搭建指标体系、数据采集及预处理、数据分析及报告呈现、运营指导及优化改进，如图 1-16 所示，下面具体介绍电子商务数据分析的主要流程。

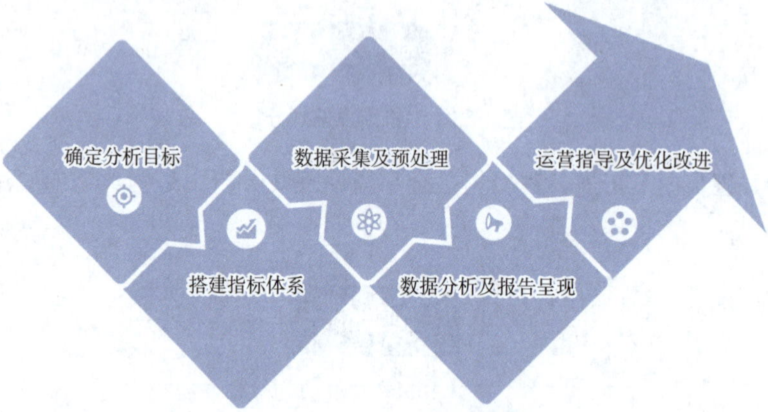

图 1-16　电子商务数据分析的主要流程

（一）确定分析目标

电子商务数据分析以业务场景为起点，在数据分析的过程中，确定数据分析目标是电子商务数据分析的首要环节。在确定数据分析目标的时候，数据分析人员要以数据分析的需求为依据，在实际工作中，不同的部门有着各自不同的数据分析需求，而不同的数据分析需求会产生不同的数据分析目标。例如，运营部关注的是如何能够增加客户购买频次和提高客单价，同时减少客户的流失；营销部关注的是如何能够获得更多的客户资源；客服部关注的是提升客户的咨询转化率等。在确定数据分析目标的过程中，分析人员要从实际业务需求出发，结合业务部门的业务需求，明确数据分析的主要目的。

1. 需求分析

电子商务数据分析需求的收集可以从判断需求类型、确定需求来源、明确需求内容、结合需求场景等方面入手。

1）判断需求类型

根据电子商务企业运营类型及架构，按照需求职能划分，需求类型可以分为市场类数据需求、运营类数据需求、产品类数据需求、服务类数据需求；按照需求的性质划分，需求的类型可以划分为显性需求和隐性需求。

2）确定需求来源

电子商务数据分析的需求来源，可能来自企业的任何一个部门或业务环节，需求来源是多种多样的，提出需求的主体都会有特定的立场和观点。确定需求的具体来源，有助于确定数据分析任务的真实需求。

3）明确需求内容

电子商务数据分析的需求内容，即数据分析的具体内容，从企业运营以及电子商务数据分析的角度，明确数据分析工作所需要完成的具体内容。

4）结合需求场景

数据分析中的需求场景，通常指的是需求的提出者在什么情况下产生了这种需求。将业务部门所提出的需求代入具体的场景中，有利于数据分析人员确定符合业务需求的数据分析目标。

在完成了判断需求类型、确定需求来源、明确需求内容、结合需求场景几项任务流程后，可以将获取到的需求信息，归纳整理为数据分析需求记录单，见表 1-1。

表 1-1　数据分析需求记录单

需求类型	
需求来源	
需求内容	
需求场景	

2. 确定数据分析目标

在完成需求分析后，根据需求部门提出的需求问题，定位出数据分析的目标。数据分析的目标可以是短期的、一次性的，也可以是长期的、周期性的，在进行数据分析之前，首先要明确目标，然后才能围绕这个目标开展各项工作。例如：运营部门选择客户留存率为分析目标，关注客户增加与流失的情况；营销部门选择投入回报率为分析目标，关注营销的实际效果。

此外，有一些电子商务企业在运营过程中，以发现问题、解决问题为目标，例如发现客户的访问量突然呈现下降态势，进而以解决这一问题为目标来进行数据分析，查明访问量快速下降的原因，并尽快解决该问题。

（二）搭建指标体系

在明确了数据分析任务的目标后，数据分析人员需要围绕既定目标搭建指标体系，将数据分析的目标具体化、数据化，从而有利于进一步开展数据分析工作。搭建指标体系是数据分析师的核心工作之一。

1. 指标体系

指标体系是一个比较抽象的概念，它是指由若干个反映所分析的现象总体数量特征的相对独立又相互联系的统计指标所组成的有机整体。

下面用一个场景来说明，例如要描述某网店的经营现状，该如何描述呢？运营人员可能会说“今年总销售额是 1 000 万元”“销售情况没有往年理想”“店铺咨询的客户没有之前多了”。这些虽然也是对于店铺运营情况的描述，但是如果是正式场合，就需要用精准的数字和具体的指标来说明网店运营现状。按照网店后台平台统计数据可知店铺 2022 年全年销售金额 1 342.63 万元，店铺销售毛利率 35.23%，下单转化率 4.09%，下单转化率同比下降了 20.34%。

上述例子中，店铺销售金额、销售毛利率、下单转化率三个不同的指标，是从不同的维度描述了电子商务网店运营的现状。当将多个不同的指标有规律、有体系地组织在一起去量化电子商务网店运营现状时，它们就成为一套指标体系。所以，根据上面的例子可以重新给指标体系下一个定义。指标体系是指标与体系的结合体，是一套从多个维度拆解业务现状并有系统、有规律地组合起来的多个指标。也就是说，单个指标只能称为指标，多个有一定规律、内部有一定关联的指标的组合才能称为指标体系。

2. 常用电子商务数据分析指标

分析电子商务数据时离不开各种指标，下面对于电子商务企业运营中常用的数据指标分别进行介绍。

1）网店运营指标

网店运营指标用来衡量网店的整体运营情况，可以细分为流量数量指标、订单生效指标、总体销售业绩指标等，具体内容见表 1-2。

表 1-2　网店运营指标

指标类别		指标项目	指标含义
网店运营指标	流量数量指标	1. 独立访客数	网店的不重复用户数
		2. 页面浏览量	重复访客累计量
		3. 人均页面访问数	反应网站访问黏性
	订单生效指标	1. 总订单数	完成下单订单数总和
		2. 访问到下单转化率	下单次数/访问次数
	总体销售业绩指标	1. 成交金额	生成订单号便可以计入成交金额小
		2. 销售金额	实际成交金额，一般比成交金额
		3. 客单价	订单金额/订单数量
		4. 销售毛利	销售收入－成本
		5. 毛利率	销售毛利/销售收入，衡量电商盈利能力的指标

2）网店流量指标

网店流量指标主要用来衡量网店优化效果、网店流量质量以及客户的购买行为等，可以细分为流量数量指标、流量质量指标、流量转换指标等，具体内容见表 1-3。

表 1-3　网店流量指标

指标类别		指标项目	指标含义
网店流量指标	流量数量指标	1. 独立访客数	网店的不重复用户数
		2. 页面浏览量	重复访客累计量
		3. 人均页面访问数	反应网站访问黏性

续表

指标类别		指标项目	指标含义
网店流量指标	流量质量指标	1. 到达率	站外流量到达网站的数量/总点击数
		2. 访问深度	页面浏览量/访问量
		3. 网页访问时长	单个网页被访问的时间
		4. 跳出率/跳失率	浏览单页即退出的次数/该页浏览次数
	流量转换指标	1. 商品页转换率	商品页访问量/总访问量
		2. 加入购物车转化率	加入购物车的访问量/总访问量
		3. 支付结算转化率	完成支付结算的订单数量/需要支付结算的总订单数量
		4. 订单转化率	完成订单量/总订单量
		5. 购物车内转化率	提交订单结算的商品数量/加入购物车的商品量

3）商品类目指标

商品类目指标主要用来衡量网店商品运营的水平，例如商品类目结构占比、商品上架、商品首发指标等。可以细分为产品总数指标、品牌存量指标、商品上架指标、商品首发指标等，具体内容见表 1-4。

表 1-4 商品类目指标

指标类别		指标项目	指标含义
商品类目指标	产品总数指标	1. 库存单位（SKU）数	物理上不可分割的最小存货单位
		2. 产品单位（SPU）数	标准化产品单元，商品信息聚合的最小单位
	品牌存量指标	1. 品牌数	网店产品品牌数合计
		2. 在线品牌数	
	商品上架指标	1. 上架商品 SKU 数	上架在售商品的 SKU
		2. 上架商品 SPU 数	上架在售商品的 SPU
	商品首发指标	1. 首次上架商品数	首发商品的数量
		2. 首次上架在线商品数	

4）客户价值指标

客户价值指标可以分为总体客户指标、新客户指标和老客户指标三种，这些客户价值指标可以直观地反映客户的贡献价值和获取成本。具体内容见表 1-5。

表 1-5 客户价值指标

指标类别		指标项目	指标含义
客户价值指标	总体客户指标	1. 累计购买客户数	统计周期内：累计购买客户数
		2. 客单价	统计周期内：成交金额/成交用户数量
	新客户指标	1. 新客户数据量	新增客户数量
		2. 新客户获客成本	渠道投入/新客户数量
		3. 新客户单价	首次消费客户的成交金额/新客户数量

续表

指标类别		指标项目	指标含义
客户价值指标	老客户指标	1. 消费频率	购买的次数
		2. 最近一次购买时间	最近一次购买时间距离现在多久
		3. 消费金额	统计周期内的购买金额
		4. 重复购买率	按照用户数口径：购买两次及以上用户数/购买用户总数 按照交易数口径：重复购买次数/总购买次数

当然，电子商务企业数据分析过程中所用到的指标远远不止以上介绍的内容，在进行电子商务数据分析过程中，应该结合企业自身的运营情况、数据分析目标以及企业运营特点等，搭建出最合适的指标体系并加以分析。

（三）数据采集及预处理

电子商务数据分析指标体系搭建完成后，接下来就需要考虑采取哪些渠道和工具获得想要的数据。这里需要注意的是，数据指标并不是数据分析需要什么，就能够采集到什么，而是需要根据数据采集渠道来确定的，有些数据指标在进行数据采集时可能无法直接获取，那么就需要对这些指标进行拆解，拆解为可以采集到的数据指标。

1. 数据采集渠道和工具

数据采集是按照确定的数据分析内容，从多渠道收集相关数据的过程，它为数据分析提供了素材和依据。数据的获取渠道大致可分为两类：直接获取与间接获取。直接获取的数据也称为第一数据，是指通过统计调查或科学实验得到的直接的统计数据；间接获取的数据也称为第二手数据，主要指通过查阅资料、使用数据统计工具加工整理后得到的数据。

数据获取的主要渠道可以细分为电子商务企业内部数据库、市场调查数据、互联网及公开出版物数据、网络平台或工具软件采集数据等四类，如图 1-17 所示。

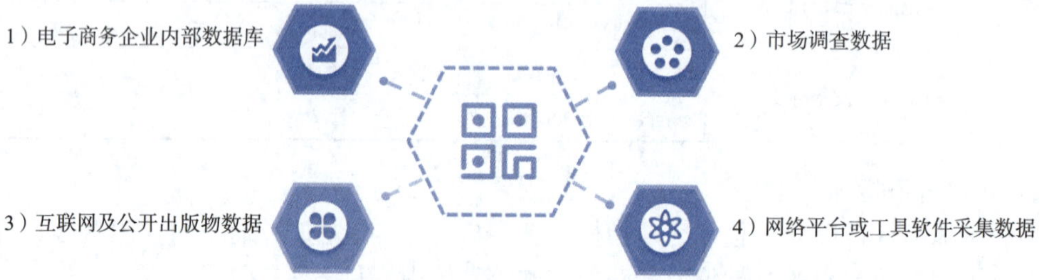

图 1-17　数据获取的主要渠道

1）电子商务企业内部数据库

对于电子商务企业而言，其内部都有自己的业务数据库，包括各种管理信息系统，如采购和管理系统、客户服务管理系统、仓储管理系统、财务管理系统等，包含了公司成立以来产生的相关业务数据。只要做好日常的数据积累和保存工作，这个业务数据库就是一个庞大的数据源，可以有效地利用起来，从积累的运营数据中采集到有价值、可以用于分析的数据。

2）市场调查数据

运用科学的方法，有目的地、系统地收集、记录、整理有关市场营销的信息和资料，从而获得的调研数据，也是企业重要的商务数据来源，通过调研数据可以分析市场情况，了解市场现状及其发展趋势，为市场预测和营销决策提供客观、正确的数据资料。

调查问卷是企业进行调研的一种常用方式，电子商务企业通过搜集某一目标客户对于某项问题的基本反馈信息，来挖掘事实和现状，获得较为准确的客户反馈信息。市场调查可以弥补其他数据收集方式的不足，但进行市场调查所需的费用较高，而且会存在一定的误差，因而在选择这一数据采集渠道时，需要根据实际数据分析情况进行判断。

问卷调研可以用到的工具包括问卷星、腾讯在线表单等。问卷星调查问卷设计页面如图 1-18 所示。

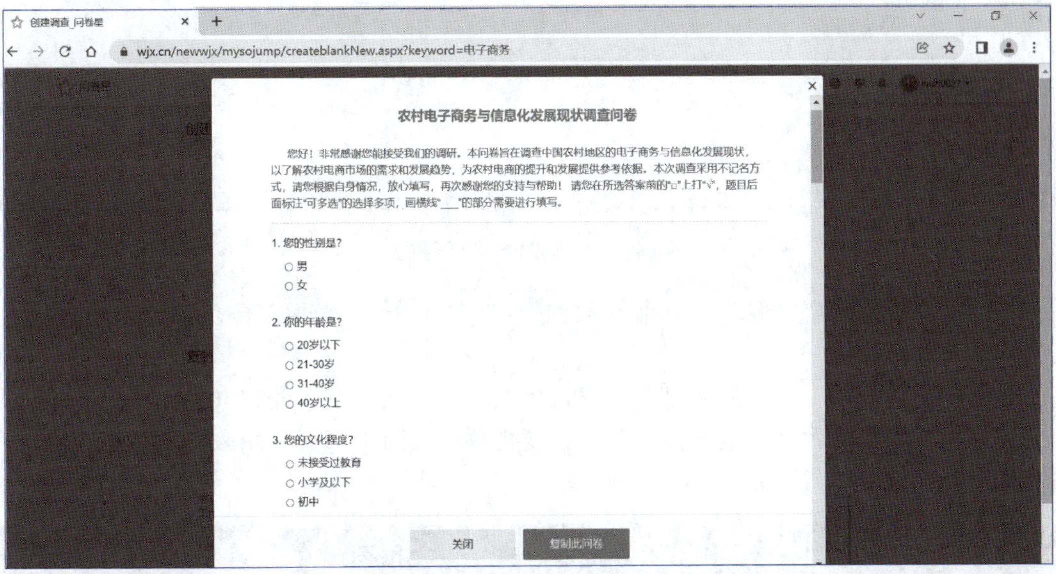

图 1-18　问卷星调查问卷设计页面

3）互联网及公开出版物数据

在进行数据采集时，一些专业数据分析机构、公开出版物、国家及地方统计局网站（见图 1-19）、行业组织网站、政府机构网站、大型综合门户网站等组织或者媒体，会提供一些可以免费获取的公开数据，例如《中国统计年鉴》《中国社会统计年鉴》《世界经济年鉴》《世界发展报告》等，这些数据从某种程度上可以反映某个行业的发展情况等。对于企业而言，这些数据不会耗费数据获取成本，同时也具有专业性和准确性，可以用于数据分析。

4）网络平台或工具软件采集数据

网络平台或工具软件采集的数据是电子商务数据分析经常用到的数据来源，随着互联网和大数据技术的不断发展，利用网络平台或工具软件获取数据变得越来越快捷。电商平台、搜索引擎等网络平台会产生海量的数据，企业可以运用一些数据采集工具软件，从这些网络平台中获取需要的数据，供后续分析使用。

图 1-19　国家统计局网站

（1）平台数据采集渠道。常用的有电商数据后台以及专业数据平台，如生意参谋、京东商智、百度指数等。

生意参谋（见图 1-20）是阿里系商家常用的查询工具；京东商智（见图 1-21）主要是针对京东电商平台的后台数据分析工具；百度指数（见图 1-22）常用来查询搜索指数和咨询指数等行业热度排名情况。

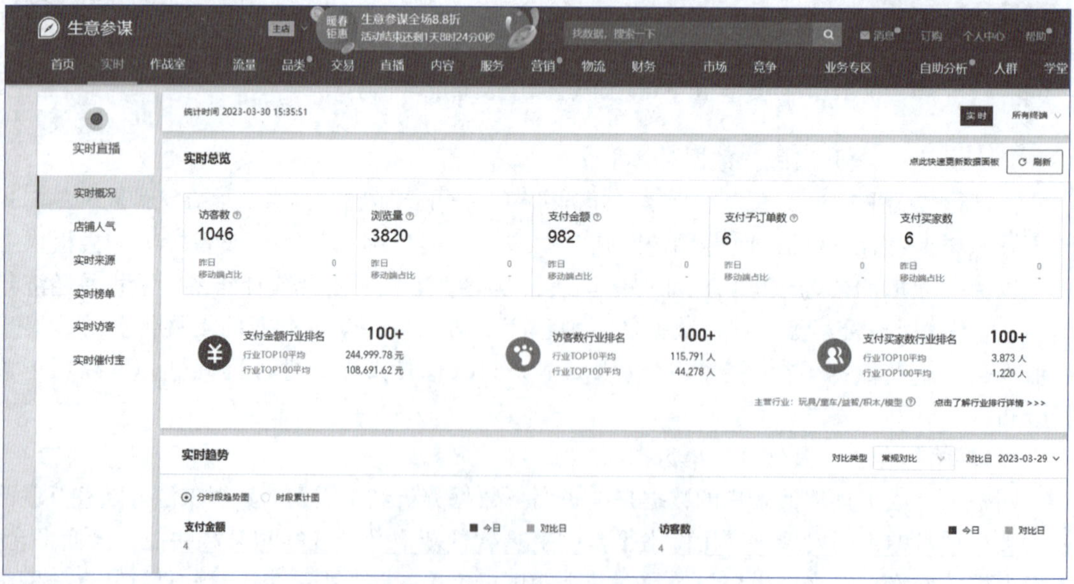

图 1-20　生意参谋数据界面

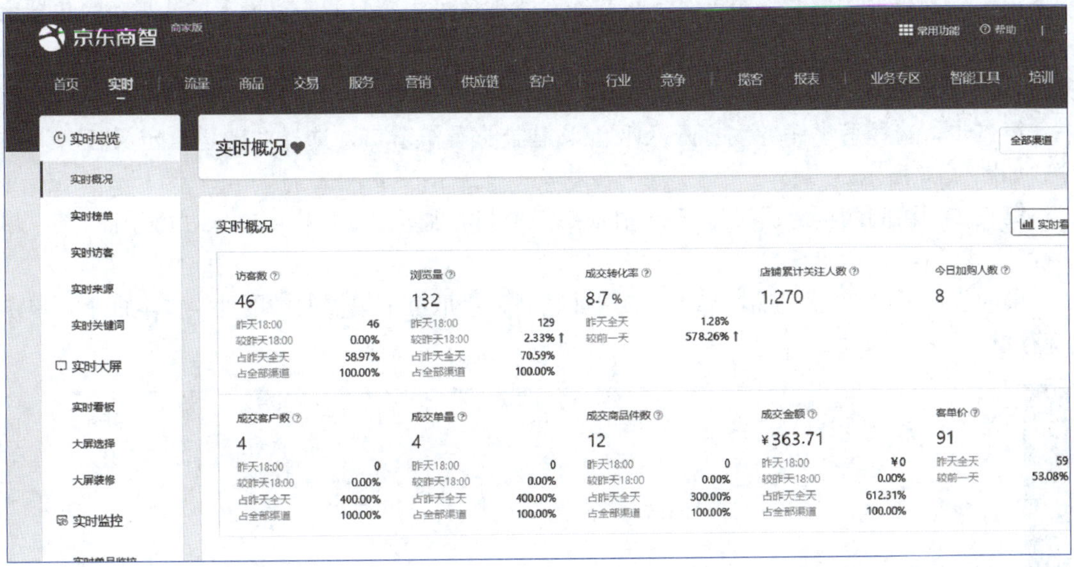

图 1-21　京东商智数据界面

图 1-22　百度指数数据界面

（2）利用数据采集工具采集。针对互联网中电商平台系统的数据采集，可以通过专业的数据采集工具来实现，比较常用的数据采集工具有八爪鱼采集器、后羿采集器、火车头采集器、店侦探等。下面以采集京东平台某图书产品信息为例，介绍八爪鱼采集器具体的操作方法。

第一步，登录八爪鱼采集器。下载并安装八爪鱼采集器，双击桌面上的八爪鱼采集器启动图标，在打开的登录窗口中输入账号和密码，单击“登录/注册”按钮登录八爪鱼采集器。

第二步，选择采集任务。打开八爪鱼采集器的操作窗口，选择“新建自定义任务”选项，如图 1-23 所示。

第三步，访问网页。通过浏览器访问京东商城网站，在搜索栏中输入“电子商务”，单击确认。

第四步，复制网址。将浏览器中的网址复制到八爪鱼采集器的“网址”文本框中，单击“保存设置”按钮。

图 1-23　新建任务并复制网址界面

第五步，识别数据。八爪鱼采集器将访问该网页，开始自动识别网页数据，并显示识别进度。识别完成后，页面下方将显示要采集的字段和数据。

第六步，生成采集设置。在“操作提示”面板中，单击“生成采集设置”按钮和“保存并开始采集”按钮。

第七步，启动本地采集。打开“选择采集模式”对话框，选择“本地采集”栏，启动本地采集操作，如图 1-24 所示。

第八步，采集数据。八爪鱼采集器开始逐页采集数据，并显示采集状态和采集到的数据量。

第九步，停止采集并导出数据。当采集数据量达到要求后，可以单击右上角“停止”按钮，并在弹出对话框中选择导出数据，八爪鱼采集器如果遇到重复数据，将弹出对话框询问是否去除重复，然后选择适合的数据导出格式，导出数据，如图 1-25 所示。

第十步，保存数据。打开 Excel 数据表，查询数据，数据采集结果如图 1-26 所示。

图 1-24　生成采集设置并选择本地采集

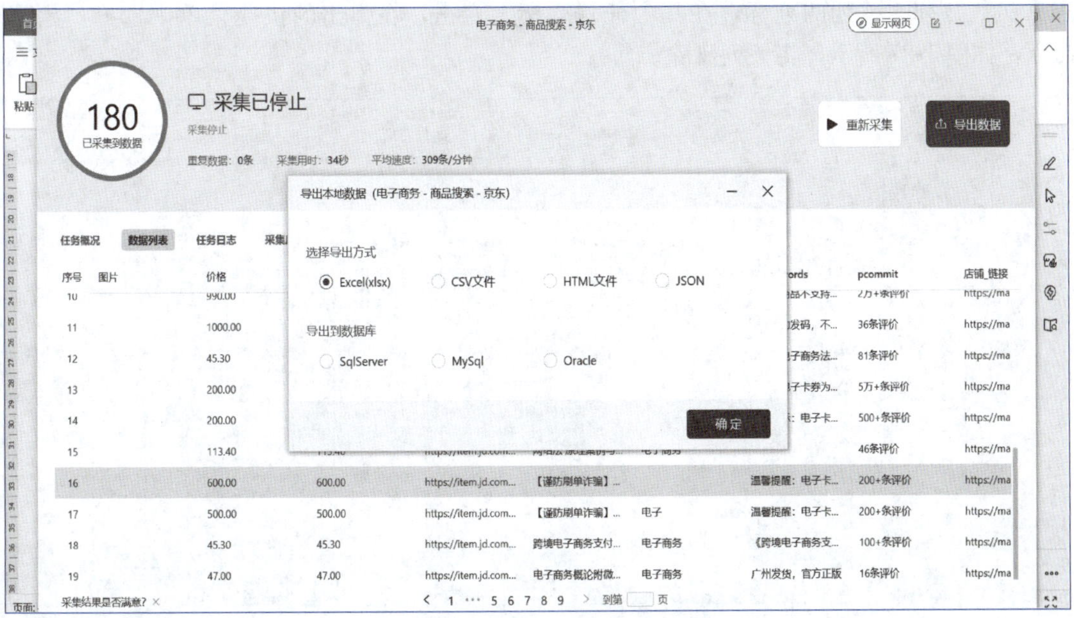

图 1-25　数据采集及导出

2. 数据的预处理

电子商务数据分析流程中，通过各种渠道和工具采集到的数据，往往需要经过数据整理和加工等预处理操作，才能用于后续的数据分析，以上述数据采集的案例为例，将采集到的数据进行预处理，具体操作如下：

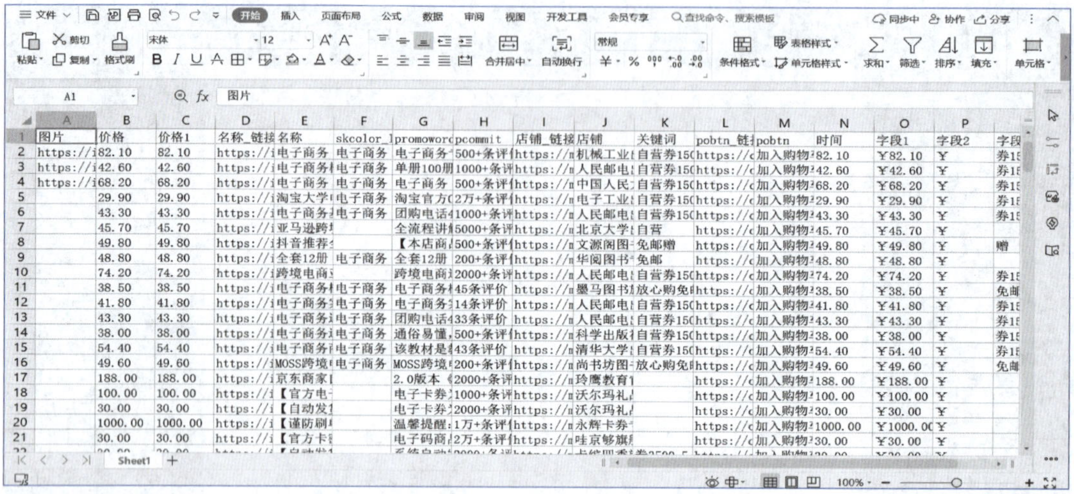

图 1-26 数据采集结果

1）字段的删除和插入

在进行数据分析前，对于系统抓取到的源数据，可以进行字段的删减和添加，以满足数据分析的需要，这里以 Excel 操作为例，对于“京东商城电子商务书籍 .xlsx”文件中的“图片”“名称 _ 链接”“时间”字段进行删除，操作方法为按住【Ctrl】键的同时，依次单击 A 列、D 列、N 列的列标，在其中任意列标上右击，在弹出的快捷菜单中选择“删除”命令，如图 1-27 所示，将该列删除。

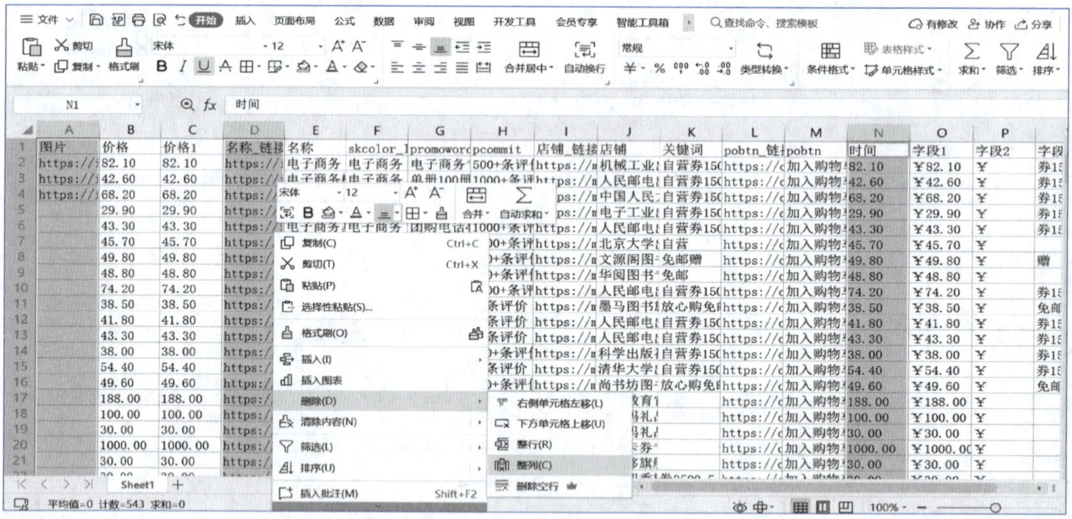

图 1-27 删除字段

如需要插入列，选择需要插入的列位置，在列表上右击，选择“插入”命令，在弹出的快捷菜单中选择插入列的位置，单击“确定”按钮即可插入新的列。

2）字段的复制粘贴

在进行字段内容补充时，如需要字段的复制粘贴，需要注意字段的格式，以及复制粘贴的设置，在粘贴过程中，打开“选择性粘贴”对话框，可以选择粘贴数据的单元格格式，如果选中“数值”选项，粘贴的数据就不会因为源数据的变化而变化。此外，粘贴时还可以选择“转置”等选择，调整粘贴数据的位置，如图 1-28 所示。

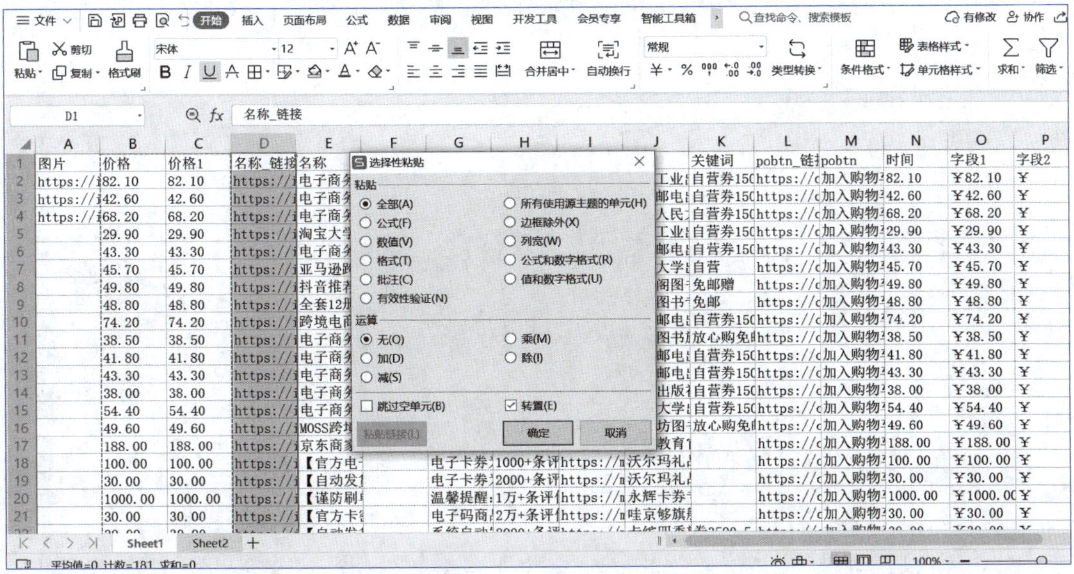

图 1-28　复制粘贴字段

3）查找和替换数据

在数据预处理过程中，对于需要批量调整和替换的数据，可以应用查找和替换数据的功能，按【Ctrl+H】组合键，打开“替换”对话框中的“替换”选项卡，在“查找内容”下拉列表中，输入查找的内容，例如“自营券”，在“替换为”字段，输入替换的内容，如“替换为”字段设置为空，则会删除“自营券”这些文本，如图 1-29 所示。

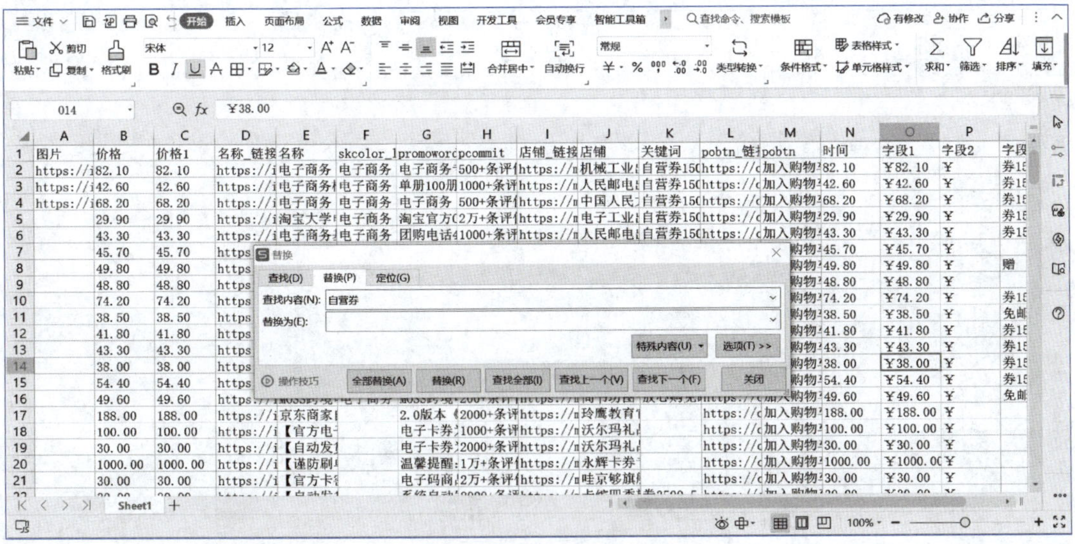

图 1-29　查找和替换字段

4）筛选和排序

在数据预处理中，可以通过筛选和排序进行数据的初步整理，具体操作为保持单元格区域的选中状态，在【筛选】功能中，单击“筛选”按钮，然后单击“关键词”字段右侧出现的下拉按钮，在打开的下拉列表中，进行筛选条件的复选，例如“内容筛选”“颜色筛选”“文本筛选”等，如图 1-30 所示。

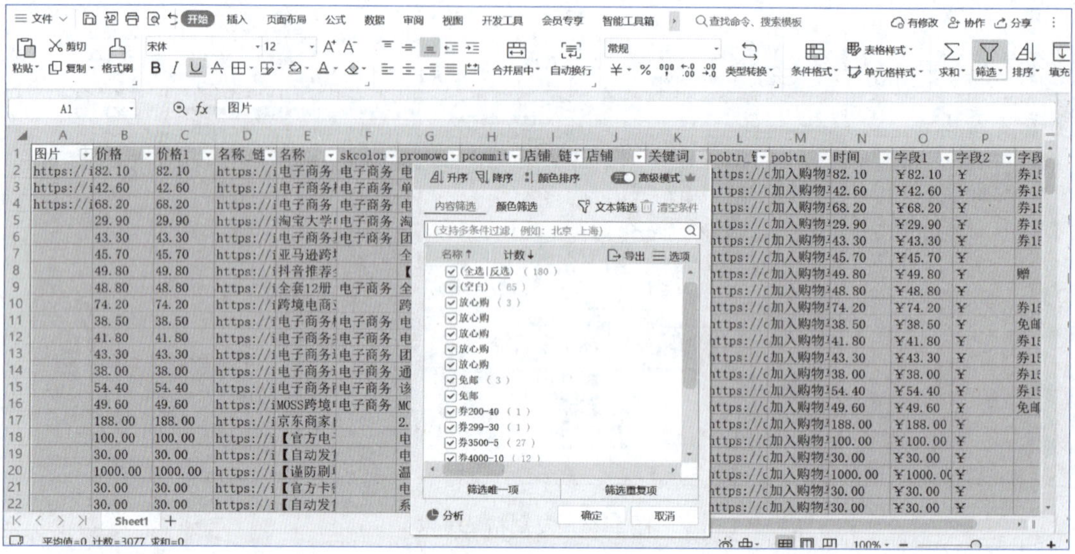

图 1-30 筛选字段

在【排序】功能中，单击“排序”按钮，显示“排序”对话框，可以选择字段排序的依据，包括“数值”“单元格颜色”“字体颜色”等选项，根据需要选择“升序”或“降序”规则，如图 1-31 所示。

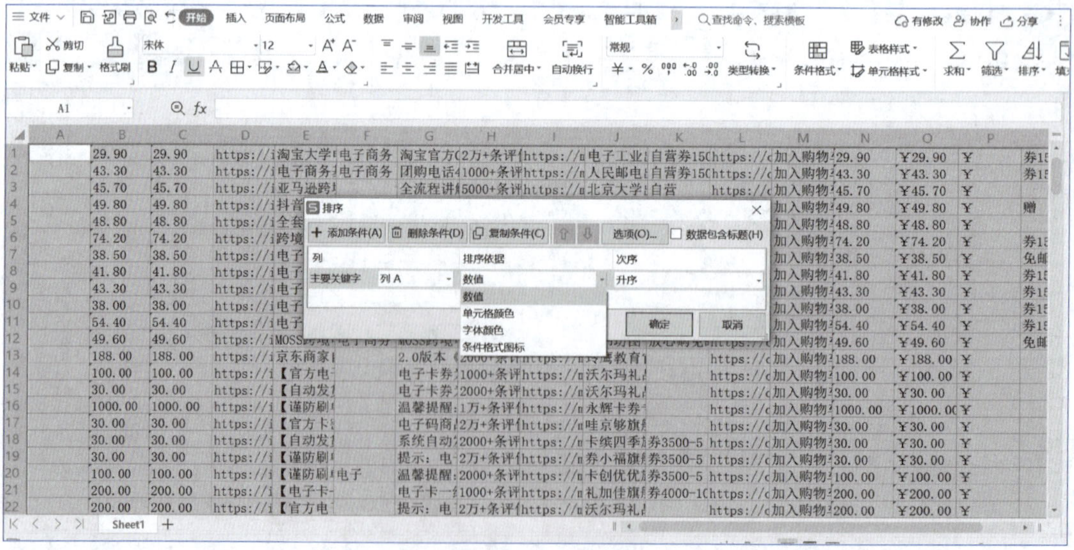

图 1-31 字段排序

（四）数据分析及报告呈现

数据分析阶段需要选用各类数据分析方法，通过搭建数据分析指标体系，运用数据分析工具，及时发现电子商务企业在运营过程中面临的问题，迅速定位并分析问题原因，针对分析目标可以从多个细分维度进行分析。

数据分析的结果一般需要通过图表等可视化的方式呈现出来，借助数据可视化的展现手段，数据分析人员能够直观地表述数据分析所获得的信息和观点。最后，通过撰写数据分析报告，综合呈现出整个数据分析的成果。通过数据分析报告，将数据分析的目的、过程、结果及应用方案完整地呈现出来，从而为企业的商业运营提供有价值的决策参考。

（五）运营指导及优化改进

电子商务企业根据分析出的问题所在，利用一些运营手段解决问题，优化运营后，企业需要对优化效果持续跟踪，通过后续数据验证方案的正确性。

总而言之，数据化运营的关键在于业务流程中如何应用数据分析产生的价值，而不仅仅是数据自身，数据需要与业务流程结合起来，才能真正地发挥数据协同运营的作用。

【任务实训】

任务单 1.3.1

任务项目	体会电子商务数据的作用
任务目标	通过网络信息查询和调查，理解数据在各个方面深刻改变着人们的生活和工作方式
任务描述	随着人工智能和大数据技术的发展，越来越多的企业开始应用基于大数据的人工智能技术来帮助解决业务问题，提升业务效率和用户体验。 1. 电子商务 电子商务推荐系统是基于大数据和人工智能技术的重要应用之一。通过收集和分析用户的历史行为和偏好，系统可以推荐用户可能感兴趣的商品或服务。阿里巴巴旗下的淘宝网和天猫网站，它们的推荐系统已经达到了相当高的精度，可以根据用户的历史行为、所在位置、时间等因素，个性化地推荐商品或服务，实现了极高的转化率和用户留存率。 2. 金融风控 金融行业是基于大数据和人工智能技术的重要应用之一。金融风控系统可以通过搜集和分析用户的财务和信用等方面的数据，对各种金融风险进行预警和控制。这可以有效提高金融机构的风险防范能力和信贷质量，降低资金损失。中国工商银行、中国建设银行等国内一些大型金融机构利用大数据和人工智能技术，构建了完善、高效的风险控制系统，能够对客户的财务状况、借款历史、担保情况等进行综合分析，为客户提供安全、高效、准确的贷款服务。

<table>
<tr><td>任务描述</td><td colspan="2">3. 医疗健康
医疗保健应用是大数据和人工智能技术的另一个重要领域。这种应用可以利用搜集的临床数据、医疗历史和病人的基因信息等，为医生提供更精准、个性化的诊断和治疗方案，提高治疗质量和效率。IBM 通过其人工智能系统沃森（Watson），提供了高度定制的健康保健方案。该系统可以利用病人的基因信息、医疗记录、生命体征等数据，预测可能发生的疾病、评估治疗的可行性，并为医生提供最佳治疗方案</td></tr>
<tr><td>任务要求</td><td colspan="2">根据以上内容，结合所学习的内容，完成如下任务：
（1）通过网络信息搜索，试举例分析数据还在哪些领域发挥作用。
（2）以零售行业的工作场景为例，采购员需要进行采购时，如果没有数据作为参考，可能会遇到哪些风险？如何利用数据分析的手段避免出现上述风险？
（3）总结归纳数据分析在商务活动中的实际意义是什么</td></tr>
<tr><td rowspan="2">任务记录</td><td>实施过程</td><td>其他事项</td></tr>
<tr><td></td><td></td></tr>
</table>

<table>
<tr><td rowspan="2">任务记录</td><td colspan="4">实施过程</td><td>其他事项</td></tr>
<tr><td colspan="4"></td><td></td></tr>
<tr><td>任务反思</td><td colspan="5"></td></tr>
<tr><td>学号</td><td></td><td>姓名</td><td></td><td>时间</td><td></td></tr>
</table>

【任务实训】

评价单 1.3.1

<table>
<tr><td>评价项目</td><td colspan="5"></td></tr>
<tr><td rowspan="2">技能评价</td><td colspan="2">学生互评</td><td>组内评价</td><td colspan="2">教师评价</td></tr>
<tr><td colspan="2"></td><td></td><td colspan="2"></td></tr>
<tr><td rowspan="5">素质评价</td><td colspan="3">评价要点</td><td>达标</td><td>未达标</td></tr>
<tr><td>工匠精神</td><td colspan="2">有耐心、精益求精</td><td></td><td></td></tr>
<tr><td>协作精神</td><td colspan="2">重合作、团队协商</td><td></td><td></td></tr>
<tr><td>创新意识</td><td colspan="2">有想法、创新创意</td><td></td><td></td></tr>
<tr><td>学习能力</td><td colspan="2">会运用、求真求实</td><td></td><td></td></tr>
<tr><td>学号</td><td></td><td>姓名</td><td></td><td>时间</td><td></td></tr>
</table>

【学习总结】

项目学习总结记录

【任务实训】

任务单 1.3.2

<table>
<tr><td>任务项目</td><td colspan="2">运用转化漏斗分析法</td></tr>
<tr><td>任务目标</td><td colspan="2">体验并能够运用转化漏斗法进行数据分析</td></tr>
<tr><td>任务描述</td><td colspan="2">某童装玩具店主要经营婴幼儿童装玩具，如毛绒玩具、儿童益智玩具等，现该网店为了了解某款商品的客户从访问商品页面到完成支付的客户数转化情况，采集了 2022 年 10 月该商品的销售数据进行分析。从用户进入平台找到合适的商品、浏览商品、产生下单并完成支付，形成数据采集报表，见表 1-6

表 1-6　商品销售数据采集报表
<table>
<tr><th>统计日期</th><th>商品名称</th><th>访客数</th><th>加购买家数</th><th>支付买家数</th><th>下单买家数</th><th>交易成功买家数</th></tr>
<tr><td>2022-10-01～2022-10-30</td><td>宝宝巴士超级宝贝 JoJo 儿童卡通毛绒可爱玩偶玩具官方正品公仔 pp 棉</td><td>2 327</td><td>1 006</td><td>538</td><td>462</td><td>428</td></tr>
</table></td></tr>
<tr><td>任务要求</td><td colspan="2">根据以上内容，结合所学习的转化漏斗分析法，完成如下任务：
（1）运用转化漏斗分析法的主要操作步骤，根据案例中数据信息，结合电子商务平台业务流程，绘制其漏斗分析模型。
（2）基于客户进入网店直到下单成交过程与监控指标，分析影响各个阶段转化的因素有哪些</td></tr>
<tr><td rowspan="2">任务记录</td><td>实施过程</td><td>其他事项</td></tr>
<tr><td></td><td></td></tr>
</table>

任务记录	实施过程	其他事项

任务反思					
学号		姓名		时间	

【任务实训】

评价单 1.3.2

评价项目					
技能评价	学生互评		组内评价	教师评价	
素质评价	评价要点			达标	未达标
	工匠精神	有耐心、精益求精			
	协作精神	重合作、团队协商			
	创新意识	有想法、创新创意			
	学习能力	会运用、求真求实			
学号		姓名		时间	

【学习总结】

项目学习总结记录

【任务实训】

任务单 1.3.3

任务项目	搭建大豆产品数据分析指标体系	
任务目标	根据某网店大豆产品店铺运营情况，搭建大豆产品营销数据分析的指标体系	
任务描述	某网店在淘宝平台销售非转基因大豆精深加工类商品，以该店铺的维 E 大豆异黄酮产品为分析对象，假设公司新推出了一款代餐豆奶昔膳食纤维产品，下一步准备打造该产品为网店的明星产品。产品上架以后，并没有取得理想的成绩，市场增长率缓慢，产品销量一般。 针对以上情况，网店负责人邀请数据分析人员，通过数据分析方法协助解决网店新产品运营的问题	
任务要求	根据以上内容，结合所学习的内容，完成如下任务： (1) 上网查找店铺运营分析的核心指标，分析代餐豆奶昔膳食纤维产品在产品的不同生命周期的运营核心指标是什么，通过思维导图呈现分析结果。 (2) 结合相关网店运营的数据，讨论指标的针对性和实用性在商务活动中的实际意义	
任务记录	实施过程	其他事项

<table>
<tr><td rowspan="2">任务记录</td><td colspan="4">实施过程</td><td>其他事项</td></tr>
<tr><td colspan="4"></td><td></td></tr>
<tr><td>任务反思</td><td colspan="5"></td></tr>
<tr><td>学号</td><td></td><td>姓名</td><td></td><td>时间</td><td></td></tr>
</table>

【任务实训】

评价单 1.3.3

评价项目					
技能评价	学生互评		组内评价	教师评价	
素质评价	评价要点			达标	未达标
	工匠精神	有耐心、精益求精			
	协作精神	重合作、团队协商			
	创新意识	有想法、创新创意			
	学习能力	会运用、求真求实			
学号		姓名		时间	

【学习总结】

项目学习总结记录

【任务实训】

任务单 1.3.4

<table>
<tr><td>任务项目</td><td colspan="2">制定玉米产品数据分析方案</td></tr>
<tr><td>任务目标</td><td colspan="2">按照电子商务数据分析流程，制定工作场景中，任务问题的数据分析方案</td></tr>
<tr><td>任务描述</td><td colspan="2">企业在运营过程中及时了解行业大盘变化趋势，可以快速了解市场变化，更好地安排产品采购及生产加工，从而制定适宜的营销策略。
某网店在京东平台销售食品类商品，近期网店决定推出受市场欢迎的玉米类新品，经理请网店数据分析部门小李进行相关数据的分析，要求数据分析人员针对该需求撰写数据采集与处理方案，并对相关数据进行采集</td></tr>
<tr><td>任务要求</td><td colspan="2">根据以上内容，结合所学习的内容，完成如下任务：
（1）如何从任务情境中的关键点提炼出数据分析需求，制定数据分析目标。
（2）如何从理解业务逻辑的角度获得数据采集指标，搭建数据分析指标体系。
（3）数据采集渠道有哪些？使用什么工具能够比较顺利地采集到任务分析所需数据？
（4）能够制定完整的数据采集方案并安排工作流程</td></tr>
<tr><td rowspan="2">任务记录</td><td>实施过程</td><td>其他事项</td></tr>
<tr><td></td><td></td></tr>
</table>

<table>
<tr><td rowspan="2">任务记录</td><td colspan="4">实施过程</td><td>其他事项</td></tr>
<tr><td colspan="4"></td><td></td></tr>
<tr><td>任务反思</td><td colspan="5"></td></tr>
<tr><td>学号</td><td></td><td>姓名</td><td></td><td>时间</td><td></td></tr>
</table>

【任务实训】

评价单 1.3.4

<table>
<tr><td>评价项目</td><td colspan="5"></td></tr>
<tr><td rowspan="2">技能评价</td><td colspan="2">学生互评</td><td colspan="2">组内评价</td><td colspan="2">教师评价</td></tr>
<tr><td colspan="2"></td><td colspan="2"></td><td colspan="2"></td></tr>
<tr><td rowspan="5">素质评价</td><td colspan="3">评价要点</td><td>达标</td><td>未达标</td></tr>
<tr><td>工匠精神</td><td colspan="2">有耐心、精益求精</td><td></td><td></td></tr>
<tr><td>协作精神</td><td colspan="2">重合作、团队协商</td><td></td><td></td></tr>
<tr><td>创新意识</td><td colspan="2">有想法、创新创意</td><td></td><td></td></tr>
<tr><td>学习能力</td><td colspan="2">会运用、求真求实</td><td></td><td></td></tr>
<tr><td>学号</td><td></td><td>姓名</td><td></td><td>时间</td><td></td></tr>
</table>

【学习总结】

项目学习总结记录

【任务实训】

任务单 1.3.5

任务项目	利用八爪鱼采集器完成数据采集	
任务目标	能够利用八爪鱼采集器和 Excel 工具，完成数据采集和分析操作	
任务描述	八爪鱼采集器内置大量的采集模板，如果采集的数据符合模板设置，就可以通过模板采集功能，快速采集数据。 现有某网店在京东平台经营玉米类产品，想要了解同行业玉米产品的评价信息情况，计划利用八爪鱼采集器进行数据抓取和分析	
任务要求	根据以上内容，结合所学习的内容，完成如下任务： （1）使用浏览器登录京东商城，访问玉米食品商品详情页。 （2）启动并登录八爪鱼采集器，新建“京东商品评论”任务模板，设置“任务名”“任务组”“翻页次数”，采集该商品详情页前 50 页的评论数据。 （3）启用本地采集，并将采集的数据以 Excel 文件的方式保存到计算机中。 （4）对于采集数据的完整性、准确性、规范性进行检查	
任务记录	实施过程	其他事项

<table>
<tr><td rowspan="2">任务记录</td><td colspan="4">实施过程</td><td>其他事项</td></tr>
<tr><td colspan="4"></td><td></td></tr>
<tr><td>任务反思</td><td colspan="5"></td></tr>
<tr><td>学号</td><td></td><td>姓名</td><td></td><td>时间</td><td></td></tr>
</table>

【任务实训】

评价单 1.3.5

<table>
<tr><td>评价项目</td><td colspan="5"></td></tr>
<tr><td rowspan="2">技能评价</td><td colspan="2">学生互评</td><td colspan="2">组内评价</td><td>教师评价</td></tr>
<tr><td colspan="2"></td><td colspan="2"></td><td></td></tr>
<tr><td rowspan="5">素质评价</td><td colspan="2">评价要点</td><td colspan="2">达标</td><td>未达标</td></tr>
<tr><td>工匠精神</td><td>有耐心、精益求精</td><td colspan="2"></td><td></td></tr>
<tr><td>协作精神</td><td>重合作、团队协商</td><td colspan="2"></td><td></td></tr>
<tr><td>创新意识</td><td>有想法、创新创意</td><td colspan="2"></td><td></td></tr>
<tr><td>学习能力</td><td>会运用、求真求实</td><td colspan="2"></td><td></td></tr>
<tr><td>学号</td><td></td><td>姓名</td><td></td><td>时间</td><td></td></tr>
</table>

【学习总结】

项目学习总结记录

【任务实训】

任务单 1.3.6

任务项目	利用 Excel 进行数据预处理
任务目标	能够利用 Excel 的筛选、查找以及数据透视表功能，对于数据表进行数据预处理
任务描述	客户数据采集是根据企业各部门对于客户数据的需求，通过可靠的数据源，运用合适的采集方式获得客户某些特征数据的活动，如客户的操作、行为、属性、偏好等数据信息，从而为后续进行客户信息分析提供数据支持。 某淘宝网店近期销售数据出现下滑，决定通过老客户营销的方式促进店铺销售，具体操作方式是：对近 30 天在店铺未消费的老客户（一个自然年内在本店消费两次以上）按照其以往的客单件为其发放优惠券。 数据分析师小李对店铺的客户数据进行采集，并通过整理分析获得可用的采集数据。为了绘制网店访客的用户画像，小李在完成用户静态信息数据分类与处理之后，又采集到了基于网店日常运营的用户动态信息数据，以进一步挖掘用户行为特征，其中包括搜索、单击、咨询、关注、加购、下单、支付、评价等一系列数据。这类数据由访客在网店的行为产生，通过后台或第三方软件获取，经过数据加工，可用于分析客户需求、情感偏好及消费习惯
任务要求	（1）将需要采集的数据指标——客户昵称、订单编号、交易商品、付款时间、数量、实收款、交易状态，进行收集整理。 （2）对企业网店访客行为监控数据进行收集整理，通过对“统计日期”字段排序或筛选，选取最近一周的数据复制到新的工作表中，添加一个新的字段“支付转化率”，利用公式计算每日各商品详情页的支付转化率（支付转化率＝支付买家数/商品访客数）。 （3）使用数据透视表对网店最近一周各商品详情页的访客数据进行统计，包括访客数、平均停留时长、收藏人数、加购人数、下单买家数及支付买家数。对各商品详情页的访客数、平均停留时长、收藏人数、加购人数、下单买家数及支付买家数进行占比计算

任务记录	实施过程	其他事项

<table>
<tr><td rowspan="2">任务记录</td><td colspan="4">实施过程</td><td>其他事项</td></tr>
<tr><td colspan="4"></td><td></td></tr>
<tr><td>任务反思</td><td colspan="5"></td></tr>
<tr><td>学号</td><td></td><td>姓名</td><td></td><td>时间</td><td></td></tr>
</table>

【任务实训】

评价单 1.3.6

<table>
<tr><td>评价项目</td><td colspan="6"></td></tr>
<tr><td rowspan="2">技能评价</td><td colspan="2">学生互评</td><td colspan="2">组内评价</td><td colspan="2">教师评价</td></tr>
<tr><td colspan="2"></td><td colspan="2"></td><td colspan="2"></td></tr>
<tr><td rowspan="5">素质评价</td><td colspan="4">评价要点</td><td>达标</td><td>未达标</td></tr>
<tr><td>工匠精神</td><td colspan="3">有耐心、精益求精</td><td></td><td></td></tr>
<tr><td>协作精神</td><td colspan="3">重合作、团队协商</td><td></td><td></td></tr>
<tr><td>创新意识</td><td colspan="3">有想法、创新创意</td><td></td><td></td></tr>
<tr><td>学习能力</td><td colspan="3">会运用、求真求实</td><td></td><td></td></tr>
<tr><td>学号</td><td></td><td>姓名</td><td colspan="2"></td><td>时间</td><td></td></tr>
</table>

【学习总结】

项目学习总结记录

项目训练

一、单项选择题

1. 关于电子商务数据化运营的工作流程，正确的是(   )。

A. 确定运营目标-数据采集-搭建指标体系-数据分析-持续跟踪-运营优化

B. 确定运营目标-数据采集-搭建指标体系-数据分析-运营优化-持续跟踪

C. 确定运营目标-搭建指标体系-数据采集-数据分析-运营优化-持续跟踪

D. 确定运营目标-搭建指标体系-数据采集-数据分析-持续跟踪-运营优化

2. 在进行数据分析时，开展需求分析需优先完成的是(   )。

A. 对需求加以提炼、整合　B. 对需求进行筛选

C. 对需求进行排序　D. 对需求进行规划

3. 分析店铺订单的物流配送数据，以下可以提供所需数据的工具为(   )。

A. 店铺后台　B. 物流行业调查报告

C. 生意参谋物流板块　D. 店数据

4. 一般通过政府部门、机构协会、媒体这些渠道进行采集的是(   )。

A. 行业数据　B. 市场数据　C. 运营数据　D. 人群数据

5. 以下(   )属于电子商务平台自身提供的数据分析工具。

A. 百度指数　B. 生意参谋　C. 店侦探　D. 逐鹿工具箱

二、多项选择题

1. 电子商务数据化运营的价值包括(   )。

A. 洞悉用户　B. 窃取机密　C. 数据预测　D. 数据化管理

2. 电子商务数据采集与处理方案中通常需要包含(   )。

A. 项目背景　B. 分析目标　C. 数据来源渠道　D. 数据指标

3. 以下属于用户运营指标体系的是(   )。

A. 收入　B. 流失用户　C. 登录用户　D. 新注册用户

4. 电子商务运营的基本内容包括(   )。

A. 店铺运营　B. 产品运营　C. 流量运营　D. 活动运营

5. 某淘宝网店准备拓展商品品类，现需要进行目标市场趋势分析，可以使用(   )数据渠道或工具。

A. 生意参谋——市场板块　B. 百度指数

B. 专业机构发布的行业调查报告　D. 某不知名的博客的分析报告

三、判断题

1. 从广义上看，电子商务运营是一个很大的范畴，指一切与企业电子商务运营相关活动的总称。(   )

2. 电子商务数据采集时对于一些无法使用采集工具获得的数据，可以对其进行摘录。(   )

3. 某网店准备分析一段时间内的全店转化率，需要采集的数据指标有该段时间内的店

铺访客数及成交访客数。（　）

4. 数据采集与处理方案可以不包含背景介绍。（　）

5. 数据采集时需要数据采集人员不惜任何手段获取所有需要的数据。（　）

四、案例分析题

某电子商务网站准备进入化妆品电商领域，希望了解该行业的市场发展趋势，请根据该情景，分析回答如下问题：

（1）明确数据分析任务的目标。

（2）可以选择哪些数据指标。

（3）制定数据分析方案。

项目二　市场数据分析

【项目目标】

学习目标

1. 理解市场容量、市场发展趋势、市场规模的分析方法
2. 熟悉利用市场集中度、市场需求增幅数据等指标进行行业数据分析的方法
3. 掌握构建市场数据分析思路的方法

能力目标

1. 能够根据任务情景完成市场数据分析的具体任务
2. 能够在了解市场数据的基础上，通过数据分析掌握市场的各方面情况
3. 能够探索分析市场数据的意义与价值

素质目标

1. 培养学生耐心细致、精益求精的工匠精神
2. 培养学生严谨清晰的数据分析思维
3. 培养学生诚实守信的职业道德

【项目导图】

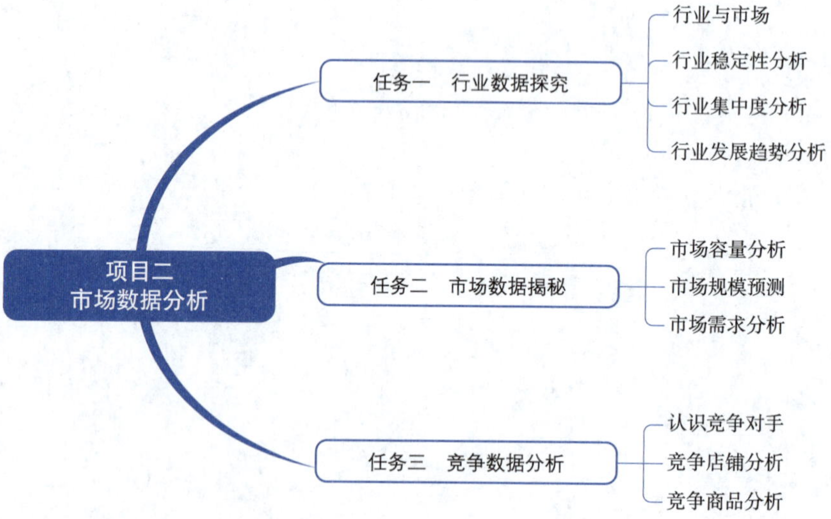

任务一　行业数据探究

【案例导入】

电商“数智化”带动信息技术服务业和衍生服务业发展

近年来，电子商务领域信息技术和行业解决方案的应用创新不断涌现，其与细分行业的融合不断加深，云平台提供商、AI解决方案提供商、服务外包提供商等信息技术服务商支撑起高速增长的电商IT需求，保障了电商各平台和基础设施的正常运转，也为行业的高速发展提供了保障。

据中国服务外包中心统计，2020年，电子商务平台服务合同签约额和执行额增幅均超过22%，电商平台服务保持稳定增长。2020年电商行业正在从“数字化”向“数智化”进一步发展，促进电商信息技术服务进一步迭代。

2020年，随着人工智能、大数据等新技术的应用不断成熟，短视频、直播带货、社区团购等模式的进一步下沉，电子商务营销的技术和模式更加多元化。越来越多的品牌企业和电商从业者利用短视频和直播平台作为新主场，利用大数据实现精准营销应用的场景也更加广泛，基于大数据的精准营销和数字化营销已逐步下沉到各个应用场景，逐渐成为电子商务营销的主流方式。

利用人工智能、数字化等技术，咨询服务提供商融合线上线下平台提供ToB和ToC等数字化咨询策略，传统零售企业通过在线数字化咨询快速落地线上直播带货平台。咨询服务提供商协助平台在线深耕产业，形成成熟的行业认知并积累产业数据后，以数据作为基础资料，通过输出数据与技术，为下游客户与上游厂商深度赋能，促进全产业转型升级。

【知识储备】

行业数据分析的主要目的是将海量且分散的数据转化为有效的行业信息，对于刚进入某一个行业的电子商务企业而言，需要全面了解市场行情，避免仅凭主观的想法推断市场情况，才能确定企业选择的行业是否可行。

在行业数据分析过程中，通过对于行业数据的进一步分析和揭秘，有助于电商企业更加全面地了解行业发展趋势，也有利于企业的生存和发展。下面重点介绍行业稳定性、行业集中度、行业发展趋势等方面的分析。

一、市场与行业

（一）市场和行业的含义

市场（market）起源于古时人类对于固定时段进行交易的场所的称呼，市场有广义和狭义之分，狭义上的市场是买卖双方进行商品交换的场所，在广义上是指为了买和卖某些商品而与其他厂商和个人相联系的一群厂商和个人。市场的构成要素包括三个方面，分别是人口、购买力、购买欲望，简单地说，市场是由消费者和他们的需求构成的。

行业（industry）是指从事国民经济中同性质的生产、服务或其他经济社会的经营单位或者个体的组织结构体系。简单来说，行业是由提供可替代商品的公司构成的。

市场和行业两个概念的侧重点是不同的，市场观察消费者和需求，行业观察产品和公司，如图 2-1 所示。

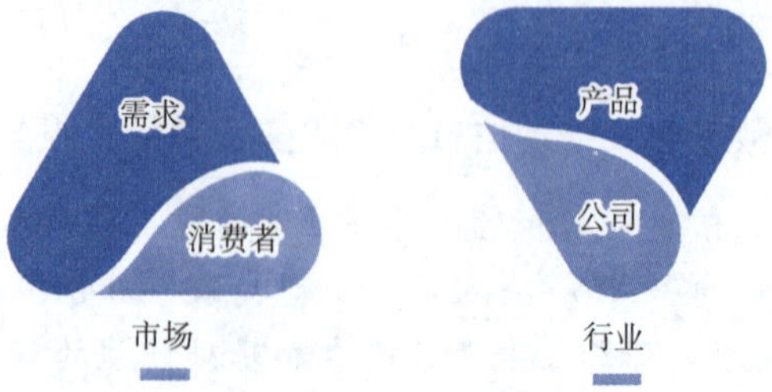

图 2-1 市场和行业

（二）行业数据分析常用指标

1. 交易指数

交易指数是根据产品交易过程中的核心指标（如订单数、买家数、支付件数、支付金额等）进行综合计算得出的一个数值。该数值越大，反映交易的热度越大。它不等同于交易金额，但在一定程度上可以反映交易金额。

2. 交易增长幅度

交易增长幅度在一定程度上反映了本期交易较上期交易的变化。如果交易增长幅度较高，说明该品牌近期的市场潜力巨大。

二、行业稳定性分析

行业的稳定性是衡量投资风险的重要尺度，在无法通过直接观察来判断行业行情的情况下，可以利用行业稳定性的指标对于市场数据进行分析，通过分析结果判断行业发展情况。

行业稳定性涉及波动系数和极差两个指标，其中：

波动系数＝标准差/平均值

极差＝最大值－最小值

波动系数和极差两个指标都可以利用 Excel 进行计算和分析，数据分析人员通过生意参谋，采集到目标行业的交易指数后，将其在 Excel 中进行整理和计算，就能得出对应行业的稳定性结果。

（一）波动系数

波动系数，又称均方差系数，反映标志变动程度的相对指标。标准差是用来反映数据集的离散程度，也可以说是数据之间的距离。标准差的计算需要借助 Excel 中的 STDEVP 函数，平均值的计算需要借助 AVERAGE 函数。

下面以生意参谋中取得的玩具行业下童车和电子玩具两个子行业近 12 个月的交易指数数据，整理到 Excel 中，如图 2-2 所示。

第一，在编辑栏中，选择“插入函数”选项卡，打开“插入函数”对话框，选择“或选择类别”下拉列表中的“统计”选项，在“选择函数”列表框中选择“STDEVP”选项，单击“确定”按钮，计算出标准差数值。Excel 操作如图 2-3 所示。

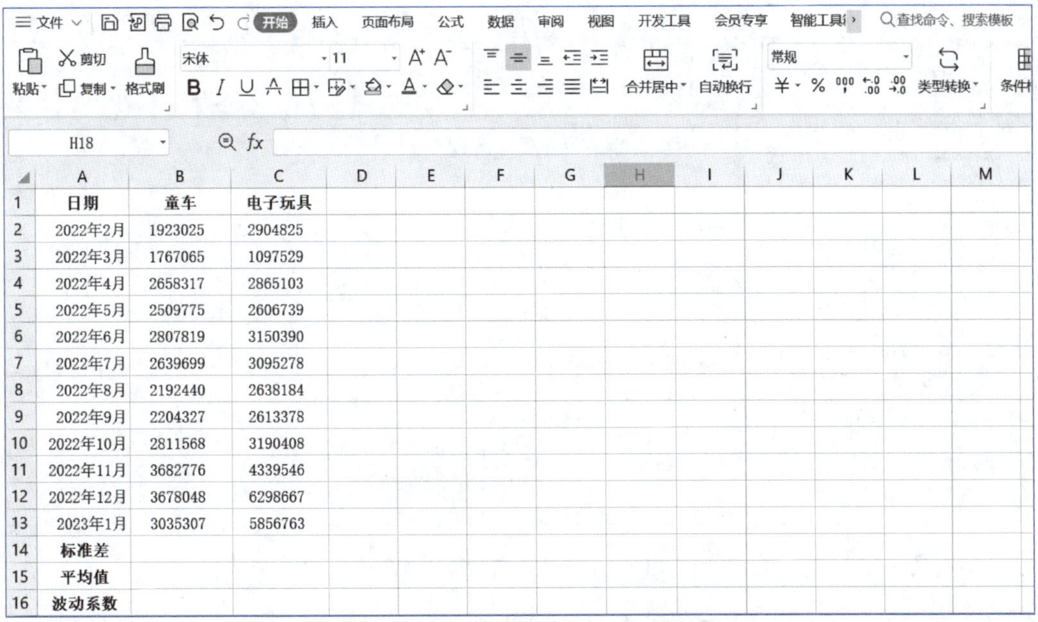

图 2-2　生意参谋采集玩具行业数据

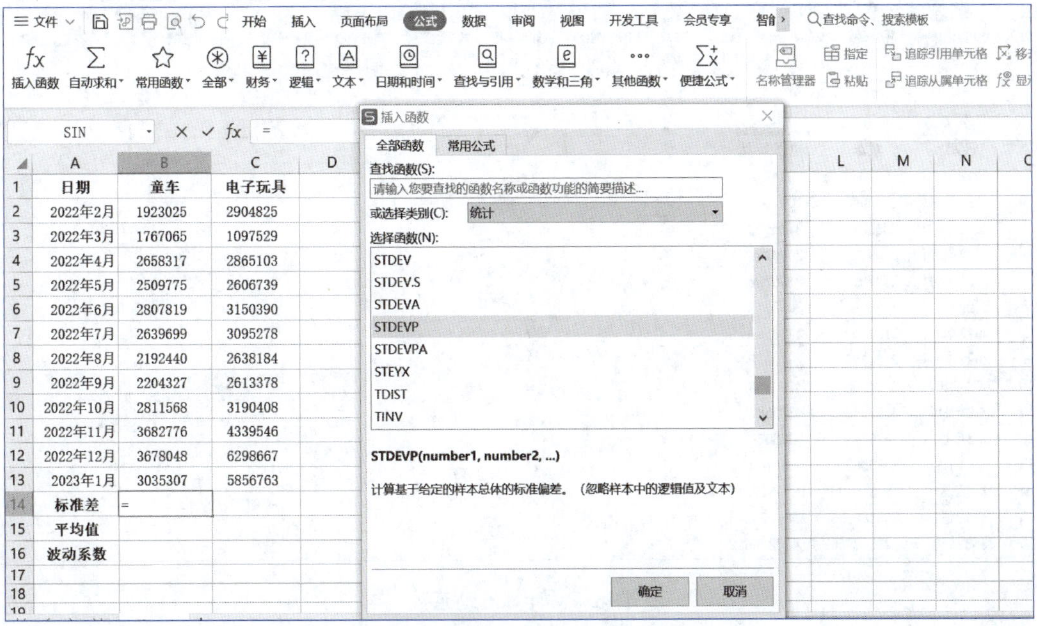

图 2-3　选择函数计算标准差

第二，在编辑栏中，选择“插入函数”选项卡，打开“插入函数”对话框，在“选择函数”列表框中选择“AVERAGE”选项，单击“确定”按钮，计算出平均值数值。Excel 操作如图 2-4 所示。

第三，在 B16 单元格中，编辑输入“=B14/B15”，按【Enter】键，返回波动系数的计

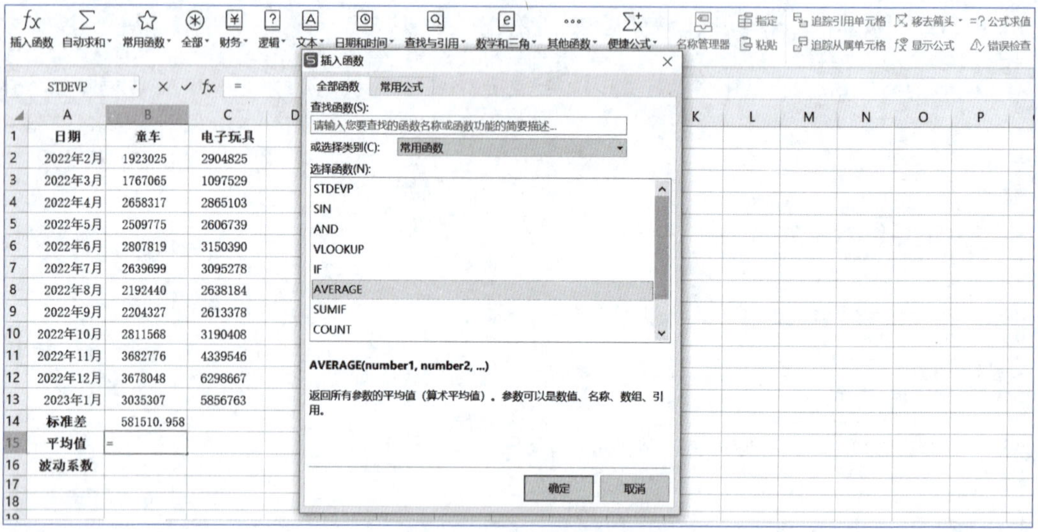

	A	B	C
1	日期	童车	电子玩具
2	2022年2月	1923025	2904825
3	2022年3月	1767065	1097529
4	2022年4月	2658317	2865103
5	2022年5月	2509775	2606739
6	2022年6月	2807819	3150390
7	2022年7月	2639699	3095278
8	2022年8月	2192440	2638184
9	2022年9月	2204327	2613378
10	2022年10月	2811568	3190408
11	2022年11月	3682776	4339546
12	2022年12月	3678048	6298667
13	2023年1月	3035307	5856763
14	标准差	581510.958	
15	平均值	=	
16	波动系数		

图 2-4 选择函数计算平均值

算结果。利用 Excel 数据填充功能，快速完成公式和函数的填充，计算出电子玩具子行业的波动系数。Excel 的操作结果如图 2-5 所示。

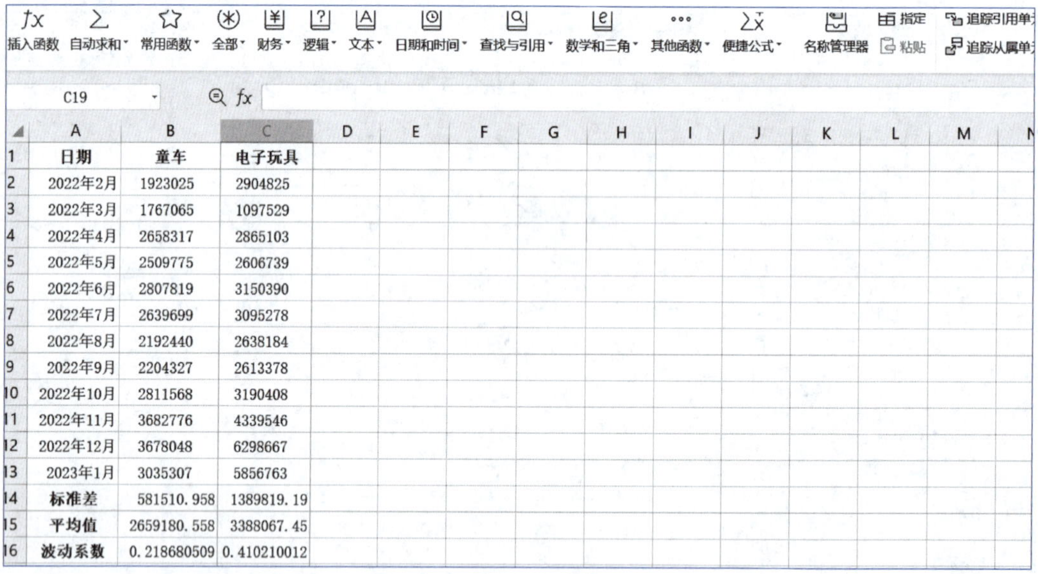

	A	B	C
1	日期	童车	电子玩具
2	2022年2月	1923025	2904825
3	2022年3月	1767065	1097529
4	2022年4月	2658317	2865103
5	2022年5月	2509775	2606739
6	2022年6月	2807819	3150390
7	2022年7月	2639699	3095278
8	2022年8月	2192440	2638184
9	2022年9月	2204327	2613378
10	2022年10月	2811568	3190408
11	2022年11月	3682776	4339546
12	2022年12月	3678048	6298667
13	2023年1月	3035307	5856763
14	标准差	581510.958	1389819.19
15	平均值	2659180.558	3388067.45
16	波动系数	0.218680509	0.410210012

图 2-5 计算波动系数

由图 2-5 中的计算结果可知，电子玩具行业的波动系数高于童车行业。对于规模较小的商家而言，选择波动系数越大的市场，机会可能就越多；对于中等规模的商家而言，如果持有资源较好，则建议选择波动系数小的市场，因为这种市场发展相对稳定性更高。

（二）极差

波动系数的缺点在于它与数据本身的大小没有关系，千万元级别和百万元级别的数据得到的波动系数可能相差无几，但数据本身的量级则有较大差别。因此，我们可以进一步利用极差这个指标来显示数据的量级。

第一，选择 A17 单元格，输入“极差”，然后选择 B17 单元格，在编辑栏中输入“=MAX（B2:B13）－MIN（B2:B13）”，表示用 B2:B13 单元格区域中的最大值减去该区域的最小值，如图 2-6 所示。

B17　fx　=MAX(B2:B13)-MIN(B2:B13)

	A	B	C	D	E	F	G	H	I
1	日期	童车	电子玩具						
2	2022年2月	1923025	2904825						
3	2022年3月	1767065	1097529						
4	2022年4月	2658317	2865103						
5	2022年5月	2509775	2606739						
6	2022年6月	2807819	3150390						
7	2022年7月	2639699	3095278						
8	2022年8月	2192440	2638184						
9	2022年9月	2204327	2613378						
10	2022年10月	2811568	3190408						
11	2022年11月	3682776	4339546						
12	2022年12月	3678048	6298667						
13	2023年1月	3035307	5856763						
14	标准差	581510.958	1389819.19						
15	平均值	2659180.558	3388067.45						
16	波动系数	0.218680509	0.410210012						
17	极差	1915711.12	5201137.34						

图 2-6　计算极差

第二，为了进行明显的对比分析，在数据表中增加一列某行业的交易指数数据，进行了波动系数和极差的计算，结果如图 2-7 所示。

K16　fx

	A	B	C	D	E	F	G	H	I
1	日期	童车	电子玩具	某行业					
2	2022年2月	1923025	2904825	42862					
3	2022年3月	1767065	1097529	18984					
4	2022年4月	2658317	2865103	49291					
5	2022年5月	2509775	2606739	25357					
6	2022年6月	2807819	3150390	26265					
7	2022年7月	2639699	3095278	37231					
8	2022年8月	2192440	2638184	20495					
9	2022年9月	2204327	2613378	31152					
10	2022年10月	2811568	3190408	35133					
11	2022年11月	3682776	4339546	46974					
12	2022年12月	3678048	6298667	70231					
13	2023年1月	3035307	5856763	67624					
14	标准差	581510.958	1389819.19	16199.57178					
15	平均值	2659180.558	3388067.45	39300.01778					
16	波动系数	0.218680509	0.410210012	0.412202658					
17	极差	1915711.12	5201137.34	51246.44					

图 2-7　某行业计算结果

第三，如上图 2-7 所示，某行业与电子玩具行业的波动系数非常接近，但通过极差计算结果反映出，这两个行业的交易量的量级完全不在同一个层级。因而，在进行行业稳定性分析时，波动系数和极差需要相互配合应用，才能更好地反映出行业的稳定性。

三、行业集中度分析

行业集中度可以反映某行业的饱和度、垄断程度，一般可以使用赫芬达尔指数（HHI）来反映。赫芬达尔指数，是一种测量行业集中度的综合指数，它是指“一个行业中各市场竞争主体所占行业总收入或总资产百分比的平方和”。

赫芬达尔指数用来计量市场份额的变化，该指数首先需要取得竞争对手的市场占有率，并将较小的竞争对手忽略，然后计算出竞争对手市场占有率的平方值，最后计算出平方值之和。

下面利用生意参谋市场排行功能采集儿童玩具行业最近一个月的 50 个品牌的交易指数，如图 2-8 所示，然后对于采集的数据进行计算处理，具体操作如下：

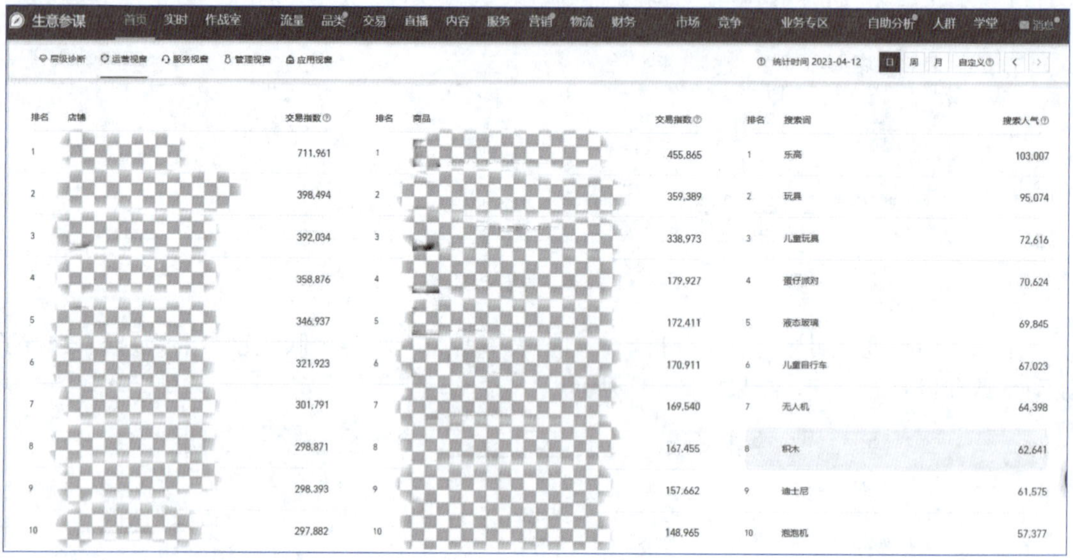

图 2-8 采集品牌交易指数

第一，复制数据。在【市场】/【市场排行】板块中单击“品牌”选项卡，将行业和日期分别设置为母婴“玩具”和“30 天”，复制前 50 名品牌及对应的交易指数到 Excel 中。在 Excel 中对品牌和交易指数做适当的整理，然后添加“市场份额”“市场份额平方值”“行业集中度”项目，如图 2-9 所示。

第二，计算市场份额数据。选择 D2:D51 单元格区域，在编辑栏中输入“=C2/SUM(C2:C51)”，表示计算对应品牌的交易指数在 50 个品牌中占据的市场份额。选择编辑栏中的“C2:C51”，按【F4】键将其转换为绝对引用（即公式不随目标单元格位置的变化而发生相应的变化），公式显示为“=C2/SUM（$C$2:$C$51)”然后按【Enter】键计算各品牌的市场份额，如图 2-10 所示。

行业排行	品牌信息	交易指数	市场份额	市场份额平方值	行业集中度
1	[illegible]	455865			
2	[illegible]	359389			
3	[illegible]	338973			
4	[illegible]	179927			
5	[illegible]	172411			
6	[illegible]	170911			
7	[illegible]	169540			
8	[illegible]	167455			
9	[illegible]	157662			
10	[illegible]	148965			
11	[illegible]	149421			
12	[illegible]	145488			
13	[illegible]	145324			
14	[illegible]	138497			
15	[illegible]	137938			
16	[illegible]	135389			
17	[illegible]	133355			

图 2-9　整理复制数据

D2　　=C2/SUM($C$2:$C$51)

行业排行	品牌信息	交易指数	市场份额	市场份额平方值	行业集中度
1	[illegible]	455865	6.90%		
2	[illegible]	359389	5.44%		
3	[illegible]	338973	5.13%		
4	[illegible]	179927	2.72%		
5	[illegible]	172411	2.61%		
6	[illegible]	170911	2.59%		
7	[illegible]	169540	2.57%		
8	[illegible]	167455	2.53%		
9	[illegible]	157662	2.39%		
10	[illegible]	148965	2.25%		
11	[illegible]	149421	2.26%		
12	[illegible]	145488	2.20%		
13	[illegible]	145324	2.20%		
14	[illegible]	138497	2.10%		
15	[illegible]	137938	2.09%		
16	[illegible]	135389	2.05%		
17	[illegible]	133355	2.02%		
18	[illegible]	132404	2.00%		
19	[illegible]	127484	1.93%		
20	[illegible]	117003	1.77%		
21	[illegible]	114418	1.73%		

图 2-10　计算市场份额数据

第三，计算市场份额平方值数据。选择 E2:E51 单元格区域，在编辑栏中插入函数“POWER”，选择数据区域，幂次填数字“2”，按【Enter】键计算各品牌的市场份额平方值，以便后面计算行业集中度。计算结果如图 2-11 所示。

第四，计算赫芬达尔指数数据。选择 F2 单元格，在编辑栏中输入“＝SUM（E2:E51)”，按【Enter】键计算行业集中度，如图 2-12 所示。

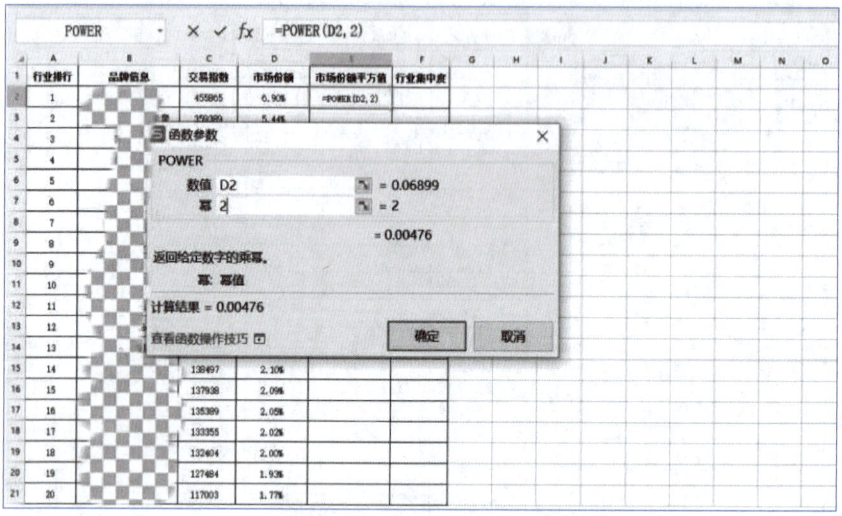

图 2-11 计算市场份额的平方值

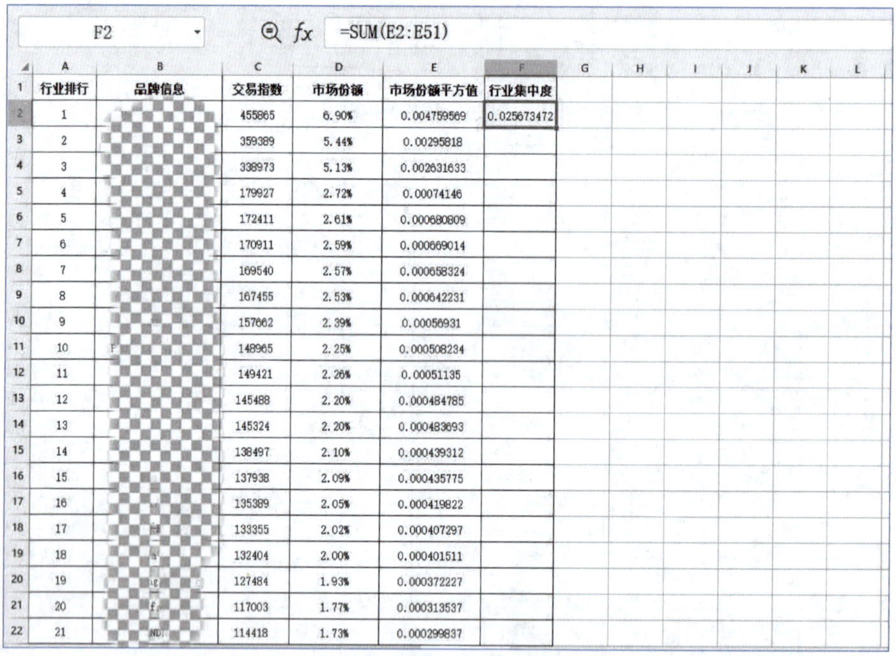

行业排行	品牌信息	交易指数	市场份额	市场份额平方值	行业集中度
1		455865	6.90%	0.004759569	0.025673472
2		359389	5.44%	0.00295818	
3		338973	5.13%	0.002631633	
4		179927	2.72%	0.00074146	
5		172411	2.61%	0.000680809	
6		170911	2.59%	0.000669014	
7		169540	2.57%	0.000658324	
8		167455	2.53%	0.000642231	
9		157662	2.39%	0.00056931	
10		148965	2.25%	0.000508234	
11		149421	2.26%	0.00051135	
12		145488	2.20%	0.000484785	
13		145324	2.20%	0.000483693	
14		138497	2.10%	0.000439312	
15		137938	2.09%	0.000435775	
16		135389	2.05%	0.000419822	
17		133355	2.02%	0.000407297	
18		132404	2.00%	0.000401511	
19		127484	1.93%	0.000372227	
20		117003	1.77%	0.000313537	
21		114418	1.73%	0.000299837	

图 2-12 计算赫芬达尔指数

赫芬达尔指数是产业市场集中度测量指标中较好的一个，具有如下特点：当独家企业垄断时，该指数等于 1，当所有企业规模相同时，该指数等于 $1/n$，故而这一指标在 $1/n$～1 之间变动。行业集中度的数值越大，说明市场的集中度就越高，这个数值越小，说明市场的集中度就越低，市场越趋于自由竞争。由图 2-12 可知，第一项的行业集中度为 0.025 673，说明该行业的集中度较低，企业可以考虑进入该行业发展。

四、行业发展趋势分析

（一）行业生命周期

企业在进入某一行业前或者在制定未来的发展规划时，需要充分掌握该行业的发展趋势，这里的行业发展趋势可以理解为行业的生命周期。行业发展趋势分析是指根据时间序列图（简称时序图）的走势，掌握目前走势规律并预测未来走势。行业的生命周期可分为初创期、成长期、成熟期和衰退期四个不同阶段，如图 2-13 所示。

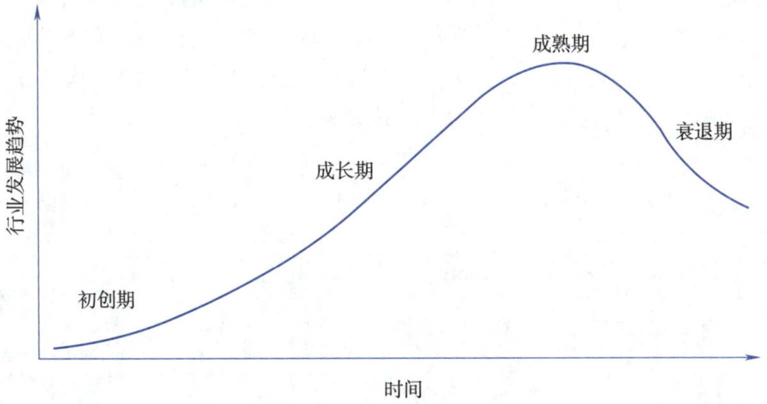

图 2-13　行业生命周期

1. 初创期

关于该行业的企业如何发展有不同看法，企业规模可能很小，产品类型、特点、性能和目标市场不断发展变化。市场中充满各种新发明的产品或服务，产品设计尚未成熟，行业产品的开发相对缓慢，利润率较低，市场增长率较高。初创期是消费者需求开始产生的阶段，企业一般采取跟踪对手、参与或观望的策略。

2. 成长期

处于成长期的行业已经形成并快速发展，大多数企业因高增长率而在行业中继续存在。成长期是行业发展开始上升的阶段，在此阶段企业要投入足够的市场预算，达到高增长率和扩产计划，全力抢占市场。利用专利或者降低成本来设置进入壁垒，阻止竞争者进入行业。

3. 成熟期

成熟期是指消费者需求达到顶峰的阶段，增长率降到较正常水平，相对稳定，各年销售量变动和利润增长幅度较小，竞争更激烈。后期一些企业因投资回报率不满意而退出行业，一小部分企业主导行业，在这个阶段采取的主要策略是提高效率、成本控制、进入和控制市场细分。

4. 衰退期

衰退期的行业生产力过剩，技术被模仿后出现的替代品充斥市场，市场增长率严重下降，产品品种减少，行业活动水平随各公司从该行业退出而下降，该行业可能不复存在或被并入另一行业。

（二）行业趋势分析

行业趋势与企业的发展息息相关，发展趋势好的市场称为增量市场，发展趋势差的市场称为存量市场。在通常情况下，根据时序图的走势对行业市场的增幅情况进行判断，如果连续两年增幅超过10%则可判定为增量市场，反之则为存量市场。分析市场趋势就是要辨别企业处于何种市场。行业趋势分析除判断行业是增量市场还是存量市场之外，还需要识别行业的淡旺季及数据拐点。只有充分了解了这些内容后，才知道企业应该在何时准备、何时引爆、何时收割。

下面继续利用在生意参谋中采集的数据，分析母婴行业下各子行业的发展趋势。

第一，采集数据及整理。进入生意参谋的市场功能板块，选择“市场大盘”功能选项，采集母婴行业数据，包括交易指数、交易增长幅度、支付金额较父行业占比、支付子订单数较父行业占比等数据项。然后，利用整理好的 Excel 数据，创建数据透视表，将“年”和“月”字段添加到“行”区域，将“子行业”字段添加到“列”区域，将“支付金额较父行业占比”字段添加到“值”区域，如图 2-14 所示。

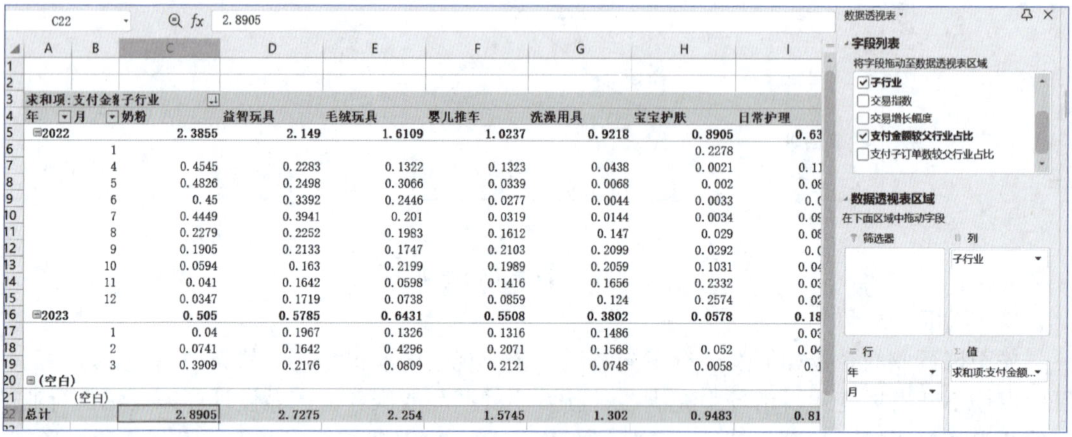

C22 fx 2.8905

求和项:支付金额	子行业							
年	月	奶粉	益智玩具	毛绒玩具	婴儿推车	洗澡用具	宝宝护肤	日常护理
2022		2.3855	2.149	1.6109	1.0237	0.9218	0.8905	0.63
	1						0.2278	
	4	0.4545	0.2283	0.1322	0.1323	0.0438	0.0021	0.11
	5	0.4826	0.2498	0.3066	0.0339	0.0068	0.002	0.08
	6	0.45	0.3392	0.2446	0.0277	0.0044	0.0033	0.0
	7	0.4449	0.3941	0.201	0.0319	0.0144	0.0034	0.09
	8	0.2279	0.2252	0.1983	0.1612	0.147	0.029	0.08
	9	0.1905	0.2133	0.1747	0.2103	0.2099	0.0292	0.0
	10	0.0594	0.163	0.2199	0.1989	0.2059	0.1031	0.04
	11	0.041	0.1642	0.0598	0.1416	0.1656	0.2332	0.03
	12	0.0347	0.1719	0.0738	0.0859	0.124	0.2574	0.02
2023		0.505	0.5785	0.6431	0.5508	0.3802	0.0578	0.18
	1	0.04	0.1967	0.1326	0.1316	0.1486		0.03
	2	0.0741	0.1642	0.4296	0.2071	0.1568	0.052	0.04
	3	0.3909	0.2176	0.0809	0.2121	0.0748	0.0058	0.1
(空白)								
	(空白)							
总计		2.8905	2.7275	2.254	1.5745	1.302	0.9483	0.81

图 2-14 创建数据透视表

第二，创建数据透视图。在数据透视表的基础上创建数据透视图，类型为折线图，编辑和调整标题、图例、数据标签格式等，调整表的大小和位置，如图 2-15 所示。

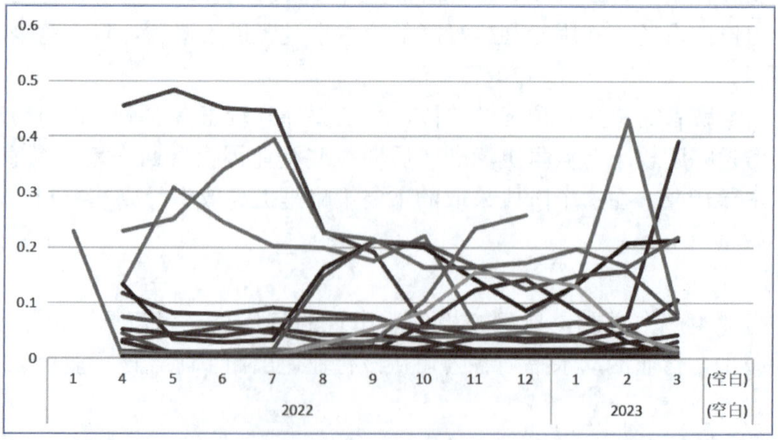

图 2-15 创建数据透视图

第三，插入切片器。在图 2-16 中展现了母婴行业下，所有子行业的趋势图，内容比较繁乱，此时可以借助 Excel 中的“切片器”功能，选择某一个子行业来单独查看该行业的发展趋势。具体操作为，在数据透视表【分析】工具中，插入【切片器】，打开“插入切片器”对话框，单击选中“子行业”复选项，完成插入切片器工具的操作。

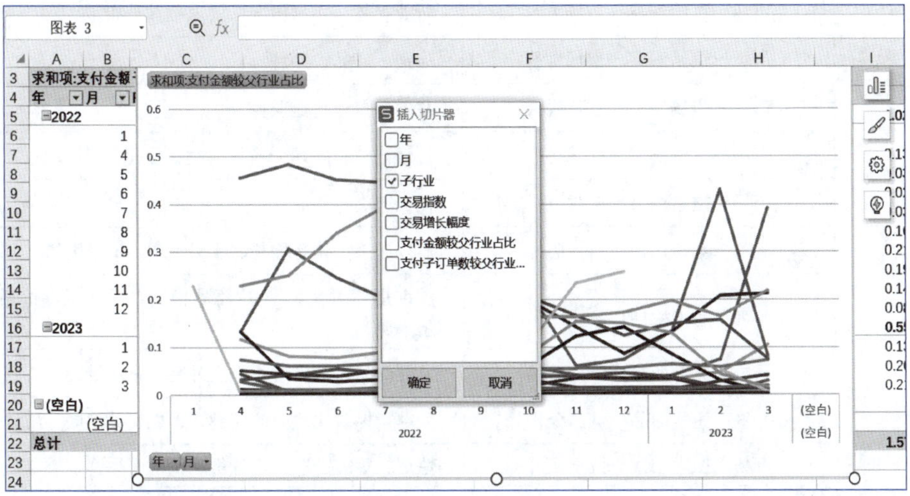

图 2-16　插入切片器

第四，对比分析行业发展趋势。在“子行业”切片器中选择“毛绒玩具”选项，此时折线图显示该子行业的行业发展趋势，如图 2-17 所示，毛绒玩具全年销售基本平稳，其中在 1～2 月销售热度有所增长，因而如果选择进入毛绒玩具这一行业，要至少在 11 月进入，在 1 月和 2 月引爆销量。此外，通过切片器还可以进行几个行业的对比分析，例如毛绒玩具和宝宝护肤行业对比，分析行业的变化情况。

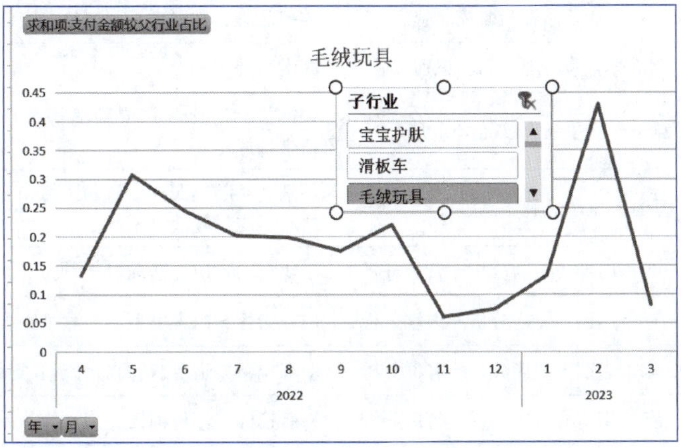

图 2-17　分析毛绒玩具子行业发展趋势

【资讯拓展】

生意参谋“市场洞察”板块主要功能

功能	页面	模块
市场趋势	市场—供给洞察—市场大盘	行业趋势、卖家概况、卖家地域分布
市场排行	市场—供给洞察—市场排行	店铺、商品、品牌
	市场—市场监控—监控看板	我的监控、行业监控
搜索分析	市场—搜索洞察—搜索排行	搜索词、长尾词、品牌词、核心词、修饰词
	市场—搜索洞察—搜索分析	概况、类目构成
竞争分析	竞争—竞争店铺—监控店铺	监控店铺、排名增长、交易突增、流量突增
	竞争—竞争店铺—竞店分析	关键指标对比、TOP 商品榜、类目构成、价格带构成、流量来源
	竞争—竞争商品—监控商品	监控商品、排名增长、交易突增，流量突增
	竞争—竞争商品—竞品分析	关键指标对比、引流关键词、成交关键词、流量来源
客群洞察	市场—搜索洞察—搜索人群	性别、年龄、职业、省份、城市、品牌、类目、价格段
	市场—客群洞察—行业人群	性别、年龄、职业、省份、城市、品牌偏好、类目偏好、支付时段、搜索词、属性、价格段、支付频次
	市场—客群洞察—客群透视	多堆交叉，客群趋势
产品 & 属性分析	市场—机会洞察—属性洞察	热门属性、属性分析
竞争识别	竞争—竞争店铺—竞店识别	流失竞店识别、高潜竞店识别
	竞争—竞争商品—竞品识别	浏览流失竞品推荐、搜索流失竞品推荐
	竞争—竞争动态—竞争动态	竞争动态
品牌分析	竞争—竞争品牌—监控品牌	监控品牌、排名增长、交易突增、流量突增
	竞争—竞争品牌—品牌识别	高潜品牌识别
	竞争—竞争品牌—品牌分析	关键指标对比、TOP 商品榜、TOP 店铺榜、类目构成、价格带构成
	竞争—竞争品牌—品牌客群	性别、年龄、职业、省份、城市、品牌偏好、类目偏好、价格段、支付频次
活动对标	竞争—竞争店铺—竞店分析—营销分析	全年活动日历、活动对比
内容对标	竞争—竞争店铺—竞店分析—内容分析	内容指标、内容类型、来源对比
新老客对标	竞争—竞争店铺—竞店分析—客群分析	新客拉新渠道/拉新商品、老客复购率对比
售后对标	竞争—竞争店铺—竞店分析—售后分析	售后指标、评价词云
购买连带分析	竞争—竞争店铺—竞店分析—品类分析	店铺类目连带
	竞争—竞争商品—机会分析	跨店购买连带
流失分析	竞争—竞争商品—机会分析	浏览流失分析、跨店浏览连带

【任务实训】

任务单 2.1.1

任务项目	采集行业分析数据	
任务目标	掌握市场数据分析的定义，能够根据行业数据分析要求完成数据采集及预处理任务	
任务描述	某网店准备探索食品杂粮行业，从中选择行业发展前景好的子行业进行分析，并进一步分析子行业的集中度，明确是否还有进驻该行业的机会。为了数据分析需要，公司领导安排数据分析员小李对淘宝网中食品行业粮油调味子行业杂粮市场数据进行采集，对该行业近三年的市场趋势进行分析，以此来确定是否进行鲜食玉米产品的销售	
任务要求	（1）能够根据任务需要，归类、整理、梳理可执行的市场数据分析需求，制作完成市场数据分析方案。 （2）能够利用生意参谋等工具，独立采集和预处理行业数据。 （3）能够更正格式异常的数据、删除重复采集的数据、处理单元格缺失的数据、纠正逻辑错误的数据	
任务记录	实施过程	其他事项

<table>
<tr><td rowspan="2">任务记录</td><td colspan="4">实施过程</td><td>其他事项</td></tr>
<tr><td colspan="4"></td><td></td></tr>
<tr><td>任务反思</td><td colspan="5"></td></tr>
<tr><td>学号</td><td></td><td>姓名</td><td></td><td>时间</td><td></td></tr>
</table>

【任务实训】

评价单 2.1.1

<table>
<tr><td>评价项目</td><td colspan="5"></td></tr>
<tr><td rowspan="2">技能评价</td><td colspan="2">学生互评</td><td colspan="2">组内评价</td><td>教师评价</td></tr>
<tr><td colspan="2"></td><td colspan="2"></td><td></td></tr>
<tr><td rowspan="5">素质评价</td><td colspan="3">评价要点</td><td>达标</td><td>未达标</td></tr>
<tr><td>工匠精神</td><td colspan="2">有耐心、精益求精</td><td></td><td></td></tr>
<tr><td>协作精神</td><td colspan="2">重合作、团队协商</td><td></td><td></td></tr>
<tr><td>创新意识</td><td colspan="2">有想法、创新创意</td><td></td><td></td></tr>
<tr><td>学习能力</td><td colspan="2">会运用、求真求实</td><td></td><td></td></tr>
<tr><td>学号</td><td></td><td>姓名</td><td></td><td>时间</td><td></td></tr>
</table>

【学习总结】

项目学习总结记录

【任务实训】

任务单 2.1.2

<table>
<tr><td>任务项目</td><td colspan="2">农产品行业稳定性分析</td></tr>
<tr><td>任务目标</td><td colspan="2">能够运用合适的数据分析工具和指标，完成食品行业里杂粮、新鲜蔬菜、预制菜三个子行业的市场稳定性分析</td></tr>
<tr><td>任务描述</td><td colspan="2">某电子商务企业计划进军食品行业，公司领导要求数据分析师小李，针对食品行业里杂粮、新鲜蔬菜、预制菜三个子行业的市场稳定性分析，对于公司进一步业务拓展策略的制定，提出数据化参考依据</td></tr>
<tr><td>任务要求</td><td colspan="2">（1）利用生意参谋工具获取各个子行业的交易指数数据并进行整理。
（2）利用波动系数和极差数据指标，对于行业稳定性进行分析，并给出分析结论</td></tr>
<tr><td rowspan="2">任务记录</td><td>实施过程</td><td>其他事项</td></tr>
<tr><td></td><td></td></tr>
</table>

任务记录	实施过程	其他事项
任务反思		

学号		姓名		时间	

【任务实训】

评价单 2.1.2

<table>
<tr><td>评价项目</td><td colspan="5"></td></tr>
<tr><td rowspan="2">技能评价</td><td colspan="2">学生互评</td><td>组内评价</td><td colspan="2">教师评价</td></tr>
<tr><td colspan="2"></td><td></td><td colspan="2"></td></tr>
<tr><td rowspan="5">素质评价</td><td colspan="3">评价要点</td><td>达标</td><td>未达标</td></tr>
<tr><td>工匠精神</td><td colspan="2">有耐心、精益求精</td><td></td><td></td></tr>
<tr><td>协作精神</td><td colspan="2">重合作、团队协商</td><td></td><td></td></tr>
<tr><td>创新意识</td><td colspan="2">有想法、创新创意</td><td></td><td></td></tr>
<tr><td>学习能力</td><td colspan="2">会运用、求真求实</td><td></td><td></td></tr>
<tr><td>学号</td><td></td><td>姓名</td><td></td><td>时间</td><td></td></tr>
</table>

【学习总结】

项目学习总结记录

【任务实训】

任务单 2.1.3

任务项目	农产品行业集中度分析	
任务目标	完成农产品行业集中度分析	
任务描述	（1）利用生意参谋工具，采集平台上农产品行业市场数据，使用 Excel 工具进行数据的采集和整理。 （2）计算农产品行业排名前 100 的品牌市场份额数据，进而计算农产品行业的赫芬达尔指数，分析该行业的集中度	
任务要求	能够独立完成数据的采集和分析，并且制作可视化图表	
任务记录	实施过程	其他事项

<table>
<tr><td rowspan="2">任务记录</td><td colspan="4">实施过程</td><td>其他事项</td></tr>
<tr><td colspan="4"></td><td></td></tr>
<tr><td>任务反思</td><td colspan="5"></td></tr>
<tr><td>学号</td><td></td><td>姓名</td><td></td><td>时间</td><td></td></tr>
</table>

【任务实训】

评价单 2.1.3

<table>
<tr><td>评价项目</td><td colspan="6"></td></tr>
<tr><td rowspan="2">技能评价</td><td colspan="2">学生互评</td><td colspan="2">组内评价</td><td colspan="2">教师评价</td></tr>
<tr><td colspan="2"></td><td colspan="2"></td><td colspan="2"></td></tr>
<tr><td rowspan="5">素质评价</td><td colspan="4">评价要点</td><td>达标</td><td>未达标</td></tr>
<tr><td>工匠精神</td><td colspan="3">有耐心、精益求精</td><td></td><td></td></tr>
<tr><td>协作精神</td><td colspan="3">重合作、团队协商</td><td></td><td></td></tr>
<tr><td>创新意识</td><td colspan="3">有想法、创新创意</td><td></td><td></td></tr>
<tr><td>学习能力</td><td colspan="3">会运用、求真求实</td><td></td><td></td></tr>
<tr><td>学号</td><td></td><td>姓名</td><td colspan="2"></td><td>时间</td><td></td></tr>
</table>

【学习总结】

项目学习总结记录

【任务实训】

任务单 2.1.4

<table>
<tr><td>任务项目</td><td colspan="2">农产品行业发展趋势分析</td></tr>
<tr><td>任务目标</td><td colspan="2">分析食品行业各个子行业的市场趋势，并且重点分析鲜食玉米的行业趋势变化情况</td></tr>
<tr><td>任务描述</td><td colspan="2">（1）利用生意参谋工具，采集平台上农产品行业市场数据，使用 Excel 工具进行数据的采集和整理。
（2）制作农产品行业的数据透视表和折线图，分析农产品各子行业市场趋势变化情况，重点分析鲜食玉米的行业趋势</td></tr>
<tr><td>任务要求</td><td colspan="2">能够独立完成数据的采集和分析，并且结合图表总结出分析结论</td></tr>
<tr><td rowspan="2">任务记录</td><td>实施过程</td><td>其他事项</td></tr>
<tr><td></td><td></td></tr>
</table>

<table>
<tr><td rowspan="2">任务记录</td><td colspan="4">实施过程</td><td>其他事项</td></tr>
<tr><td colspan="4"></td><td></td></tr>
<tr><td>任务反思</td><td colspan="5"></td></tr>
<tr><td>学号</td><td></td><td>姓名</td><td></td><td>时间</td><td></td></tr>
</table>

【任务实训】

评价单 2.1.4

<table>
<tr><td>评价项目</td><td colspan="5"></td></tr>
<tr><td rowspan="2">技能评价</td><td colspan="2">学生互评</td><td colspan="2">组内评价</td><td>教师评价</td></tr>
<tr><td colspan="2"></td><td colspan="2"></td><td></td></tr>
<tr><td rowspan="5">素质评价</td><td colspan="3">评价要点</td><td>达标</td><td>未达标</td></tr>
<tr><td>工匠精神</td><td colspan="2">有耐心、精益求精</td><td></td><td></td></tr>
<tr><td>协作精神</td><td colspan="2">重合作、团队协商</td><td></td><td></td></tr>
<tr><td>创新意识</td><td colspan="2">有想法、创新创意</td><td></td><td></td></tr>
<tr><td>学习能力</td><td colspan="2">会运用、求真求实</td><td></td><td></td></tr>
<tr><td>学号</td><td></td><td>姓名</td><td></td><td>时间</td><td></td></tr>
</table>

【学习总结】

项目学习总结记录

任务二　市场数据揭秘

【案例导入】

宝宝树数字化营销模式转型，领跑新时代母婴市场

随着社会数字化发展，新时代的母婴家庭在消费需求及消费习惯上都有了新的变化，其中，以直播、短视频为代表的线上电商模式已成为母婴群体消费的重要渠道，意味着传统母婴行业正受到新兴商业模式的重大冲击，急需积极应对并转型。

互联网头部母婴品牌宝宝树近日发布2022年财报，财报显示宝宝树全年营收3.15亿元，其中电商业务营收同比增长222.2%，达到7 695万元，实现了突破性进展。

近年来，宝宝树积极应对行业转型，致力打通线上线下多渠道，发展新的电商模式，而这其中，尤以增长迅猛的私域社群最为瞩目。依托自身数据、技术、平台等多项优势，宝宝树迅速高效构建起母婴社群的运营模式，一边根据不同场景进行特定社群引流，优化并细分用户群体，一边深化管理员体系建设，深挖单个用户价值，提升用户黏性，延长用户生命周期，保证用户活跃度。

在此之上，宝宝树通过提升社群内种草试用内容质量、锁定消费场景、供应满足多重需求的优质产品，并结合活动专场、秒杀满减等营销手段，帮助母婴用户在社群内完成从种草到消费的一站式体验，大大提升了社群用户消费率。财报显示，宝宝树2022年约建立了13 000多个微信社群，约有160万活跃用户，同比增长42.1%，而这之中，社群电商的购买渗透率更是超过51.2%。

一直以来，宝宝树不断创新数字化品牌营销模式，以数据为核心进行资源要素变革、以网络为牵引进行生产方式转型、以平台赋能为导向进行业务模式创新，力求在互联网浪潮的冲击下，打造母婴市场全新商业模式。未来，宝宝树将持续以用户为中心，洞察并满足母婴用户不断变化的需求，以创新的数字化运营模式扩充市场份额，在为母婴群体提供更高质量服务体验的同时，实现企业的高质量发展。

【知识储备】

市场数据分析是指为了一定的商业目的，对市场的规模、市场的发展趋势、市场的需求、行业竞争态势等相关数据所进行的分析，如图2-18所示为京东商智品牌榜单数据。通过综合分析，使得众多分散的市场信息相互融合，互为补充，辅助电商企业进行决策，例如是否应该进入某一行业、如何制定市场销售目标、如何安排营销节奏等。

市场数据分析有利于电商企业及时发现新的市场机会，预测市场行情，及时有效地调整市场或品牌战略，开拓潜在市场；通过市场数据分析能够提高信息对称性，为电商企业的经营决策提供参考，让决策的信息更充分，提高经营管理决策的科学性和有效性；能够帮助电商企业发现经营中存在的问题，探查问题出现的原因，找到解决问题的方法。通过内外数据

排名	品牌信息	访客指数	成交金额指数	成交单量指数	搜索点击指数	关注人数	操作
1	[illegible]	2,650,471	3,301,769	1,645,608	1,129,658	283	详情
2	[illegible]	2,214,687	2,216,818	1,411,549	980,603	109	详情
3	[illegible]	1,968,790	2,644,043	1,543,365	952,236	149	详情
4	[illegible]	1,814,991	2,001,086	1,365,061	939,566	129	详情
5	[illegible]	1,763,509	1,306,984	1,039,220	1,498,718	1,516	详情

图 2-18　京东商智品牌榜单数据

整合，能够提升市场竞争力，如价格带分析、客户满意度分析，可作为企业调整战略目标的参考依据，帮助电商企业提升市场竞争力。

一、市场容量分析

分析市场容量大小有利于制定销售和运营的计划与目标。例如一个行业的销售额容量在 2 000 万元左右，商家如果不清楚该行业的市场容量，盲目地给自己制定 4 000 万元的销售额或 2 000 万元的推广费用，这些都是不切实际的，要么是永远无法完成目标，要么是会轻易导致公司破产。

分析市场容量大小的方式有很多，这里借助生意参谋和 Excel 两个工具来实现，先利用生意参谋采集某个行业的所有子行业交易情况，然后利用 Excel 整理并分析数据情况。

第一，采集及整理数据。进入生意参谋的“市场”选项卡，然后选择“市场大盘”功能选项，并设置行业和采集日期，一般以月为单位，这里选择 2021 年 10 月童装行业的数据，在生意参谋页面，拖动鼠标选择“行业构成”栏下各子行业的数据，在选择的数据上右击，在弹出的快捷菜单中选择“复制”命令，将数据表复制到 Excel 中，并采用同样方法，采集该行业 2021 年 11 月至 2022 年 9 月各子行业的数据，在同一张 Excel 表中完成进一步的整理，删除多余的数据并手动添加日期项目，如图 2-19 所示。

第二，创建数据透视表。以采集并整理的数据为来源，在 Excel 中创建一个数据透视表，将“子行业”字段添加到“行”区域，将“支付金额较父行业占比”字段添加到“值”区域，如图 2-20 所示。

第三，创建数据透视图。下面需要利用饼图来展现各子行业的市场容量情况，选择数据

	A	B	C	D
1	子行业	交易指数	支付金额较父行业占比	日期
2	裤子	4,027,504	0.54%	2021年10月
3	外套/夹克/大衣	3,684,513	0.50%	2021年10月
4	套装	3,556,412	0.48%	2021年10月
5	儿童内衣裤	3,544,938	0.48%	2021年10月
6	毛衣/针织衫	3,179,978	0.43%	2021年10月
7	羽绒服饰/羽绒内胆	3,160,711	0.42%	2021年10月
8	卫衣/绒衫	3,129,236	0.42%	2021年10月
9	儿童家居服	3,083,324	0.41%	2021年10月
10	连身衣/爬服/哈衣	2,974,842	0.40%	2021年10月
11	T恤	2,970,007	0.40%	2021年10月
12	儿童袜子(0-16岁)	2,866,033	0.39%	2021年10月
13	棉袄/棉服	2,777,010	0.37%	2021年10月
14	儿童演出服	2,731,896	0.37%	2021年10月
15	校服/校服定制	2,711,794	0.36%	2021年10月
16	裙子(新)	2,682,250	0.36%	2021年10月
17	马甲	2,621,238	0.35%	2021年10月
18	帽子/围巾/口罩/手套/耳套/脚套	2,538,451	0.34%	2021年10月
19	亲子装/亲子时装	2,457,034	0.33%	2021年10月
20	衬衫	1,910,183	0.26%	2021年10月

图 2-19　采集并整理后的数据

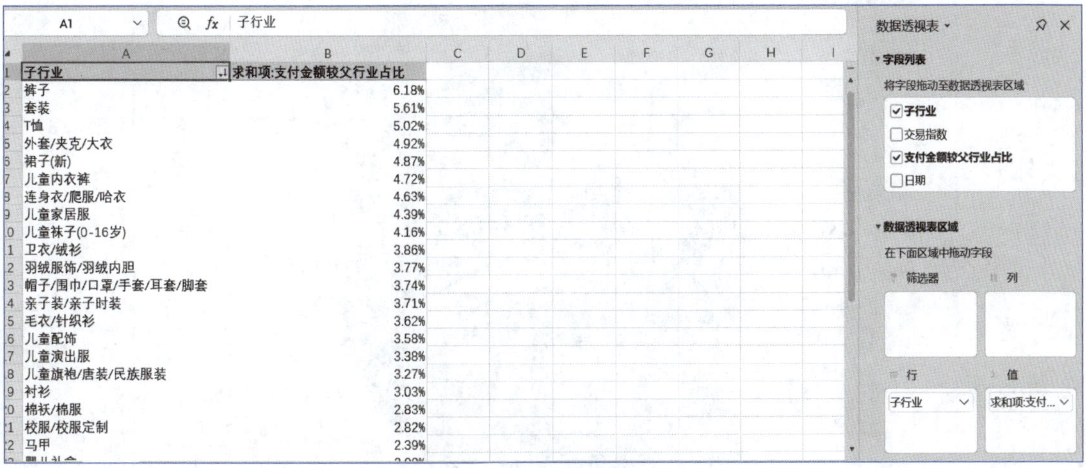

	A	B
1	子行业	求和项:支付金额较父行业占比
2	裤子	6.18%
3	套装	5.61%
4	T恤	5.02%
5	外套/夹克/大衣	4.92%
6	裙子(新)	4.87%
7	儿童内衣裤	4.72%
8	连身衣/爬服/哈衣	4.63%
9	儿童家居服	4.39%
10	儿童袜子(0-16岁)	4.16%
11	卫衣/绒衫	3.86%
12	羽绒服饰/羽绒内胆	3.77%
13	帽子/围巾/口罩/手套/耳套/脚套	3.74%
14	亲子装/亲子时装	3.71%
15	毛衣/针织衫	3.62%
16	儿童配饰	3.58%
17	儿童演出服	3.38%
18	儿童旗袍/唐装/民族服装	3.27%
19	衬衫	3.03%
20	棉袄/棉服	2.83%
21	校服/校服定制	2.82%
22	马甲	2.39%

图 2-20　创建数据透视表

透视表中的任意数据，利用“数据透视图”按钮创建饼图，适当美化饼图效果，如删除标题和图例，为饼图添加数据标签，还可对图表背景颜色和饼图效果进行适当处理，如图 2-21 所示，此时的饼图，其数据内容还不清晰，甚至存在重叠现象，因此需要进一步整理并美化。

第四，整理并美化图表。为便于查看各子行业市场容量大小，可以在数据透视表的“求和项：支付金额较父行业占比”项目下的任意数据上右击，在弹出的快捷菜单中选择【排序】/【降序】命令，整理饼图，如图 2-22 所示。

第五，插入切片器。图 2-23 所示可以查看该月童装行业下，各子行业的市场容量情况了，由于一个月的市场容量数据会有偏差，因此前面通过添加日期数据，为整理全年的市场

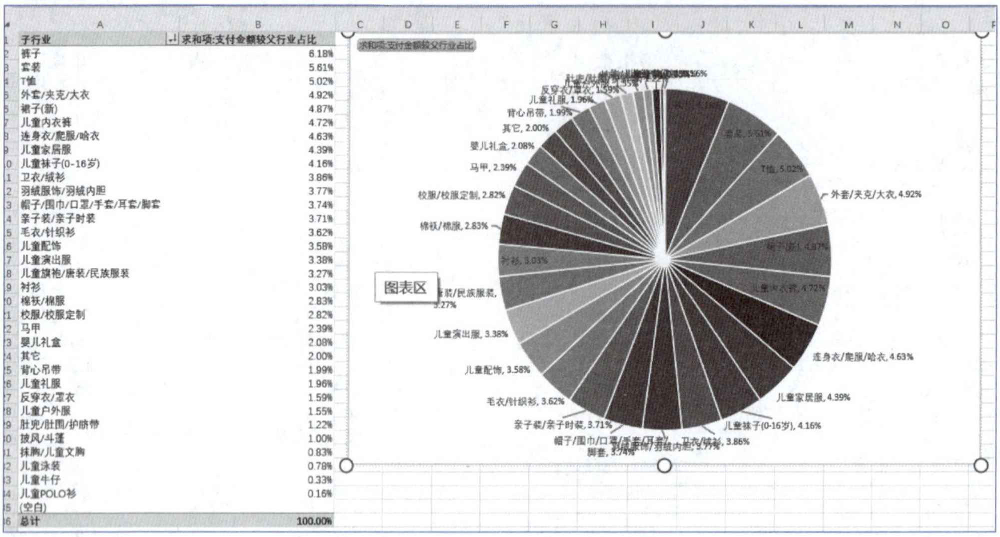

图 2-21　创建饼图

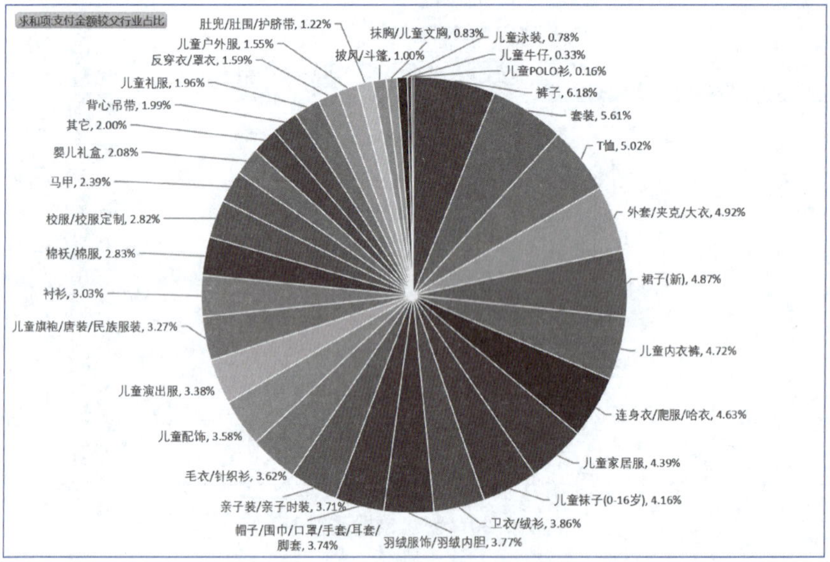

图 2-22　整理并美化饼图

容量数据提供以日期为参考的统计和筛选依据。为了便于分析全年或某月的数据，可以在数据透视图中插入切片器工具，利用该工具就能随意控制分析的日期跨度，如图 2-23 所示。

分析市场容量时需要注意的是不能仅看绝对数据，而是要结合季节、子行业等多种情况才能看清容量份额的大小。例如在童装行业数据中，裤子近 12 个月的累计成交金额占比排名最高为 23.37%、T 恤的累计成交金额占比则为 3.97%。单从绝对数据来看，裤子的市场占比容量大于 T 恤，但这并不能说明裤子的需求容量比 T 恤高，原因在于，春夏秋冬四季都有相应的裤子售卖，所以它包含了一年的数据。相比之下，T 恤则已经是这个行业的最细

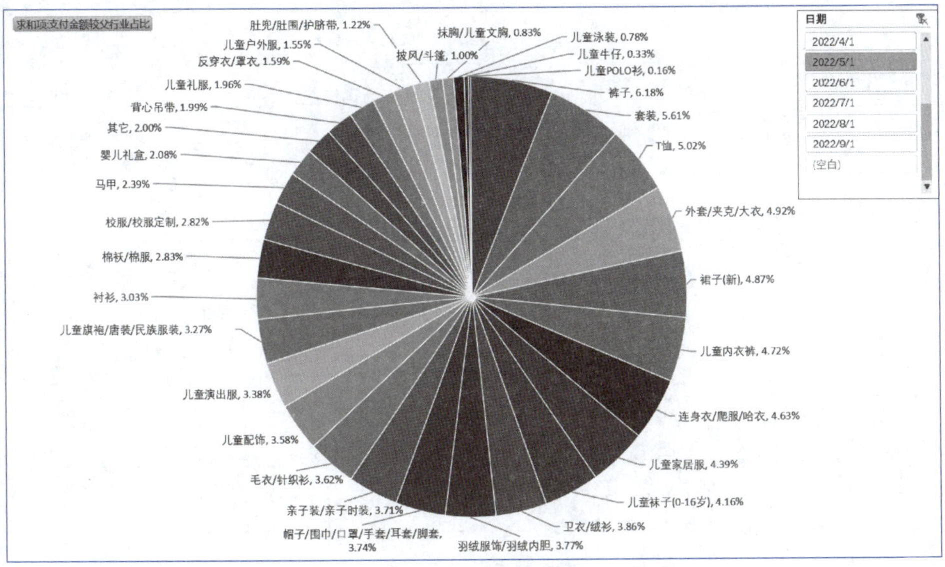

图 2-23 利用切片器查看市场容量

分子行业了，并且T恤一般都以夏季为主，它的季节跨度没有裤子长，因此它的数据看起来比裤子更小，但T恤行业在其旺季的市场容量则可能远远大于裤子下面的子类目。因此，在分析数据的时候一定不能只看表面数据，而是要结合子行业的具体情况进行分析和决策。

二、市场规模预测

市场规模主要反映的是目标行业在指定期间（如1年）的销售额。分析市场规模有助于企业了解目标行业的规模大小，从而制订合理的销售计划和销售目标。

市场规模预测的具体方法是首先采集该目标行业最近几年的销售额数据，然后利用这些数据预测目标行业未来几年的销售额数据，从而估计出目标行业的市场规模大小。因此，要想更加精准地估计目标行业的市场规模，就需要采集更为准确的行业销售额数据。具体而言，首先可以通过中国产业信息网、艾瑞网、艾媒网等网站付费获取目标行业的市场规模数据，然后结合淘宝、京东等电商平台，以及阿里指数、百度指数等进一步整合数据，得到更为精确的数据。

下面将在通过网络资源平台收集到的童装近几年销售额数据的基础上，借助Excel的趋势线功能，进行市场规模的预测，预测该行业未来五年的市场规模，具体操作如下：

第一，制作折线图。打开整理好的“市场规模.xlsx”文件，选择A2:B12单元格区域，在【插入】/【图表】组中单击“插入折线图或面积图”下拉按钮，在打开的下拉列表中选择第一种图表类型【折线图】，如图2-24所示。

第二，添加趋势线。通过折线图反映的情况，可以发现童装行业的市场规模在逐渐增大。在插入的折线图的数据系列上右击，在弹出的快捷菜单中选择“添加趋势线”命令，如图2-25所示。

第三，设置趋势线。打开“设置趋势线格式”窗口，在“趋势线选项”栏中单击选中

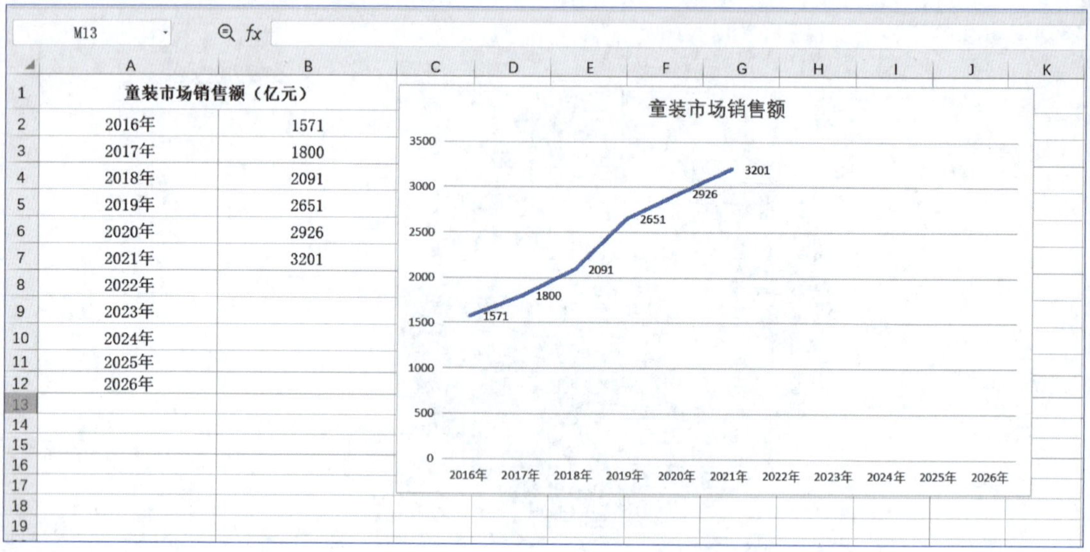

图 2-24　市场趋势折线图

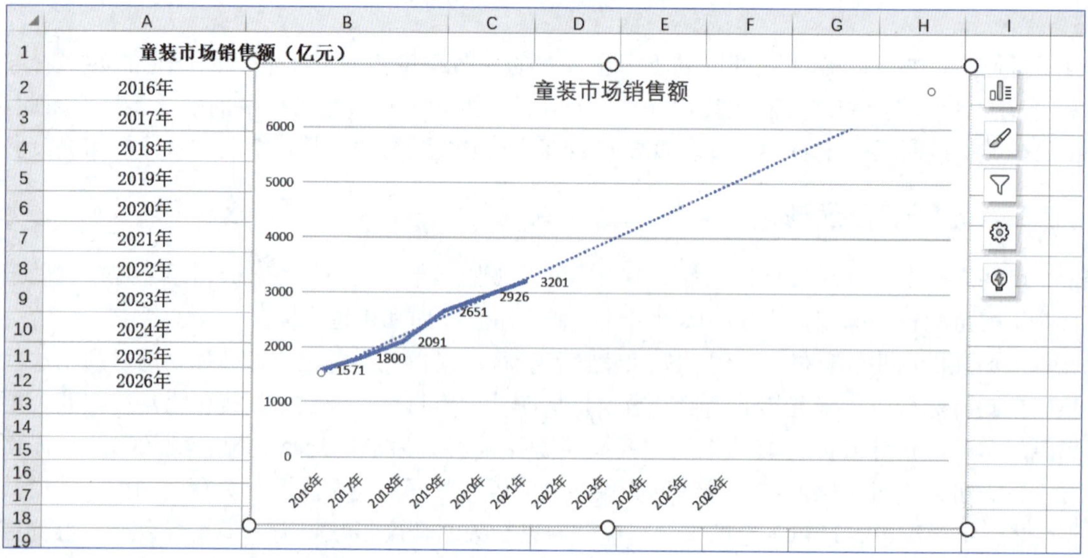

图 2-25　添加趋势线

“线性”单选项，在“趋势预测”栏的“向前”文本框中输入“5”，单击选中“显示公式”“显示 R 平方值”复选框，如图 2-26 所示。

趋势线是一种回归分析的基本方法，回归分析是确定两种或两种以上变量间相互依赖的定量关系的一种统计分析方法。通过回归分析，可以使趋势线延伸至事实数据之外，从而预测未来值。其中，线性趋势线适用于增长或降低的速度比较平稳、关系稳定，数据点构成趋势近乎直线的预测，如某企业产量与用电量数据。指数趋势线适用于增长或降低的速度持续增加，且增加幅度越来越大的数据集合，数据点构成趋势为曲线的预测。对数趋势线适合增长或降低幅度一开始比较快，逐渐趋于平缓的数据集合，如人的年龄与身高数据。

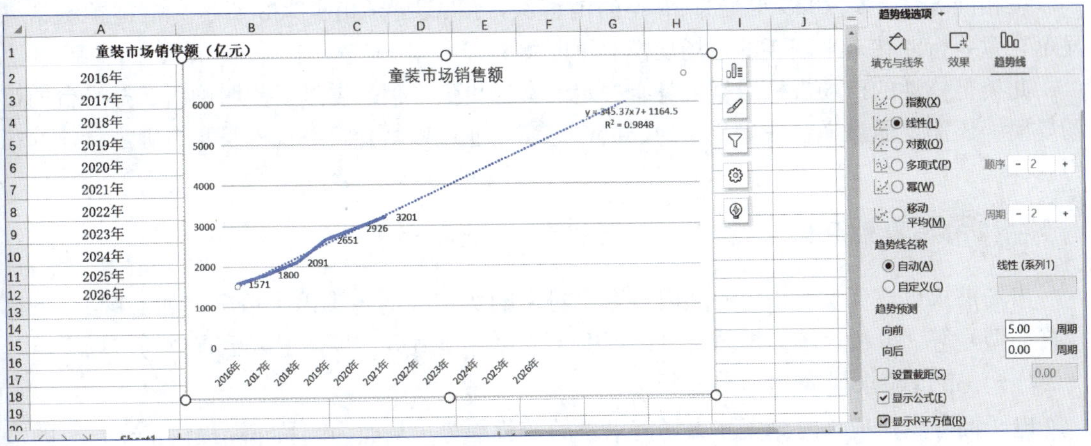

图 2-26　设置趋势线

R 平方值是用来检验回归方程的拟合程度，这一比例越接近 1，回归拟合效果越好，一般认为超过 0.8 的模型拟合优度比较高，回归效果越显著，R 平方值计算公式如图 2-27 所示。

$$0 < \text{R平方值} = \frac{\text{回归平方和}}{\text{总离差平方和}} < 1$$

图 2-27　R 平方值

第四，计算市场份额。选择 B18 单元格，根据趋势线的公式，在编辑栏中输入“=345.37 * 7+1 164.5”按【Enter】键返回计算结果，其中“7”表示从 2016 年开始的第 7 个周期，如图 2-28 所示。

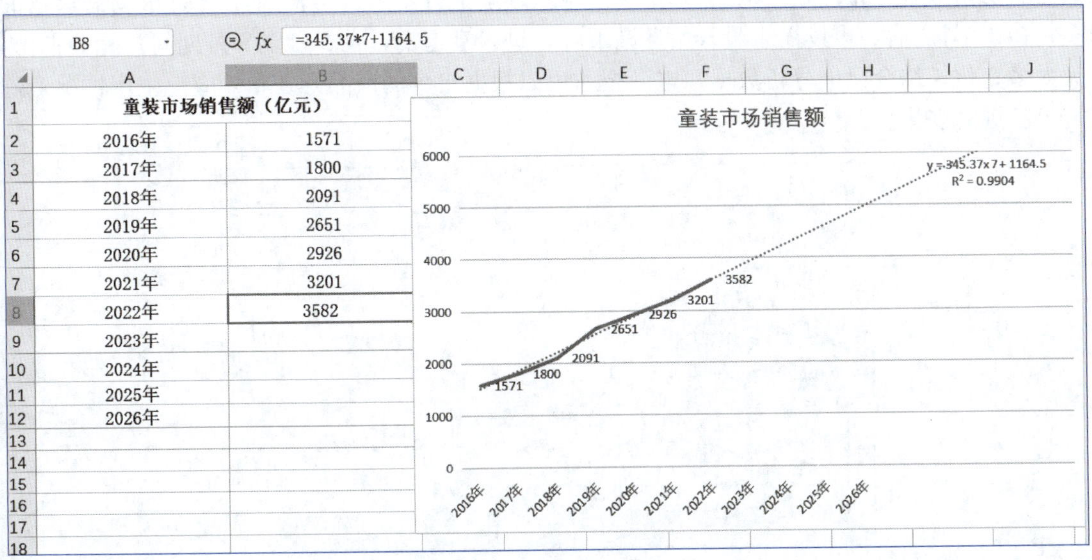

图 2-28　预测市场份额

按相同方法计算 2023 年至 2026 年的销售额，预算结果如图 2-28 所示。根据预测结果显示，童装行业在未来四年的市场规模会不断增大。

此类整体性的市场规模数据，具有一定的参考价值，但想要进一步明确所选择平台的市场规模，还需要通过平台采集相应的数据，电商企业可以结合自身规模及实力确定具体的销售目标。

三、市场需求分析

市场需求可以反映在指定时期内，客户对所购买产品的各类需求情况，如品牌、质量、规格、型号等。分析市场需求情况可以帮助企业更好地适应市场，了解更有效的市场反馈。

（一）市场需求量变化趋势分析

电子商务企业应该时刻关注市场需求量的变化趋势，从而为产品布局提供依据。有的市场需求会围绕季节变化，如服装；有的市场需求与节日相关，如月饼、粽子等；有的市场需求则因大型促销活动而发生变化，如“双 11”“6·18”等。为了进一步验证市场需求量的变化趋势，企业可以在生意参谋中采集子行业近一年的交易指数并对其进行分析。

以淘宝网女装毛衣为例，进行市场需求量变化趋势分析。首先从 1688 批发采购网的数据着手，分析在较大的市场交易环境下，女式羽绒服呈现的需求量变化趋势。选择女式羽绒服行业，选取一个自然年的采购指数，指数越高，表示在 1688 市场的采购量越多，间接显示了背后的市场需求，如图 2-29 所示。

通过 1688 采购指数趋势图可以分析出，从 7 月采购指数逐渐上涨，说明此时市场需求量逐渐增大，在 11 月—12 月进入爆发期，市场需求达到顶峰，随后进入衰退期，在 1 月末左右，受到环境影响，市场需求量迅速降低，随后回升，其中在 4 月和 5 月，市场需求量最低，说明该产品具有季节性特征。通过交易指数折线图（见图 2-30）可以分析出，采购指数与交易指数趋势相一致，从 10 月市场需求量逐渐上升，进入增长期，12 月市场需求量最多，在 12 月之后，市场需求量开始逐渐下降，进入衰退期，在 2 月至 9 月期间，趋势平稳，无太多变化。结合以上分析数据，电商企业可以根据自身的产品开发和供应链生产情况，进行上新规划安排。

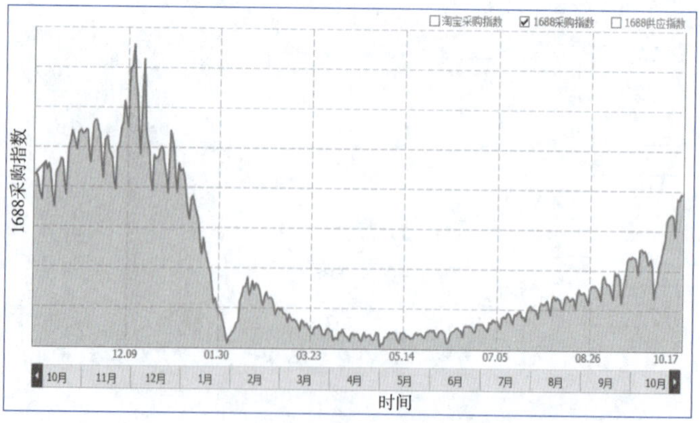

图 2-29　1688 采购指数趋势图

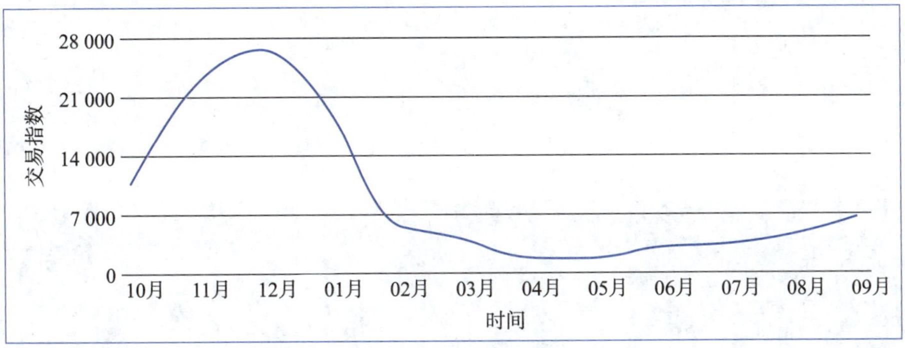

图 2-30 交易指数折线图

（二）客户支付偏好分析

市场价格是商品价值的货币表现，通常是指一定时间内某种商品在市场上形成的具有代表性的实际成交价格。市场供求是形成商品价格的重要参数，当市场需求扩大时，商品价格呈上涨趋势，高于商品价值；当供求平衡时，商品价格相对稳定，符合商品价值；当需求减少时，商品价格呈下降趋势，低于商品价值。

电商企业在分析商品市场价格时，一个很重要的依据就是消费者的消费水平和价格承受能力，以此为标准来确定相应的价格带。以女式羽绒服为例，将最近 30 天 1688 市场的女式羽绒服价格进行筛选分析，还需要淘宝网用户喜欢的羽绒服价格的数据综合评估，如图 2-31、图 2-32 所示。

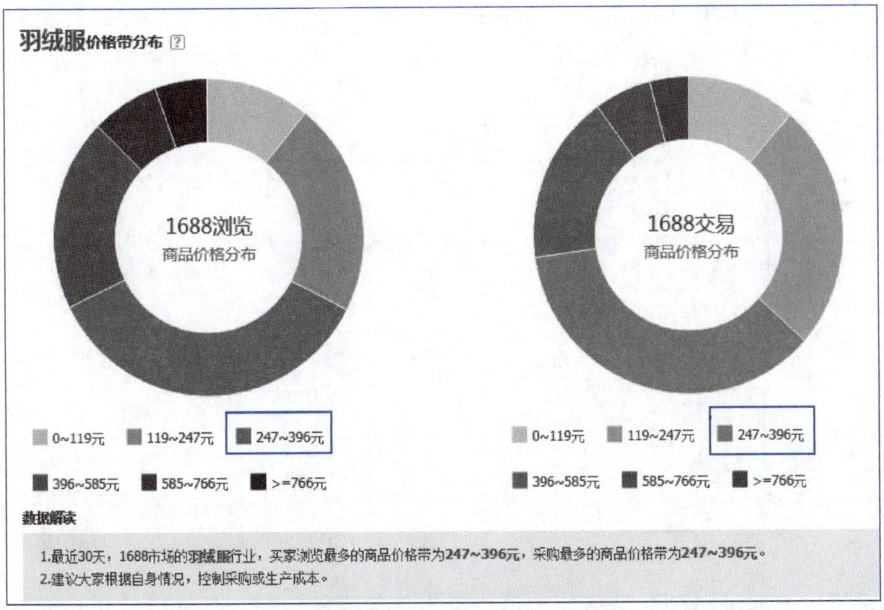

图 2-31 阿里指数羽绒服价格

图 2-32　淘宝网用户喜欢的羽绒服价格

（三）商品属性需求分析

市场需求情况可以通过商品属性需求情况来反映。分析商品属性需求，企业可以了解市场上的热销属性、属性趋势、热销网店、热销商品等一系列情况，进而可以更深入地了解市场需求情况。企业可以在生意参谋中【市场】板块中选择左侧【机会洞察】栏下的【属性洞察】选项，然后选择需要分析的商品类目和时期，此时可以看到该时期内所选类目的热销属性排行，如图 2-33 所示。

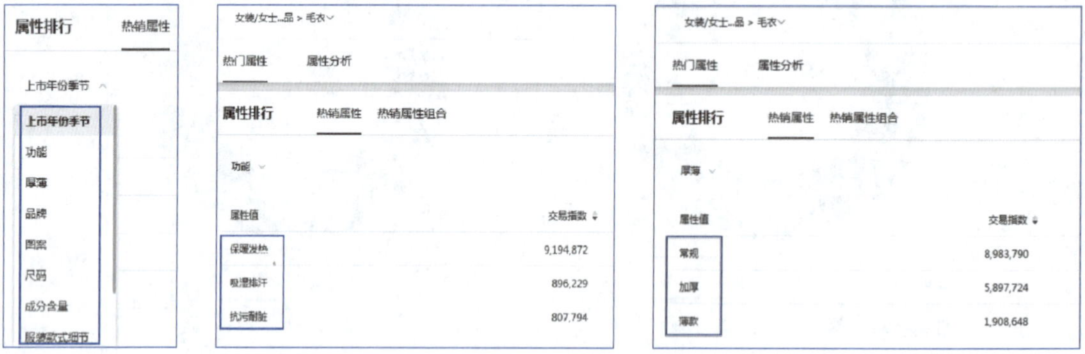

图 2-33　女式毛衣热门属性

此外，京东商智的品牌详情板块，可以采集品牌详情数据。品牌详情从品牌概况、品牌行业分布、商家交易榜单、商品交易榜单四个维度对某个品牌进行详细的分析，可以通过顶部的品牌选择框，选定想分析的品牌，品牌选择框默认展示所选行业按成交金额指数排名第一的品牌。其中，品牌概况模块展示该品牌的概况数据（见图 2-34）。主要包括排名、成交转化、搜索关注、客单价、店铺数等数据，也可以查看各个指标的时间趋势。

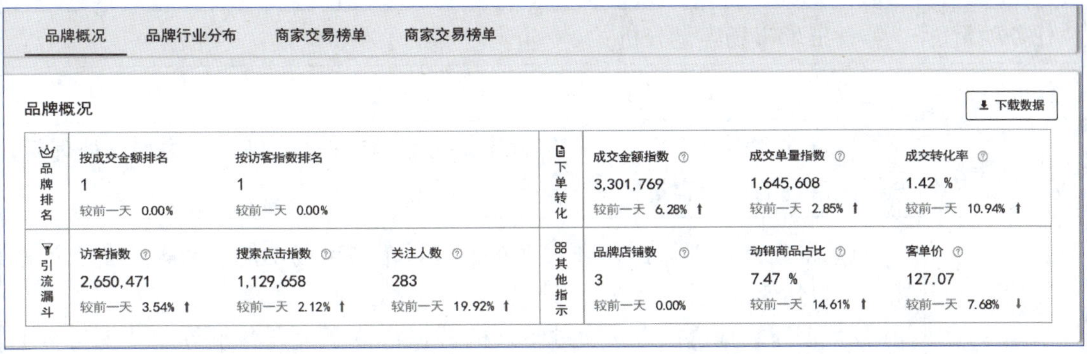

图 2-34　京东商智品牌概况数据

京东商智平台品牌行业分析板块，可以在选定类目时呈现各个子类目的指标，占父类目的比例。例如选择一级类目时，二级类目的动销店铺数占比，指的是这个二级类目下，动销这个品牌商品的店铺，占一级类目下动销品牌的店铺的比例，如图 2-35 所示。

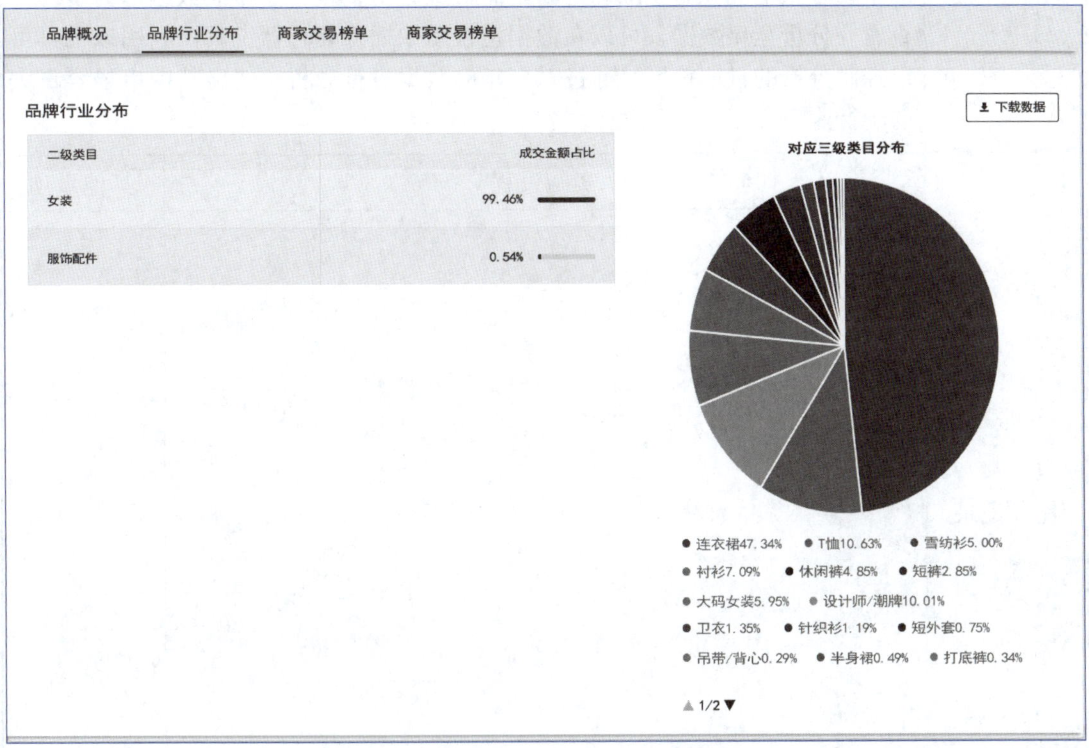

图 2-35　京东商智品牌行业分析数据

【任务实训】

任务单 2.2.1

任务项目	鲜食玉米市场容量分析	
任务目标	完成鲜食玉米市场容量分析，并制作图表展示	
任务描述	在生意参谋中，采集近一年鲜食玉米市场的数据，在 Excel 中加以处理后，分析该市场的市场容量情况	
任务要求	（1）采集并整理数据。进入生意参谋，单击市场功能，采集鲜食玉米市场一个自然年的数据。 （2）创建数据透视表。通过整理的数据可以了解到各子行业“支付金额较父行业占比”，即子行业的市场容量情况，为了直观展现，在 Excel 中创建一个数据透视表。 （3）插入数据透视图。展示数据的占比情况，适合选用饼图。为了使得饼图中的数据更加直观，选择饼图，并且对图表进行美化。 （4）插入切片器。通过整理后的饼图，就可以查看当月鲜食玉米子行业的市场容量情况。为了准确判断，需要查看一整个自然年的数据。为了便于查看并分析全年数据，可以在数据透视图中插入切片器工具，利用该工具可以控制分析的日期跨度。通过对全年的数据进行分析，选出其中市场容量大的子行业	
任务记录	实施过程	其他事项

任务记录	实施过程				其他事项
任务反思					
学号		姓名		时间	

【任务实训】

评价单 2.2.1

评价项目					
技能评价	学生互评		组内评价	教师评价	
素质评价	评价要点			达标	未达标
	工匠精神	有耐心、精益求精			
	协作精神	重合作、团队协商			
	创新意识	有想法、创新创意			
	学习能力	会运用、求真求实			
学号		姓名		时间	

【学习总结】

项目学习总结记录

【任务实训】

任务单 2.2.2

任务项目	鲜食玉米市场规模预测	
任务目标	完成鲜食玉米市场规模预测，并制作图表展示	
任务描述	鲜食玉米在某电商平台连续六年的销售额数据，请结合图表趋势预测法，预测该电商平台在该行业未来三年的销售额	
任务要求	(1) 采用图表趋势预测法，制作市场规模的折线图。 (2) 利用数据分析方法和工具，预测鲜食玉米行业未来三年市场规模	
任务记录	实施过程	其他事项

任务记录	实施过程	其他事项
任务反思		

学号		姓名		时间	

【任务实训】

评价单 2.2.2

<table>
<tr><td>评价项目</td><td colspan="5"></td></tr>
<tr><td rowspan="2">技能评价</td><td colspan="2">学生互评</td><td colspan="2">组内评价</td><td>教师评价</td></tr>
<tr><td colspan="2"></td><td colspan="2"></td><td></td></tr>
<tr><td rowspan="5">素质评价</td><td colspan="2">评价要点</td><td>达标</td><td colspan="2">未达标</td></tr>
<tr><td>工匠精神</td><td>有耐心、精益求精</td><td></td><td colspan="2"></td></tr>
<tr><td>协作精神</td><td>重合作、团队协商</td><td></td><td colspan="2"></td></tr>
<tr><td>创新意识</td><td>有想法、创新创意</td><td></td><td colspan="2"></td></tr>
<tr><td>学习能力</td><td>会运用、求真求实</td><td></td><td colspan="2"></td></tr>
<tr><td>学号</td><td></td><td>姓名</td><td></td><td>时间</td><td></td></tr>
</table>

【学习总结】

项目学习总结记录

【任务实训】

任务单 2.2.3

<table>
<tr><td>任务项目</td><td colspan="2">鲜食玉米市场需求分析</td></tr>
<tr><td>任务目标</td><td colspan="2">完成鲜食玉米市场需求分析，并制作图表展示</td></tr>
<tr><td>任务描述</td><td colspan="2">市场需求分析包括需求量变化趋势分析，客户品牌偏好分析、客户价格偏好分析、客户属性偏好分析等，分析需求量变化趋势，可以了解客户的需求在什么时候呈现上涨趋势，什么时候呈现下跌趋势，对行业的需求周期有一个基础的预判，以便后期做好上新计划。随后，分析客户品牌、价格和属性偏好，从中提取关键信息，为企业产品独特卖点的打造提供参考</td></tr>
<tr><td>任务要求</td><td colspan="2">（1）确定分析目标。在展开分析前，需要明确此次分析需要达成的目标，即了解鲜食玉米行业在一个自然年度里的需求量变化趋势，以及客户对鲜食玉米的品牌、价格及属性偏好，将获取到的关键信息以表格的形式呈现。
（2）需求量变化趋势分析。分析在较大的市场交易环境下，鲜食玉米呈现的需求量变化趋势。
（3）品牌偏好分析。分析了需求量变化趋势，接下来继续进行客户品牌偏好分析，即对客户的品牌选择意愿进行了解。
（4）价格偏好分析。电商企业在分析商品市场价格时，一个很重要的依据就是消费者的消费层次和价格承受能力，以此为标准来确定相应的价格带。
（5）属性偏好分析。通过客户属性偏好分析，能够更细化地了解客户的真实需求</td></tr>
<tr><td rowspan="2">任务记录</td><td>实施过程</td><td>其他事项</td></tr>
<tr><td></td><td></td></tr>
</table>

<table>
<tr><td rowspan="2">任务记录</td><td colspan="4">实施过程</td><td>其他事项</td></tr>
<tr><td colspan="4"></td><td></td></tr>
<tr><td>任务反思</td><td colspan="5"></td></tr>
<tr><td>学号</td><td></td><td>姓名</td><td></td><td>时间</td><td></td></tr>
</table>

【任务实训】

评价单 2.2.3

<table>
<tr><td>评价项目</td><td colspan="6"></td></tr>
<tr><td rowspan="2">技能评价</td><td colspan="2">学生互评</td><td colspan="2">组内评价</td><td colspan="2">教师评价</td></tr>
<tr><td colspan="2"></td><td colspan="2"></td><td colspan="2"></td></tr>
<tr><td rowspan="5">素质评价</td><td colspan="4">评价要点</td><td>达标</td><td>未达标</td></tr>
<tr><td>工匠精神</td><td colspan="3">有耐心、精益求精</td><td></td><td></td></tr>
<tr><td>协作精神</td><td colspan="3">重合作、团队协商</td><td></td><td></td></tr>
<tr><td>创新意识</td><td colspan="3">有想法、创新创意</td><td></td><td></td></tr>
<tr><td>学习能力</td><td colspan="3">会运用、求真求实</td><td></td><td></td></tr>
<tr><td>学号</td><td></td><td>姓名</td><td colspan="2"></td><td>时间</td><td></td></tr>
</table>

【学习总结】

项目学习总结记录

任务三　竞争数据分析

【案例导入】

饿了么 VS 美团外卖

我国外卖行业萌芽于2000年，起初主要以电话订餐为主。2009年饿了么创立，2013年美团外卖上线，2014年百度外卖上线，资本争相涌入，各平台之间掀起烧钱补贴抢占用户的浪潮，行业快速扩张。2016年补贴大战后资本退潮，行业竞争加剧并快速整合，尾部平台逐步出清，市场形成饿了么、美团外卖、百度外卖三足鼎立的局面。2017年饿了么收购百度外卖，2018年4月阿里全资收购饿了么，10月饿了么与口碑合并，打造阿里本地生活服务系，同时百度外卖更名为饿了么星选，市场份额进一步向美团、饿了么集中，美团市场份额稳中有升。

美团外卖和饿了么为外卖O2O平台，属于直接竞品，根据统计数据，美团、饿了么（含饿了么星选）市场占有率合计超80%，剩余市场主要由宅急送、麦乐送等自建外卖平台瓜分。2015年，美团与大众点评合并，美团获得强流量及线下商家加持。2016年，美团外卖市占率已成为全市场第一，原团购团队全面调整至外卖业务线。2017年，饿了么合并百度外卖，但饿了么市场份额仍下滑至28.1%，美团上升至57.6%。2019年Q2美团市场份额达65%以上，且美团外卖不断拉开与饿了么的差距，市占率稳中有升。

从骑手构成来看，美团外卖的配送骑手由公司内聘的骑手组成。饿了么的配送服务由点我达和蜂鸟外包，骑手大部分属于二者旗下骑手，平台和骑手相互独立属于业务上下游关系。从配送活跃度来看，美团骑手整体活跃度更高，2020年5月至2022年3月，美团众包和美团骑手MAU合为450～550万人之间，蜂鸟众包MAU为100～150万人之间。根据2020Q1数据，在12～18点间美团骑手与饿了么骑手活跃差距更为明显。

从商家入驻要求来看，美团要求商家有线下实体店铺、有符合国家法律规定的经营许可证以及属于美团外卖支持的经营项目，先通过线上审核签约，然后业务经理拜访做营业准备，平台也会对商家提供店铺美化、食材供应及法务咨询、金融借贷等帮助。饿了么的商家入驻申请要求和流程与美团类似，但是突出了“最快两小时”的开店效率、外卖佣金优惠以及7天流量加权福利等开店权益。

从吸引商家措施来看，2013年初美团承接团购业务中锻炼出的强大的推能力，城市数、商家数均实现成倍增长。2015年美团与大众点评的“强强联手”，在吸纳了大众点评的商家资源的同时打通了“找餐厅、到店吃、送外卖”链条，实现餐饮全场景的初覆盖，商户数较2014年实现近2倍增长。美团2022年全年即时配送订单量增长至177亿单，其中餐饮外卖单日订单量峰值突破6 000万单。用户与平台的粘性进一步加大，用户年均交易笔数达40.8笔，同比增长14%。

【知识储备】

竞争分析属于战略分析方法之一，是对竞争对手的现状和未来动向进行的分析。从商家的角度出发，竞争数据分析的维度分为店铺、品牌和产品，本任务从店铺（竞店）角度和产品（竞品）角度进行竞争分析。

从淘宝平台可以查看和获取的数据来看，竞店分析可以从竞店的基本情况和竞店的经营情况两个方面进行对比分析。基于平台和公开的数据，竞品分析可从价格趋势、评价、SKU、上下架时间、促销活动等维度展开。

一、认识竞争对手

（一）竞争对手界定

竞争对手是指对电商企业发展可能造成威胁的任何企业，具体是指与本企业生产销售同类商品或替代品，提供同类服务或替代服务，以及价格区间相近，目标客户类似的相关企业。既然存在竞争，就必然存在资源的争夺，因此，同自己争夺各种资源的对象就是竞争对手。

根据争夺资源的不同，我们可以定位不同的竞争对手，如图 2-36 所示。

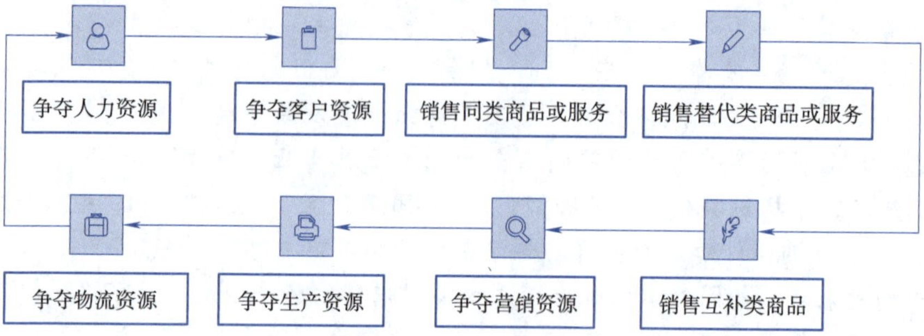

图 2-36　竞争对手界定

（1）争夺人力资源。本企业员工离职后去得最多的企业，这些企业就是竞争对手。

（2）争夺客户资源。争夺客户资源是竞争对手最本质的体现，在互联网信息畅通的时代，网络游戏、微博、各种 App 都在抢夺客户的碎片化时间，争夺的就是客户资源。

（3）销售同类商品或服务。销售同品类商品或服务的为直接竞争对手，即同业竞争，如可口可乐和百事可乐、阿迪达斯和耐克，它们都是典型的直接竞争对手。

（4）销售替代类商品或服务。如休闲服的同类竞争对手是休闲服，它的替代竞争对手就是体育运动服装等。

（5）销售互补类商品。互补类商品如汽车和汽油、相机和胶卷等，表面上构不成竞争关系，但实际上，汽车如果是电动汽车，那么加油站就是竞争对手；相机如果是数码相机，胶卷行业就是竞争对手。

（6）争夺营销资源。在同时段、同一媒介投放广告的其他企业就是竞争对手。

（7）争夺生产资源。争夺原材料的企业是竞争对手。

（8）争夺物流资源。电子商务离不开物流，因此争夺物流资源情况时常发生，这类企业也互为竞争对手。

（二）竞争对手数据采集

收集竞争对手数据的方法有很多，总结起来可以归纳为线上和线下两大途径。线下途径包括购买数据报告、委托专业机构调研、自行市场调查等传统方式。这些方式费时、费力又费钱，对于普通的中小规模商家而言不太实际。因此采取线上途径来收集竞争对手数据就成为更普遍和热门的方式。

由于互联网和电子信息技术的发达，线上收集数据的方法也变得越来越灵活多样。例如，我们可以通过直接访问竞争对手店铺，查看其页面设计、主图拍摄效果、评论、客服等各方面信息来收集数据；也可以借助各种数据工具来收集数据，如百度指数、京东商智、生意参谋、店侦探等，图 2-37 为京东商智平台上的竞争配置页面，可以在该功能下，实现竞争店铺监控等。这些方法都可以帮助企业从不同的角度全面了解竞争对手的情况，从而优化营销策略、评估营销结果。

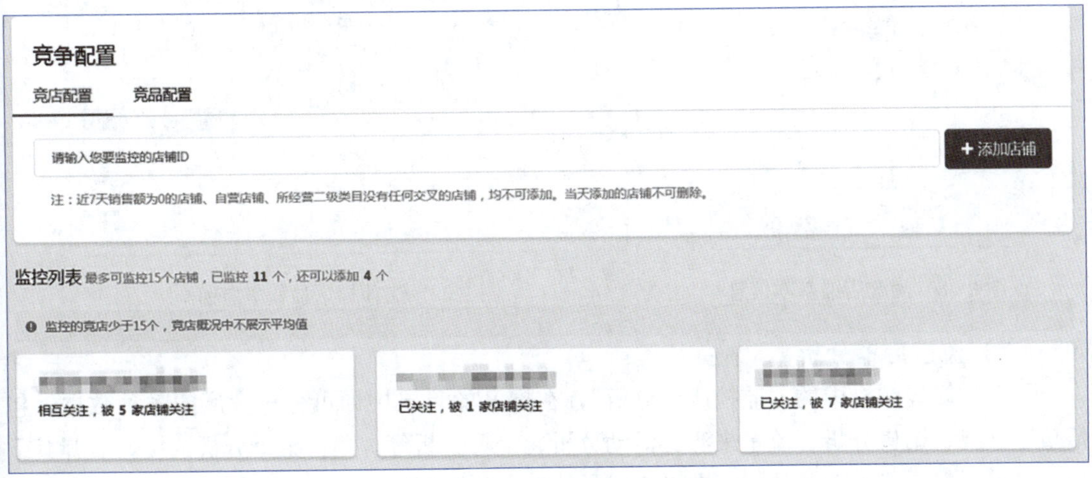

图 2-37 京东商智竞争配置页面

二、竞争店铺分析

竞争店铺的选择是行业竞争标杆的确定，根据竞争对手的分类，确定不同时期的行业竞争标杆，以对店铺的发展起到正面的引导作用。竞争店铺数据跟踪是指长期收集并跟踪竞对数据，掌握竞争店铺的动态。

竞争店铺的基本信息主要包括竞争店铺的销售额、类型、信用等级、DSR、好评率、粉丝数所在地区、宝贝数、主营类目、创店时间等内容。店铺的基本信息数据查看可以分为付费的竞店监控和免费的竞店查看，免费的竞店查看可以在淘宝平台上搜索店铺直接进行查看，如图 2-38 所示。付费的竞店信息查看需要利用专业数据平台或工具实现，本项目主要介绍的为店侦探中的竞店监控功能，通过监控店铺查看竞店的更多数据和指标。

店侦探是一款专门用于监控竞争对手的工具，它可以分析竞店、竞品，展现关键字等，对分析竞争对手数据有很大帮助，它不仅具备强大的在线分析功能，还允许将数据导出到 Excel 中，以便根据需要进一步整理和分析数据。以下将利用店侦探来分析竞店的整体情况。

（一）监控中心

注册并登录店侦探网站，单击左侧导航栏中的“监控中心”功能下的“店铺管理”超链接，然后单击右侧的“添加监控店铺”按钮，此时将打开“添加监控店铺”对话框，在其中的文本框中输入或复制竞争店铺的某个商品的网址，然后依次单击“预览店铺”和“添加监控”按钮即可添加该竞店，如图 2-39 所示。

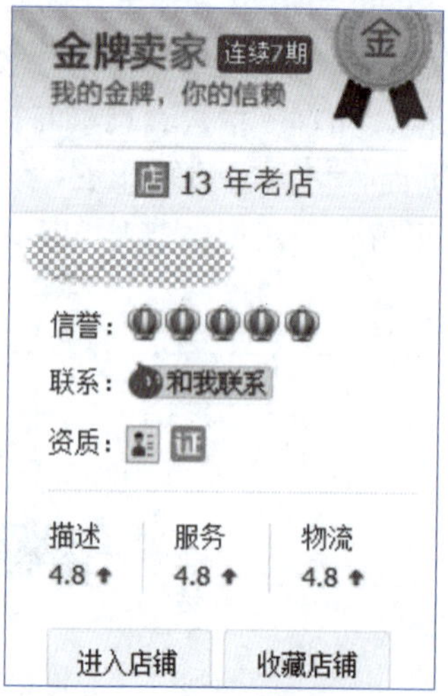

图 2-38　淘宝店铺基本信息

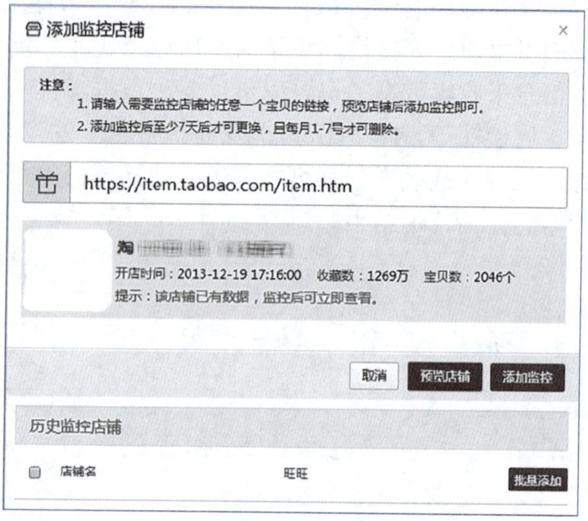

图 2-39　店侦探增加竞争店铺

（二）监控店铺分析

单击左侧导航栏中的“监控店铺分析”，在展开的目录中即可分析竞店的各种数据，包括整店状况、销售分析、流量来源、活动分析、宝贝分析等。单击某个分析链接，展开其下的子目录，然后单击功能超链接即可查看具体的分析数据。

1. 整店状况分析

展开左侧导航栏中的“整店状况”目录，单击“七天透视”链接，选中网页右侧上方的“销售”“宝贝”“展现引流”和“营销”复选框，即可显示该店铺近七日对应的数据，如图 2-40 所示。

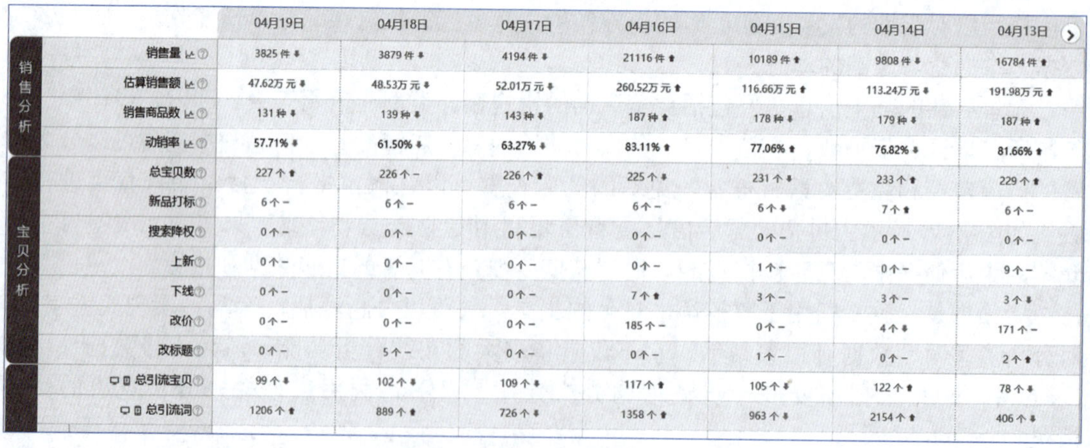

		04月19日	04月18日	04月17日	04月16日	04月15日	04月14日	04月13日
销售分析	销售量	3825 件 ↓	3879 件 ↓	4194 件 ↓	21116 件 ↑	10189 件 ↑	9808 件 ↓	16784 件 ↑
	估算销售额	47.62万元 ↓	48.53万元 ↓	52.01万元 ↓	260.52万元 ↑	116.66万元 ↑	113.24万元 ↓	191.98万元 ↑
	销售商品数	131 种 ↓	139 种 ↓	143 种 ↓	187 种 ↑	178 种 ↓	179 种 ↓	187 种 ↑
	动销率	57.71% ↓	61.50% ↓	63.27% ↓	83.11% ↑	77.06% ↑	76.82% ↓	81.66% ↑
宝贝分析	总宝贝数	227 个 ↑	226 个 –	226 个 ↑	225 个 ↓	231 个 ↓	233 个 ↑	229 个 ↑
	新品打标	6 个 –	6 个 –	6 个 –	6 个 –	6 个 ↓	7 个 ↑	6 个 –
	搜索降权	0 个 –	0 个 –	0 个 –	0 个 –	0 个 –	0 个 –	0 个 –
	上新	0 个 –	0 个 –	0 个 –	0 个 –	1 个 –	0 个 –	9 个 –
	下线	0 个 –	0 个 –	0 个 –	7 个 ↑	3 个 –	3 个 –	3 个 ↓
	改价	0 个 –	0 个 –	0 个 –	185 个 –	0 个 –	4 个 ↓	171 个 –
	改标题	0 个 –	5 个 –	0 个 –	0 个 –	1 个 –	0 个 –	2 个 ↑
	总引流宝贝	99 个 ↓	102 个 ↓	109 个 ↓	117 个 ↑	105 个 ↓	122 个 ↑	78 个 ↓
	总引流词	1206 个 ↑	889 个 ↑	726 个 ↓	1358 个 ↑	963 个 ↓	2154 个 ↑	406 个 ↓

图 2-40　店铺近七日数据分析

通过分析可以发现，该店铺每日销售量较为稳定，且动销率都超过了 50%，说明店铺的大部分宝贝都较受青睐。店铺每日大都修改和优化多个宝贝标题，说明商家倚重标题来吸引自然流量。进一步分析展现引流数据，可见该店铺的绝大多数流量都来自移动端的自然引流词，说明优化标题的效果较为明显。最后，该店铺参与的活动较少，主要是搭配减免邮费、免邮的促销活动，和淘金币与集分宝的站内活动。

2. DSR 走势分析

DSR（detail seller rating）即卖家服务评级，以半年为评分周期。淘宝店铺和天猫商城使用的是同一套 DSR 系统，主要由宝贝与描述相符、卖家的服务态度、物流服务的质量三部分组成，了解竞店 DSR 评分有助于了解竞店的销售能力和服务水平。图 2-41 所示为单击整店状况分析功能下的“DSR 走势”链接后，显示的竞店 DSR 评分数据，可见该竞店整体 DSR 均高于行业平均值，总体数据较好。

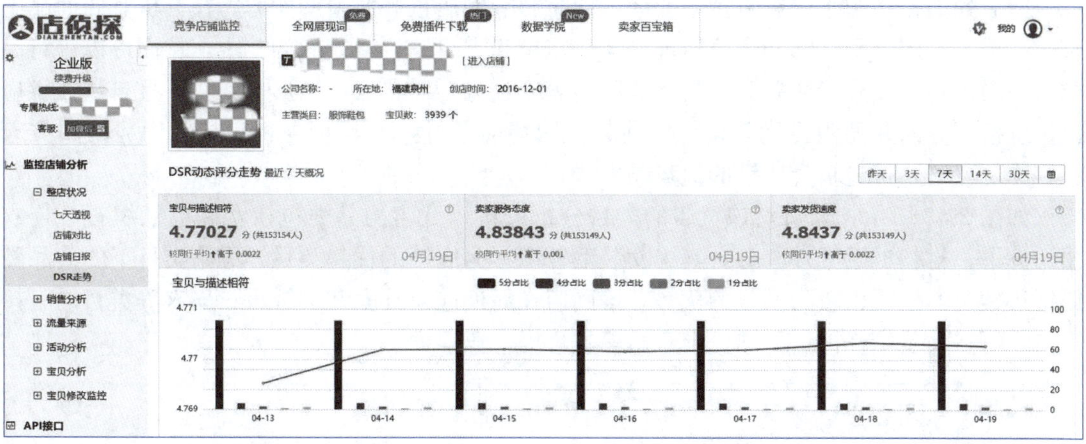

图 2-41　店侦探 DSR 分析

3. 销售数据分析

在店侦探中单击左侧的“销售分析”选项，采集竞店统计周期内的销售数据，并统计该女装网店统计周期内的销售数据，据此制作销量折线图，随后分析统计周期内的销量趋势，并进一步找出网店之间的差距，如图 2-42 所示。

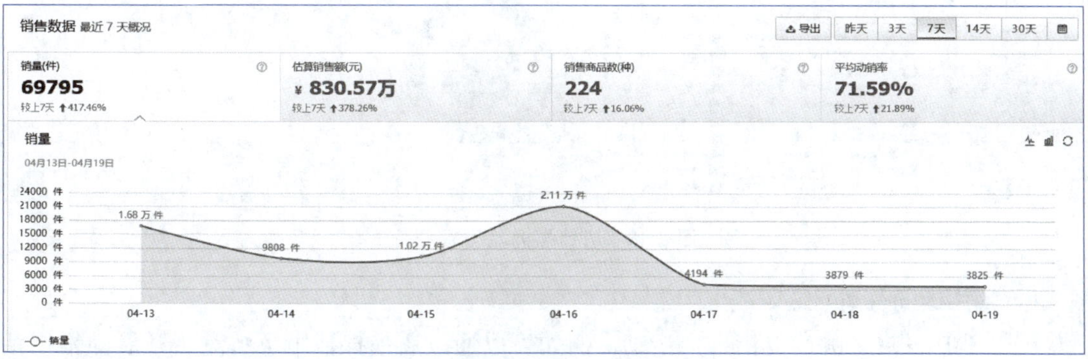

图 2-42　店侦探销售数据分析

店铺的动销率可以反映这个店铺在这一个月内的销售情况，也是平台考核的重要权重，动销率越高店铺权重越高。动销率＝店铺 30 天内有销量的商品种类数/店铺内所有在售商品数，商家应了解竞店的动销率和动销率的动态水平，为自己店铺的在线商品数和有交易商品数做好规划。

4. 商品类目分析

在淘宝店铺经营中，每一种商品都对应在某个类目下，平台会根据类目给商品导流量，如果商品放错了类目或者选择了不精准的类目，会导致商品的权重下降，降低商品的销量。对于淘宝商家来说，其店铺需要有主营类目，一家店铺只做同一个类目下的商品，否则会影响店铺的主营占比，使自然搜索流量很少，店铺很难做起来。对于天猫商家来说，其店铺是以品牌为核心的，没有主营占比，只要经营的品牌经过审核通过即可，多品类经营并不影响店铺的权重，如小米旗舰店，其商品包括手机、衣服、背包等。

网店的类目结构不仅影响销售业绩，同时影响网店抵御风险的能力。在分析竞店商品类目时，需要了解自身店铺和竞争店铺在类目布局和类目销售额方面的差距，从而可以进行品类布局的优化和提升。如果竞店的优势品类表现强势，对自身店铺形成威胁，且自身在供应链、价格等方面并无明显优势，需要在其他销售前景好，并且自身相对具有优势的品类着手，错位竞争，打造自身店铺的优势品类。

如图 2-43 所示，通过对该竞店的类目分析可得，竞店的品类包括女装毛针织衫、连衣裙、裤子、衬衫、毛呢外套等，其中女装毛针织衫为店铺的优势类目，无论类目下的商品数或销售额，均呈现出较为明显的优势，该网店在后期应避开女装羽绒服、皮衣等类目的直接竞争，可在女装牛仔裤、T 恤、半身裙等类目提升竞争力。

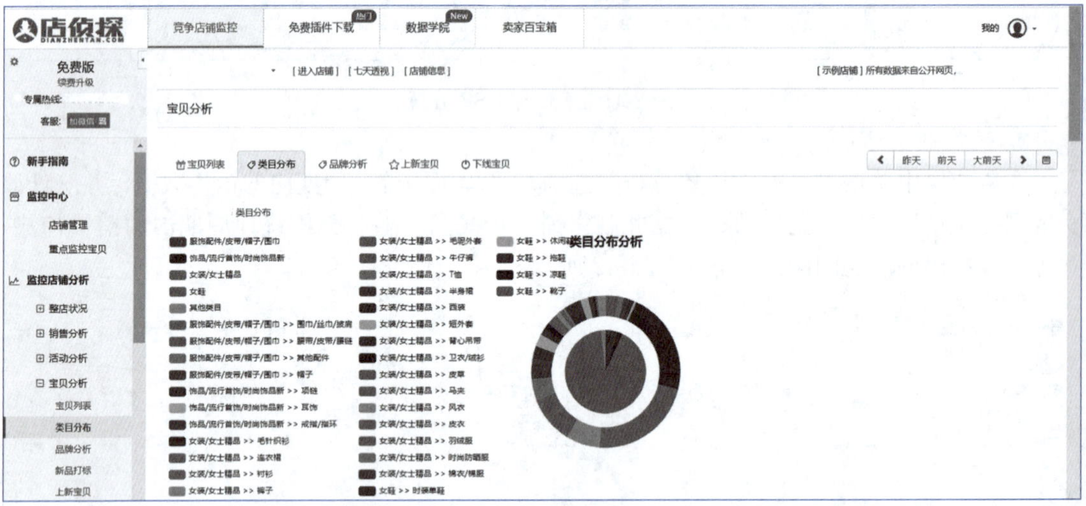

图 2-43 店侦探商品类目分析

5. 推广活动分析

分析竞店开展了哪些促销推广活动，例如可以通过店侦探清晰了解竞店开展的推广活动，参加各类活动的商品数，分析促销推广活动的频度、深度和效果，结合自身网店的实际情况，制定适当的促销推广策略，如图 2-44 所示。

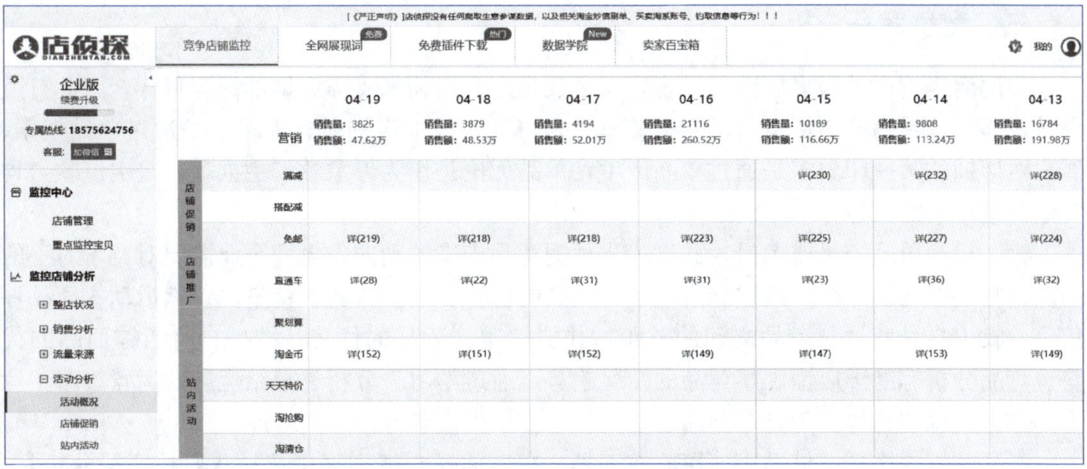

图 2-44　店侦探推广活动分析

除了店侦探外，京东商智的行业分析板块，也能够实现竞争数据分析，其包括的主要功能如图 2-45 所示。

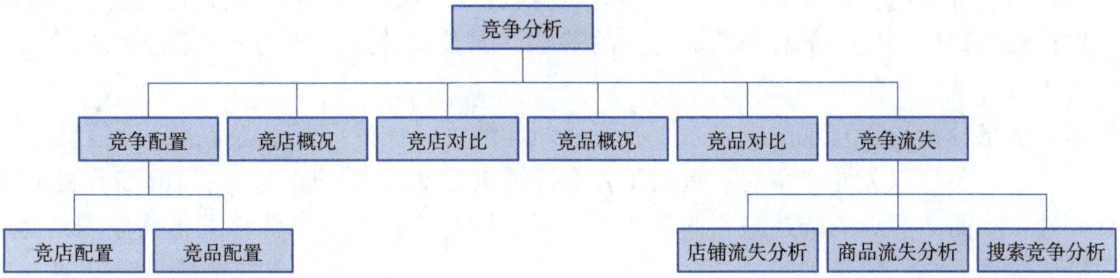

图 2-45　京东商智竞争分析功能

在“竞争配置”设置好监控的店铺后，即可在“竞店概况”页面看到竞店的数据和动态。竞店概况包括离线数据和实时数据，可通过离线/实时单选按钮进行切换。其中包括核心指标、竞店详情、竞店商品榜、入店来源对比、入店关键词对比等，如图 2-46 所示。

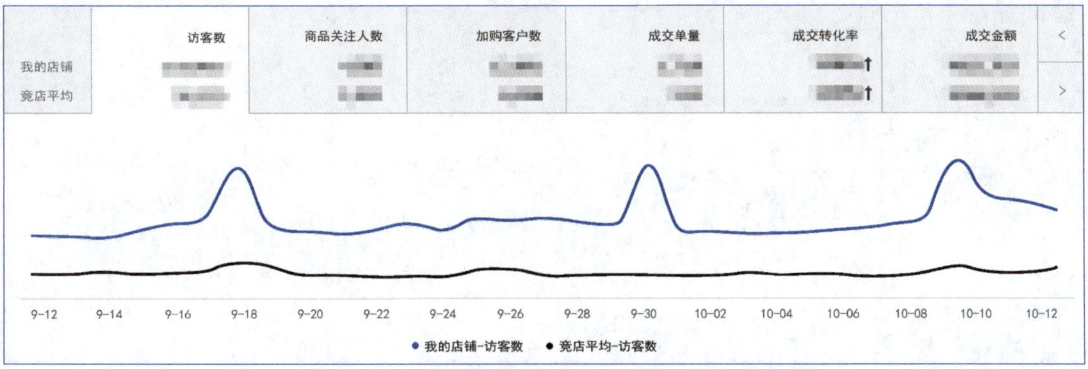

图 2-46　京东商智竞争分析核心指标数据

三、竞争商品分析

在网店经营中，很多店铺通过主打一个或是多个爆款来支撑店铺的销售目标，因此打造爆款或是爆款系列是店铺运营的重要工作。客户进入线上店铺时，更多的是通过单品搜索，客户对店铺的第一印象多是通过单品产生，单品无论是作为形象款、主推款还是引流款，均无法回避市场的竞争。

为了提升单品流量或销量，并进一步预测竞品未来的动向，电商企业需要对竞争对手的商品进行多维度的分析。通过分析，了解竞品的价格、基本资料、销量、营销活动、商品评价等，找出自身商品与竞品之间的差距，并能够避开竞品的优势，挖掘自身店铺商品的优势。竞品分析有助于店铺观察竞品的情况趋势，通过学习、分析、总结竞店的运营策略、竞品的数据信息和趋势，为自己商品运营流程、方法提供参考。

竞品分析同样可以借助店侦探监控工具，在店侦探左侧列表中选择【监控店铺分析】/【宝贝分析】/【宝贝列表】选项，然后单击某竞品对应的按钮，即可将页面中的日期、销量和销售额数据导出到 Excel 中。

（一）竞品基本信息分析

基本信息分析即分析商品的价格、功能、材质、颜色、卖点等，将商品的这些基本信息一一进行列举对比，这一部分是竞品分析的基础，因其中的个性化内容工具无法完全抓取，需要人工进行观察采集。

基本信息分析较为直观的方式是查看竞品的详情页，详情页对于竞品的各项信息进行了详细的展示。还可以关注竞争对手近期是否有详情页活动海报，以及对商品的细节展示是否恰到好处，对商品卖点的描述是否简单明了，可通过对比找到竞品详情页值得学习的地方，从而借鉴运用。

1. 竞品销售情况分析

进行竞品分析最重要的目的是提升自身网店商品的销量，因此，销量分析是竞品分析的重点。从店侦探导出的某竞品近 30 天的销售数据，分析该竞品每周的销售情况，如图 2-47 所示。

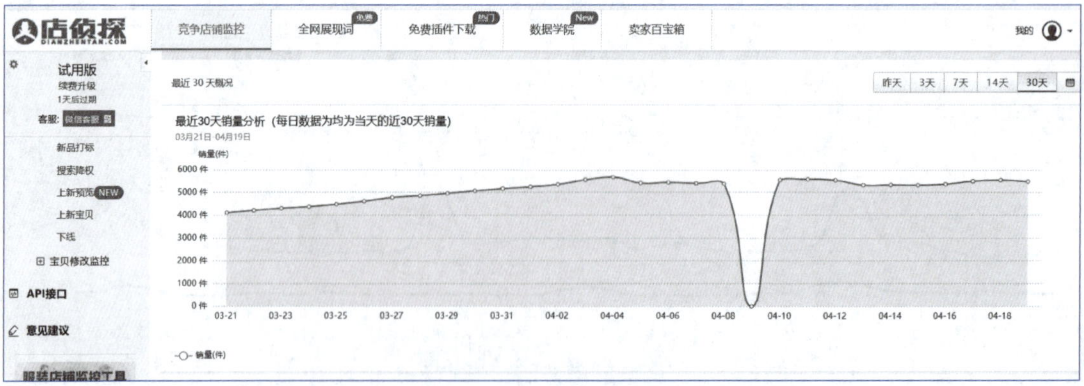

图 2-47　竞品销售情况分析

2. 竞品收藏人气分析

客户在访问商品后进行收藏，从一个侧面反映了商品受客户喜爱的程度，可对比自身网店商品，找出差距，若自身商品的收藏量相差太多，可以设置收藏有礼，如优惠券、小礼品等，图 2-48 为竞品收藏人气分析。

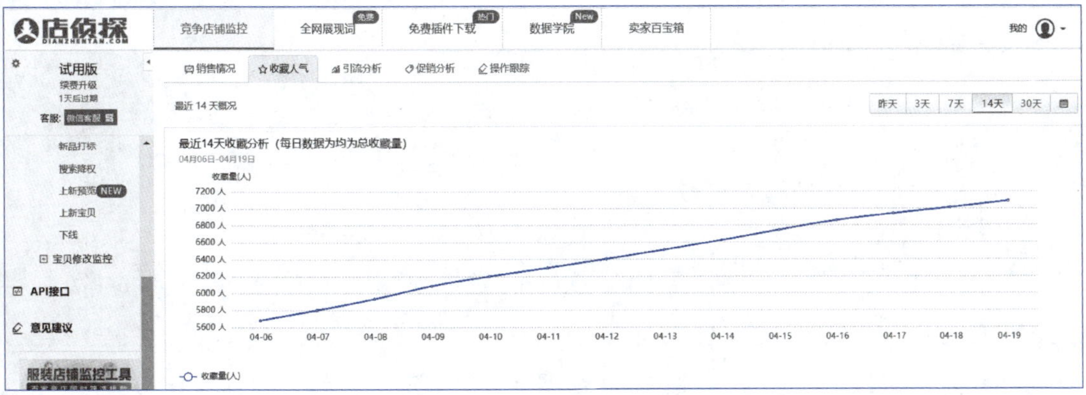

图 2-48　竞品收藏人气分析

3. 竞品价格分析

商品价格是多数客户购物时参考的一个重要指标。在进行选购前，多数客户已经有一个心理价格，这时需要对比分析自身商品和竞品的价格，并结合商品对应人群，进行商品价位的调整，提高自身商品的转化率，图 2-49 所示为竞品价格走势数据。

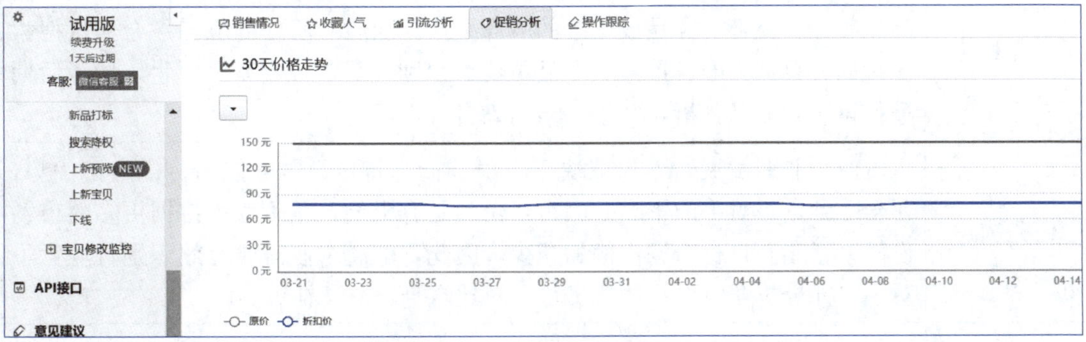

图 2-49　竞品价格走势分析

4. 竞品推广活动分析

分析竞品有没有参加官方推广活动，或者是店铺自身开展的促销活动，是以怎样的频率安排推广活动，活动预热效果如何，转化率怎样，找出自身的差距，并在之后的运营中进行调整。图 2-50 所为竞品推广活动分析。

5. 竞品评价分析

综合比较网店商品和竞品的客户评价，找出竞品客户认可的部分及网店商品不足的部分进行分析，引导网店商品及服务改良或创新。

导出 关键词 过滤 第1页（共1页）

	关键词	排名位置	较上一天	展现指数	点击指数	点击率	点击转化率	直通车均价	竞争度	类目权重
1.	古风 连衣裙 复古	1页13位	新增							连衣裙 (51.39%)
2.	旗袍春 改良	3页11位	新增							旗袍 (67.2%)
3.	复古连衣裙 收腰 秋季	3页11位	新增							连衣裙 (75.47%)
4.	裙 旗袍	3页11位	新增	10717	387	3.38%	0.0%	¥0.38	1031	旗袍 (49.53%)
5.	连衣裙 中国风	4页11位	↑55名	33151	1237	3.49%	0.21%	¥0.78	1428	连衣裙 (44.25%)
6.	旗袍连衣裙 潮 复古	5页11位	新增							无
7.	裙旗袍	6页11位	↓11名	23431	865	3.45%	0.4%	¥0.56	1139	旗袍 (38.4%)
8.	旗袍春装 改良	7页11位	新增							旗袍

图 2-50　竞品推广活动分析

【任务实训】

任务单 2.3.1

<table>
<tr><td>任务项目</td><td colspan="2">竞争对手识别</td></tr>
<tr><td>任务目标</td><td colspan="2">在识别行业竞争对手前，首先需要明确如何界定竞争对手，即销售同类商品或服务、互补类商品或服务的电商企业。随后在所处的电商平台通过搜索关键词、目标人群、销量或商品单价等识别、圈定行业竞争对手，便于后期进行竞店和竞品分析，并进一步明确自身学习的标杆</td></tr>
<tr><td>任务描述</td><td colspan="2">电商企业的发展，不仅取决于自身的商品特色、服务能力、供应链优势，还会受到竞争对手的影响。因市场份额是有限的，竞争对手占据更多的市场份额，意味着自身市场份额的减少，因此，电商企业需要有效识别行业竞争对手，并分析竞争对手的优劣势，对比自身，取长补短</td></tr>
<tr><td>任务要求</td><td colspan="2">（1）利用淘宝网，通过关键词搜索，根据自己感兴趣的行业，定位行业内的两个目标店铺，其中一个定位为本店（假设自己经营的店铺）、另一个定位为竞店（竞争店铺）。
（2）获取两个店铺的网址信息。
（3）分别获取两个店铺的基本信息数据和指标。包括店铺类型、店铺动态评分情况、店铺宝贝数、创店时间、主要经营类目、所在地等</td></tr>
<tr><td rowspan="2">任务记录</td><td>实施过程</td><td>其他事项</td></tr>
<tr><td></td><td></td></tr>
</table>

<table>
<tr><td rowspan="2">任务记录</td><td colspan="4">实施过程</td><td>其他事项</td></tr>
<tr><td colspan="4"></td><td></td></tr>
<tr><td>任务反思</td><td colspan="5"></td></tr>
<tr><td>学号</td><td></td><td>姓名</td><td></td><td>时间</td><td></td></tr>
</table>

【任务实训】

评价单 2.3.1

<table>
<tr><td>评价项目</td><td colspan="5"></td></tr>
<tr><td rowspan="2">技能评价</td><td colspan="2">学生互评</td><td colspan="2">组内评价</td><td>教师评价</td></tr>
<tr><td colspan="2"></td><td colspan="2"></td><td></td></tr>
<tr><td rowspan="5">素质评价</td><td colspan="3">评价要点</td><td>达标</td><td>未达标</td></tr>
<tr><td>工匠精神</td><td colspan="2">有耐心、精益求精</td><td></td><td></td></tr>
<tr><td>协作精神</td><td colspan="2">重合作、团队协商</td><td></td><td></td></tr>
<tr><td>创新意识</td><td colspan="2">有想法、创新创意</td><td></td><td></td></tr>
<tr><td>学习能力</td><td colspan="2">会运用、求真求实</td><td></td><td></td></tr>
<tr><td>学号</td><td></td><td>姓名</td><td></td><td>时间</td><td></td></tr>
</table>

【学习总结】

项目学习总结记录

【任务实训】

任务单 2.3.2

<table>
<tr><td>任务项目</td><td colspan="2">利用店侦探进行竞店分析</td></tr>
<tr><td>任务目标</td><td colspan="2">电商企业在日常运营过程中，除了时刻关注自身店铺的数据变化，还需要关注竞店应对消费市场的方式，如商品的布局、促销方案的制定等，以便找出相适应的应对方式，提升自身商品的销量</td></tr>
<tr><td>任务描述</td><td colspan="2">竞店分析需要围绕类目构成、销售、推广活动等综合分析，其中商品结构直接影响店铺的销售业绩，在不同的营销场景下，需要有相应的对标商品。销售数据的比较较为直观，可以直接反馈自身店铺与竞店之间的差距，此外，推广活动的布局也需要格外关注，这些都将影响自身店铺的市场占有率</td></tr>
<tr><td>任务要求</td><td colspan="2">（1）明确分析需求。进行竞店分析，其目标是了解竞店的商品结构、销量变化，并特别追踪竞店在开展推广活动期间的各项数据变化，寻找自身店铺与竞店之间的差距。
（2）确定竞店数据采集工具。通过店侦探采集竞店的各项数据，学员可注册店侦探，通过试用版查看想要监控的店铺的各项数据。
（3）完成竞店数据分析统计表。学员对比本店店铺和竞店的各项数据，将收集结果及分析结论填写上传提交</td></tr>
<tr><td rowspan="2">任务记录</td><td>实施过程</td><td>其他事项</td></tr>
<tr><td></td><td></td></tr>
</table>

<table>
<tr><td rowspan="2">任务记录</td><td colspan="4">实施过程</td><td>其他事项</td></tr>
<tr><td colspan="4"></td><td></td></tr>
<tr><td>任务反思</td><td colspan="5"></td></tr>
<tr><td>学号</td><td></td><td>姓名</td><td></td><td>时间</td><td></td></tr>
</table>

【任务实训】

评价单 2.3.2

评价项目					
技能评价	学生互评		组内评价	教师评价	
素质评价	评价要点			达标	未达标
	工匠精神	有耐心、精益求精			
	协作精神	重合作、团队协商			
	创新意识	有想法、创新创意			
	学习能力	会运用、求真求实			
学号		姓名		时间	

【学习总结】

项目学习总结记录

【任务实训】

任务单 2.3.3

任务项目	利用店侦探进行竞品分析	
任务目标	电商企业在日常运营过程中，还需要进一步分析竞品，即直接造成自身客户流失的商品。为了提升自身商品流量或销量，并进一步预测竞品未来的动向，电商企业需要对竞争对手的商品进行多维度的分析	
任务描述	竞品分析就是对竞争对手的商品进行分析，可围绕基本信息、收藏量、交易数据以及商品评价等维度展开。其中基本信息可反馈出与竞品卖点的差异，交易数据虽然每日都会波动，但需要分析其是呈现增长还是下降趋势。此外，通过商品评价可以发现客户的潜在需求，同时能够结合商品评价对自身商品质量或店铺服务进行改善	
任务要求	（1）识别竞品。以店铺成交关键词为标识识别竞店中相关商品为竞品。 （2）选定数据采集工具。通过竞品店铺和店侦探工具采集竞品的各项数据。学员可注册店侦探，通过试用版添加想要分析的竞品。 （3）基本信息采集与分析。分别进入竞品详情页和自身店铺商品详情页，采集商品的基本信息，学员对两款商品的基本信息进行分析，并将分析结果填写在下列统计表中。 （4）综合分析。学员结合上述分析结果，对店铺的引流款商品与竞品进行综合分析，并将分析结果进行提交	
任务记录	实施过程	其他事项

<table>
<tr><td rowspan="2">任务记录</td><td colspan="4">实施过程</td><td>其他事项</td></tr>
<tr><td colspan="4"></td><td></td></tr>
<tr><td>任务反思</td><td colspan="5"></td></tr>
<tr><td>学号</td><td></td><td>姓名</td><td></td><td>时间</td><td></td></tr>
</table>

【任务实训】

评价单 2.3.3

<table>
<tr><td>评价项目</td><td colspan="6"></td></tr>
<tr><td rowspan="2">技能评价</td><td colspan="2">学生互评</td><td colspan="2">组内评价</td><td colspan="2">教师评价</td></tr>
<tr><td colspan="2"></td><td colspan="2"></td><td colspan="2"></td></tr>
<tr><td rowspan="5">素质评价</td><td colspan="4">评价要点</td><td>达标</td><td>未达标</td></tr>
<tr><td>工匠精神</td><td colspan="3">有耐心、精益求精</td><td></td><td></td></tr>
<tr><td>协作精神</td><td colspan="3">重合作、团队协商</td><td></td><td></td></tr>
<tr><td>创新意识</td><td colspan="3">有想法、创新创意</td><td></td><td></td></tr>
<tr><td>学习能力</td><td colspan="3">会运用、求真求实</td><td></td><td></td></tr>
<tr><td>学号</td><td></td><td colspan="2">姓名</td><td></td><td>时间</td><td></td></tr>
</table>

【学习总结】

项目学习总结记录

项目训练

一、单项选择题

1. 下单买家数、下单金额、支付买家数、支付金额、客单价、下单转化率等指标属于（　　）。

A. 流量类指标　　B. 交易类指标
C. 商品类指标　　D. 服务类指标

2. 利用阿里指数中的（　　）导航条，可以显示查询地区前十名的热门购买类目和热门销售类目以及对应的区域。

A. 贸易往来　　B. 热门类目
C. 搜索词排行榜　　D. 买家概况

3. 当需要查看店铺中的各方面数据并进行分析时，就需要用到相应的分析工具，下面属于阿里巴巴集团官方推出的数据分析工具的是（　　）。

A. 阿里指数　　B. 百度指数
C. 生意参谋　　D. CRM 客户关系管理软件

4. 采用（　　）定价策略可能会带来价格竞争。

A. 基于成本的定价　　B. 基于竞争对手的定价
C. 基于商品价值的定价　　D. 基于商品利润的定价

5. 通过生意参谋的“交易”板块中的（　　）功能可以了解店铺的交易总览和交易趋势，从整体的角度来分析店铺的运营情况。

A. 交易构成　　B. 交易概况　　C. 交易明细　　D. 交易数量

二、多项选择题

1. 进行竞争分析时，识别竞争对手可以从多个维度入手，这些维度主要包括（　　）。

A. 经营地址　　B. 经营类目　　C. 经营商品　　D. 客单价

2. 电商企业在识别行业竞争对手时，可借鉴的方法包括（　　）。

A. 通过目标人群识别竞争对手　　B. 通过关键词识别竞争对手
C. 通过客服接单能力识别竞争对手　　D. 通过推广活动识别竞争对手

3. 市场需求分析包括（　　）这几项内容。

A. 行业集中度分析　　B. 客户属性偏好分析
C. 客户品牌偏好分析　　D. 需求量变化趋势分析

4. 通过分析竞店的属性数据，可以了解（　　）。

A. 竞店的人群定位　　B. 竞店的销量数据
C. 竞店商品的适用场景　　D. 竞店的基础风格

5. 数据分析中市场类指标主要用于描述行业情况和企业在行业中的发展情况，下列属于市场类指标的是（　　）。

A. 行业增长率　　B. 平均购买次数
C. 竞争对手销售额　　D. 活跃客户占比率

三、判断题

1. 所谓的同业竞争，即销售同品类商品或服务的企业，是最直接的竞争对手。（　　）

2. 通过对行业客群、搜索客群、品牌客群、属性与产品分析等数据的监控，可以帮助店铺锁定店铺异常商品。（　　）

3. 如果自身网店处于竞争劣势，商品上下架时间要尽量避开竞店。（　　）

4. 市场需求是指客户对计划购买的商品所表现出的各类需求，包括品牌、质量、价格、规格、型号等。（　　）

5. 互联网企业采用大数据采集的方式收集消费者的喜好，并向消费者进行定向的信息推送时，应当遵守《中华人民共和国广告法》的有关规定。（　　）

四、案例分析题

素材文件工作簿中的数据为某店铺最近七天的销售、宝贝、引流和营销等各方面数据，要求在Excel中对其数据进行整理和分析，分析该竞争店铺的相关数据，并得到相应的结论。

项目三　客户数据分析

【项目目标】

学习目标

1. 理解客户分布分析、客户价值分析、客户行为分析的分析方法
2. 熟悉利用 RFM 模型等进行客户数据分析的方法
3. 掌握构建客户数据分析思路的方法

能力目标

1. 能够根据任务情景完成客户数据分析的具体任务
2. 能够在了解客户数据的基础上，通过数据分析进行客户画像
3. 能够探索分析客户数据的意义与价值

素质目标

1. 培养学生耐心细致、精益求精的工匠精神
2. 培养学生严谨清晰的数据分析思维
3. 培养学生诚实守信的职业道德

【项目导图】

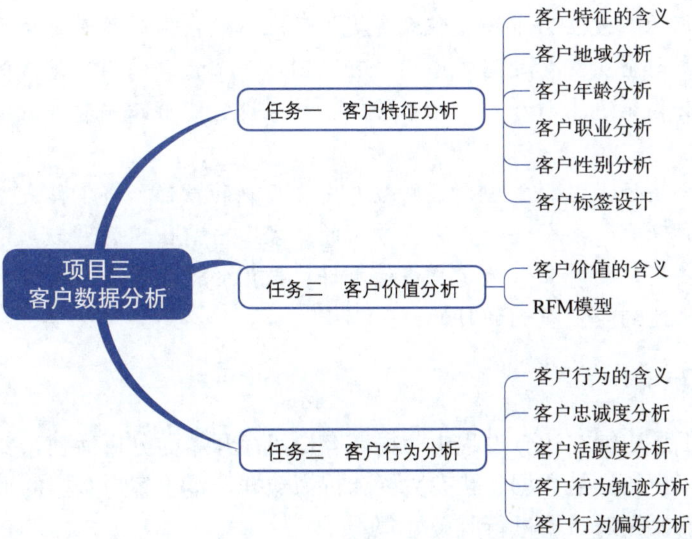

任务一　客户特征分析

【案例导入】

某零售商的“数据关联挖掘”

某零售商，通过分析所有女性客户购买记录，可以“猜出”哪些是孕妇。其发现女性客户会在怀孕四个月左右，大量购买无香味乳液。由此挖掘出25项与怀孕高度相关的商品，制作“怀孕预测”指数。推算出预产期后，就能抢先一步，将孕妇装、婴儿床等折扣券寄给客户。该零售商还创建了一套购买女性行为在怀孕期间产生变化的模型，不仅如此，如果用户从它们的店铺中购买了婴儿用品，它们在接下来的几年中会根据婴儿的生长周期定期给这些顾客推送相关产品，从而提升客户的忠诚度。利用先进的统计方法，商家可以通过用户的购买历史记录分析来建立模型，预测未来的购买行为，进而设计促销活动和个性服务以避免用户流失到其他竞争对手。

在过去的几十年里，数据的价值、使用和管理方式都有了颠覆性改变。“数据”曾被视为是一项专业领域的资源能力，但是在现在，它几乎成为所有行业所必需的一项关键资源和技能。尤其对于市场营销人员来说，数据可以为他们提供更为科学的方法，让市场营销活动变得更加精准，规避风险。“数据金矿”这一比喻一点都不为过。尽管数据被看作是品牌营销的最大资产，但它仍然是一个挑战。

收集用户数据对于今天的技术而言已经不是什么难事，除了传统的互联网技术、cookie技术等，现在还有通过捕捉店内购物者形象从而为其进行个性化推荐的人脸识别技术；通过可穿戴设备、智能家电等获取数据的技术等。

收集用户数据的新方法为市场营销人员提供了比以往任何时候都更详细的信息，它们有助于弥合用户需求与企业交付之间的差距，可以创建一个完整的用户需求概要。但随着数据量级增长、新的营销渠道不断加入，对于营销人员来说，能够正确管理数据并得出准确的见解至关重要。

数据获取的合法性也必须重视，否则极易失去用户的信任，得不偿失。在进行客户分析时也需要尊重客户隐私，要合法使用客户分析的结果，当前出现的“数据杀熟”就是客户分析结果的不合法使用，要真正从为客户提供更好、更优的产品和服务的宗旨出发，通过优化产品和服务流程来达到企业盈利的目的。

【知识储备】

客户数据分析是店铺在运营过程中为提高客户留存开展的分析活动，要开展客户数据分析需要店铺保存客户的交易数据、状态数据和行为数据，鉴于客户数据的敏感性和保密性要求，在使用数据前要先对数据进行脱敏处理。

本项目基于淘宝平台和淘宝店铺的运营环境，将客户数据分析分为客户特征分析、客户价值分析、客户行为分析等任务。客户特征数据可基于订单报表进行整理，通过客户特征数据分析，可以使店铺了解客户画像和行为习惯，指导品牌商或者大型电商企业线下门店的布局。通过客户 RFM 模型和客户行为分析，可以使店铺了解客户的价值和贡献，有助于店铺制定运营策略。图 3-1 所示为京东商智客户数据分析模块。

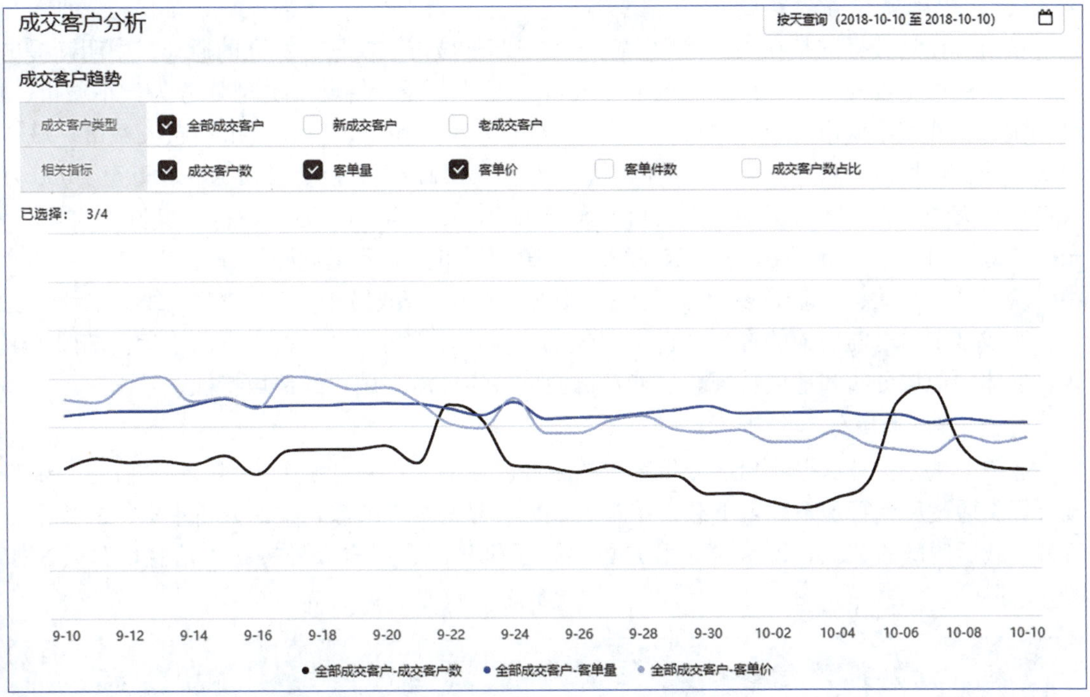

图 3-1　京东商智客户数据分析模块

一、客户特征的含义

客户特征分析是电子商务企业通过多个维度对客户特征进行描述后的结果，了解店铺客户的年龄、性别、职业、地域分布、时间分布情况等各方面信息的数据后，确定店铺中客户的特征和行为习惯，形成客户画像，为企业提供足够的信息基础，能够帮助企业快速找到精准的客户群体及客户反馈信息。具体而言，客户画像的作用主要体现在两个方面。

（一）助力精准营销

客户画像有助于企业明确客户的基本特征，了解客户的消费行为特征，洞察客户，让营销更加精准。例如，企业可以利用客户画像定位经常看电影的客户，向他们发放电影套餐优惠券，以提高转化率。

（二）挖掘客户价值

企业通过客户画像分析进一步挖掘客户数据，可以提高自身的服务质量，也可以为运营管理提供更有效的数据支持。例如，客户画像可以为活动策划提供依据，优化活动效果，有助于企业对业绩进行周期性预测、趋势性预测等。

客户画像往往由多个不同维度的特征组成，如客户的年龄、性别、职业、所在地、购买偏好等。数据采集过程中，可以通过淘宝卖家中心客户运营平台或者专门的 CRM 软件进行采集和数据查看，利用 Excel 工具进行对比分析整理，从而分析客户画像。

二、客户地域分析

（一）中国城市等级划分

城市规模划分标准是在国务院印发的《关于调整城市规模划分标准的通知》中明确提出的，即新的城市规模划分标准以城区常住人口为统计口径，将城市类型划分为：小城市、Ⅰ型小城市、Ⅱ型小城市、中等城市、Ⅰ型大城市、Ⅱ型大城市、特大城市、超大城市。城市等级划分（以城区人口划分）：超大城市为1 000万人口以上；巨大城市为500万至1 000万人口；特大城市为300万至500万人口；大城市为100万至300万人口；中等城市为50万至100万人口；小城市为20万至50万人口；微型城市为5万至20万人口。

从经济、文化、工业等多个方面进行划分，城市等级划分为一线、新一线、二线、三线、四线城市。电商店铺的客户来自全国各地，明确客户的省份、城市有助于运营部门了解客户群体的地域分布和地域特征，也能从侧面反映店铺潜在用户的地域特征。

（二）客户地域分布分析

客户地域分析是从空间角度分析客户的来源，比如客户来自哪个国家、哪个省份、哪座城市等。通过后台管理系统，下载订单报表数据，分析客户画像，案例分析中提供的数据为后台下载后脱敏的数据，即去掉了客户姓名、手机号码、用户账号等私人信息，源数据如图3-2所示。

	A	B	C	D	E	F	G	H	I
1	客户编号	年龄	访客来源	性别	常住地区	客户职业	产品名称	产品价格/元	订单数量
2	NO1002119	33	移动端	女	河南	医务人员	产品A	299	1
3	NO1002015	40	PC端	女	河南	工人	产品C	89	1
4	NO1002100	29	移动端	男	天津	公务员	产品C	89	1
5	NO1002023	41	移动端	女	浙江	工人	产品A	299	1
6	NO1002028	24	移动端	女	天津	医务人员	产品A	299	1
7	NO1002024	40	移动端	女	四川	工人	产品A	299	1
8	NO1002071	27	PC端	女	天津	医务人员	产品C	89	1
9	NO1002109	30	移动端	不详	河南	公司职员	产品C	89	1
10	NO1002077	30	PC端	女	天津	学生	产品A	299	1
11	NO1002014	42	移动端	不详	浙江	医务人员	产品B	189	1
12	NO1002034	20	移动端	不详	广东	学生	产品B	189	1
13	NO1002087	29	移动端	男	天津	学生	产品B	189	1
14	NO1002027	19	PC端	女	广东	医务人员	产品A	299	1

图3-2　客户数据添加到Excel

在Excel“数据”选项卡中进行图表处理，从该订单查询结果中可以看到客户的收货地址信息。据此，从地域分布进行客户分析。

第一，创建数据透视表。在新工作表中单击“插入”选项卡下的“数据透视表”按钮，单击“确定”按钮，打开数据透视表，将“常住地址”拖到“行标签”区域内，“产品价格”拖到“数值”区域内。第二，创建数据透视图。以当前数据透视表中的数据为数据源，创建数据透视图，类型为二维饼图，删除图例，设置字体格式。

从图3-3中可以看出，该店铺的商品最受天津、浙江、河南客户的青睐，特别是天津和浙江的客户，两个区域总占比超过总客户数的一半，广东、四川的成交客户数占比较少。电子商务企业可以根据该分析结果，调整其推广策略，比如对成交占比少的区域，结合这些区域客户的特征，开展定向推广活动，以调动这些区域客户的购物积极性。

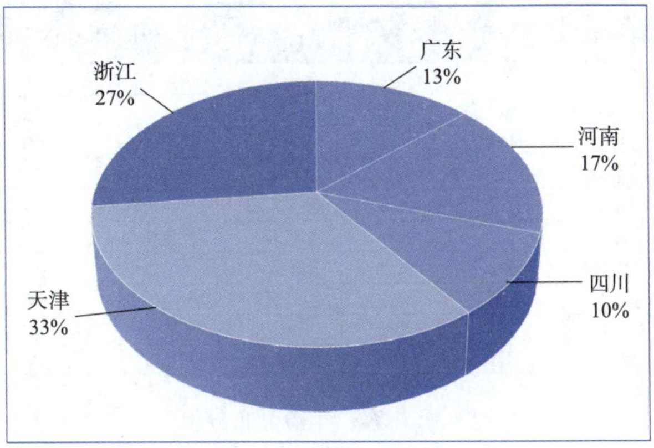

图 3-3　客户地域分布数据分析

三、客户年龄分析

客户年龄分析是分析客户群的年龄分布情况，不同年龄的客户在性格、爱好、财务状况等方面有很大区别。通过客户年龄分析，企业可以明确客户的主要年龄群，便于其有针对性的分配产品或开展营销。

具体操作过程中，需要采用分组分析的方法，利用 VLOOKUP（）函数对客户年龄进行分组分析，具体操作过程如下。

首先，需要对客户信息中的年龄层级进行分组，分组时结合实际分析情况，将分组设定为：1～18 岁、18～24 岁、25～29 岁、30～34 岁、35～39 岁、40～44 岁、45～49 岁、50 岁及以上，在 Excel 表格中设置年龄分组以及分组下限，如图 3-4 所示。

K	L
分组下限	年龄分组
1	1～18岁
18	18～24岁
25	25～29岁
30	30～34岁
35	35～39岁
40	40～44岁
45	45～49岁
50	50岁及以上

图 3-4　客户年龄分布分组设置

然后，在源数据表中，新增年龄分组一列，在该列中插入 VLOOKUP（）函数：VLOOKUP（B2，$K$2:$L$9，2），先将 B2 单元格的年龄分配到对应的年龄分组中，然后快速完成自动分组，如图 3-5 所示。

J2 =VLOOKUP(B2,$K$2:$L$9,2)

	A	B	C	D	E	F	G	H	I	J
1	客户编号	年龄	访客来源	性别	常住地区	客户职业	产品名称	产品价格/元	订单数量	年龄分组
2	NO1002119	33	移动端	女	河南	医务人员	产品A	299	1	30-35岁
3	NO1002015	40	PC端	女	河南	工人	产品C	89	1	
4	NO1002100	29	移动端	男	天津	公务员	产品C	89	1	
5	NO1002023	48	移动端	女	浙江	工人	产品A	299	1	
6	NO1002028	24	移动端	女	天津	医务人员	产品A	299	1	
7	NO1002024	40	移动端	女	四川	工人	产品A	299	1	
8	NO1002071	27	PC端	女	天津	医务人员	产品C	89	1	
9	NO1002109	30	移动端	不详	河南	公司职员	产品C	89	1	
10	NO1002077	30	PC端	女	天津	学生	产品A	299	1	
11	NO1002014	42	移动端	不详	浙江	医务人员	产品B	189	1	

图 3-5 客户年龄分布分组

完成自动分组后，利用数据透视表，结合柱状图展示，能够显示出该网店客户的年龄分层情况，如图 3-6 所示。

行标签	计数项:年龄分组
1～18岁	3
18～24岁	12
25～29岁	22
30～34岁	7
35～39岁	7
40～44岁	6
45～50岁	1
50岁及以上	2
总计	60

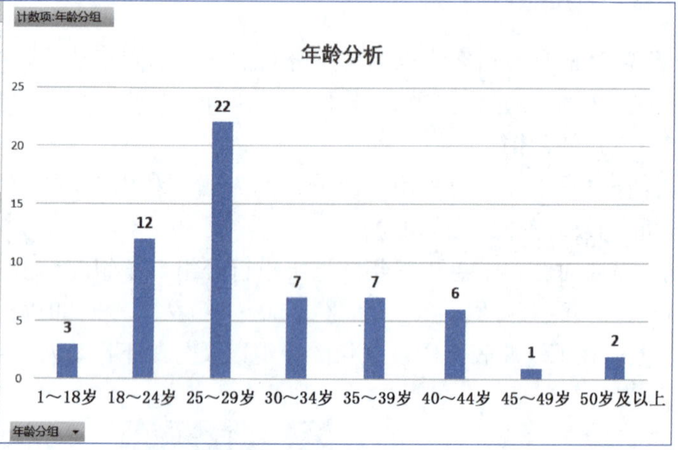

图 3-6 客户年龄分布柱状图

四、客户职业分析

除了年龄之外，目标客户职业分析也不容忽视，例如对于服装行业，职业场景对服装风格具有一定的影响。图 3-7 为某网店客户的职业分类分析，分别为公司职员、学生等，这与目标客户集中的年龄段具有一定的重合，可为电商企业在选定商品风格时提供参考。

五、客户性别分析

网店客户的性别不同，客户的产品偏好、行为偏好、购买动机等往往不同。男性在购物时更加冷静和理智，选择的产品多为高质量的功能性产品，较少考虑价格因素；女性在购物时更冲动和随机，影响产品选择的因素多样，较多考虑价格因素、产品外观因素和产品质量因素。

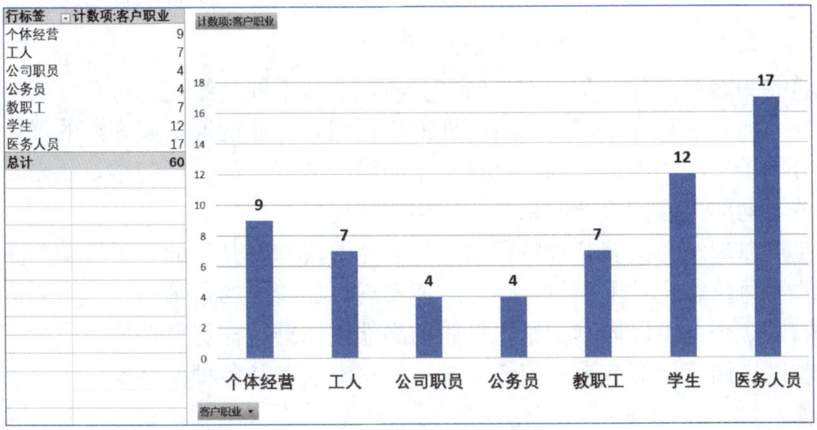

图 3-7　客户职业分布数据

整理客户基本信息数据后，对客户性别进行排序，选中数据表中性别单元列内容，插入数据透视表（“行”与“值”均设置为“性别”），得到性别占比数据并制作性别占比饼状图，使数据呈现效果更直观，如图 3-8 所示。

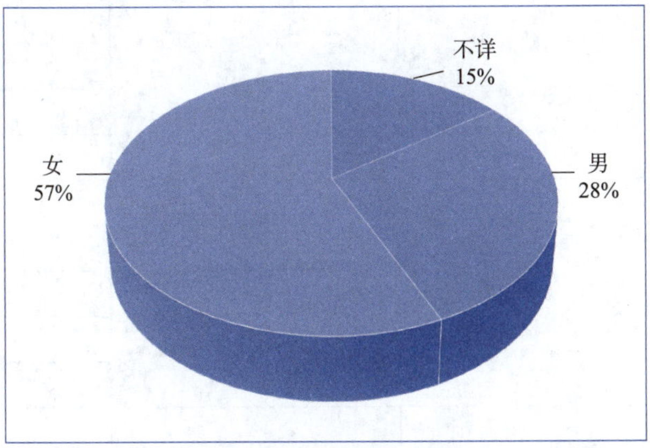

图 3-8　客户性别数据分析

通过客户的特征数据分析，能够获取到客户的基本属性分布数据，常用的基本属性数据项目见表 3-1。

表 3-1　客户基本属性数据表

1	性别	男、女
2	年龄	18 岁以下、18～24 岁、25～29 岁、30～34 岁、35～39 岁、40～49 岁、50 岁及以上
3	职业	公务员、医护人员、白领、教职工、蓝领/服务业、学生、媒体从业者、科研人员、金融从业者等
4	婚恋阶段	单身、恋爱、筹备婚礼、已婚未育、已婚已育
5	地域	一线城市、二线城市、三线城市等

六、客户标签设计

客户标签是为客户添加分类，客户特征分析需要从不同的维度来进行，每一个维度下有多种客户属性，而每一种客户属性都有不同的属性值，企业能够了解客户的群体特征，但这些群体特征分属于不同的维度，如何把这些不同维度的客户群进行归类，就需要为客户添加标签，将这些不同的属性值组合起来就可以构成特定的客户标签。

客户标签可以理解为具有某种特征的客户群体的代称，其目的在于帮助企业记忆、识别和查找客户。为每位客户贴上标签，企业就能实现更加精准的营销推广。例如，客户标签为“爱收藏篮球鞋”，企业可以向其推销限量版的高端篮球鞋。标签属性值的设计是客户标签设计的基础，就网店而言，标签属性值涉及客户的基本信息和各种偏好等，表 3-2 为常用的客户标签属性值。

表 3-2　客户标签属性值

A	B	C	D
主标签	次级标签	子标签	标签指标
人口属性	客户基础信息	性别	男
			女
		年龄	18 岁以下
			18～24 岁
			25～35 岁
			35 岁以上
身份属性	客户身份分类	地域	一线城市
			二线城市
		职业	医生
			学生
			教师
天气属性	客户天气偏好	温度	冷
			凉爽
			舒适
		天气现象	晴
			小雨
			小雪
产品属性	客户产品偏好	产品图案	花色
			纯色
		产品功能	功能 A
			功能 B
		产品材质	木质
			玻璃制

拥有不同标签的客户，客户特征不同，企业可以采用不同的营销方式进行精准营销。据该客户的标签，做出符合客户心理预期的推荐或回复，这样做不仅有利于产品成交，还有利于拉近企业与客户的距离，获得客户信任，提升客户满意度。

【任务实训】

任务单 3.1.1

<table>
<tr><td>任务项目</td><td colspan="2">某童装网店客户地域分布分析</td></tr>
<tr><td>任务目标</td><td colspan="2">掌握客户画像分析的维度，能够根据数据分析要求完成数据采集及处理任务</td></tr>
<tr><td>任务描述</td><td colspan="2">洞察企业客户群画像，能够帮助企业实现“千人千面”，使企业可以针对不同人群制定差异化的运营策略。
某电子商务企业主要经营童装类目，打算在近期举办一场营销活动，以推广其上架的新产品，为了顺利推出新产品并取得优质的营销效果，该企业负责人安排数据分析师小李对企业客户特征进行整体分析并绘制客户画像，为企业精准营销提供基础</td></tr>
<tr><td>任务要求</td><td colspan="2">描绘客户画像，首先需要明确客户画像涉及的分析维度有哪些，一般来说，描绘客户画像需要分析的维度主要有：客户年龄、客户地域、客户消费层级、客户产品偏好、客户来源终端、客户性别、客户职业等。因此，小李决定先从这几个主要维度展开分析，然后汇总分析结果形成客户画像，进而形成分析结论并提出合理的客户营销策略指导新产品推广。
根据任务要求，完成客户画像分析中的客户地域分布分析子任务</td></tr>
<tr><td rowspan="2">任务记录</td><td>实施过程</td><td>其他事项</td></tr>
<tr><td></td><td></td></tr>
</table>

<table>
<tr><td rowspan="2">任务记录</td><td colspan="4">实施过程</td><td>其他事项</td></tr>
<tr><td colspan="4"></td><td></td></tr>
<tr><td>任务反思</td><td colspan="5"></td></tr>
<tr><td>学号</td><td></td><td>姓名</td><td></td><td>时间</td><td></td></tr>
</table>

【任务实训】

评价单 3.1.1

<table>
<tr><td>评价项目</td><td colspan="5"></td></tr>
<tr><td rowspan="2">技能评价</td><td colspan="2">学生互评</td><td colspan="2">组内评价</td><td>教师评价</td></tr>
<tr><td colspan="2"></td><td colspan="2"></td><td></td></tr>
<tr><td rowspan="5">素质评价</td><td colspan="3">评价要点</td><td>达标</td><td>未达标</td></tr>
<tr><td>工匠精神</td><td colspan="2">有耐心、精益求精</td><td></td><td></td></tr>
<tr><td>协作精神</td><td colspan="2">重合作、团队协商</td><td></td><td></td></tr>
<tr><td>创新意识</td><td colspan="2">有想法、创新创意</td><td></td><td></td></tr>
<tr><td>学习能力</td><td colspan="2">会运用、求真求实</td><td></td><td></td></tr>
<tr><td>学号</td><td></td><td>姓名</td><td></td><td>时间</td><td></td></tr>
</table>

【学习总结】

项目学习总结记录

【任务实训】

任务单 3.1.2

任务项目	某童装网店客户年龄分布分析	
任务目标	掌握客户画像分析的维度，能够根据数据分析要求完成数据采集及处理任务	
任务描述	洞察企业客户群画像，能够帮助企业实现“千人千面”，使企业可以针对不同人群制定差异化的运营策略。 某电子商务企业主要经营童装类目，打算在近期举办一场营销活动，以推广其上架的新产品，为了顺利推出新产品并取得优质的营销效果，该企业负责人安排数据分析师小李对企业客户特征进行整体分析并绘制客户画像，为企业精准营销提供基础	
任务要求	描绘客户画像，首先需要明确客户画像涉及的分析维度有哪些，一般来说，描绘客户画像需要分析的维度主要有：客户年龄、客户地域、客户消费层级、客户产品偏好、客户来源终端、客户性别、客户职业等。因此，小李决定先从这几个主要维度展开分析，然后汇总分析结果形成客户画像，进而形成分析结论并提出合理的客户营销策略指导新产品推广。 根据任务要求，完成客户画像分析中的客户年龄分布分析子任务	
任务记录	实施过程	其他事项

<table>
<tr><td rowspan="2">任务记录</td><td colspan="4">实施过程</td><td>其他事项</td></tr>
<tr><td colspan="4"></td><td></td></tr>
<tr><td>任务反思</td><td colspan="5"></td></tr>
<tr><td>学号</td><td></td><td>姓名</td><td></td><td>时间</td><td></td></tr>
</table>

【任务实训】

评价单 3.1.2

评价项目					
技能评价	学生互评		组内评价	教师评价	
素质评价	评价要点			达标	未达标
	工匠精神	有耐心、精益求精			
	协作精神	重合作、团队协商			
	创新意识	有想法、创新创意			
	学习能力	会运用、求真求实			
学号		姓名		时间	

【学习总结】

项目学习总结记录

【任务实训】

任务单 3.1.3

任务项目	某童装网店客户职业分布分析	
任务目标	掌握客户画像分析的维度，能够根据数据分析要求完成数据采集及处理任务	
任务描述	洞察企业客户群画像，能够帮助企业实现“千人千面”，使企业可以针对不同人群制定差异化的运营策略。 某电子商务企业主要经营童装类目，打算在近期举办一场营销活动，以推广其上架的新产品，为了顺利推出新产品并取得优质的营销效果，该企业负责人安排数据分析师小李对企业客户特征进行整体分析并绘制客户画像，为企业精准营销提供基础	
任务要求	描绘客户画像，首先需要明确客户画像涉及的分析维度有哪些，一般来说，描绘客户画像需要分析的维度主要有：客户年龄、客户地域、客户消费层级、客户产品偏好、客户来源终端、客户性别、客户职业等。因此，小李决定先从这几个主要维度展开分析，然后汇总分析结果形成客户画像，进而形成分析结论并提出合理的客户营销策略指导新产品推广。 根据任务要求，完成客户画像分析中的客户职业分布分析子任务	
任务记录	实施过程	其他事项

任务记录	实施过程				其他事项
任务反思					
学号		姓名		时间	

【任务实训】

评价单 3.1.3

<table>
<tr><td>评价项目</td><td colspan="5"></td></tr>
<tr><td rowspan="2">技能评价</td><td colspan="2">学生互评</td><td colspan="2">组内评价</td><td>教师评价</td></tr>
<tr><td colspan="2"></td><td colspan="2"></td><td></td></tr>
<tr><td rowspan="5">素质评价</td><td colspan="3">评价要点</td><td>达标</td><td>未达标</td></tr>
<tr><td>工匠精神</td><td colspan="2">有耐心、精益求精</td><td></td><td></td></tr>
<tr><td>协作精神</td><td colspan="2">重合作、团队协商</td><td></td><td></td></tr>
<tr><td>创新意识</td><td colspan="2">有想法、创新创意</td><td></td><td></td></tr>
<tr><td>学习能力</td><td colspan="2">会运用、求真求实</td><td></td><td></td></tr>
<tr><td>学号</td><td></td><td>姓名</td><td></td><td>时间</td><td></td></tr>
</table>

【学习总结】

项目学习总结记录

【任务实训】

任务单 3.1.4

任务项目	某童装网店客户性别分布分析	
任务目标	掌握客户画像分析的维度，能够根据数据分析要求完成数据采集及处理任务	
任务描述	洞察企业客户群画像，能够帮助企业实现“千人千面”，使企业可以针对不同人群制定差异化的运营策略。 某电子商务企业主要经营童装类目，打算在近期举办一场营销活动，以推广其上架的新产品，为了顺利推出新产品并取得优质的营销效果，该企业负责人安排数据分析师小李对企业客户特征进行整体分析并绘制客户画像，为企业精准营销提供基础	
任务要求	描绘客户画像，首先需要明确客户画像涉及的分析维度有哪些，一般来说，描绘客户画像需要分析的维度主要有：客户年龄、客户地域、客户消费层级、客户产品偏好、客户来源终端、客户性别、客户职业等。因此，小李决定先从这几个主要维度展开分析，然后汇总分析结果形成客户画像，进而形成分析结论并提出合理的客户营销策略指导新产品推广。 根据任务要求，完成客户画像分析中的客户性别分布分析子任务	
任务记录	实施过程	其他事项

<table>
<tr><td rowspan="2">任务记录</td><td colspan="4">实施过程</td><td>其他事项</td></tr>
<tr><td colspan="4"></td><td></td></tr>
<tr><td>任务反思</td><td colspan="5"></td></tr>
<tr><td>学号</td><td></td><td>姓名</td><td></td><td>时间</td><td></td></tr>
</table>

【任务实训】

评价单 3.1.4

<table>
<tr><td>评价项目</td><td colspan="5"></td></tr>
<tr><td rowspan="2">技能评价</td><td colspan="2">学生互评</td><td colspan="2">组内评价</td><td colspan="2">教师评价</td></tr>
<tr><td colspan="2"></td><td colspan="2"></td><td colspan="2"></td></tr>
<tr><td rowspan="5">素质评价</td><td colspan="3">评价要点</td><td>达标</td><td>未达标</td></tr>
<tr><td>工匠精神</td><td colspan="2">有耐心、精益求精</td><td></td><td></td></tr>
<tr><td>协作精神</td><td colspan="2">重合作、团队协商</td><td></td><td></td></tr>
<tr><td>创新意识</td><td colspan="2">有想法、创新创意</td><td></td><td></td></tr>
<tr><td>学习能力</td><td colspan="2">会运用、求真求实</td><td></td><td></td></tr>
<tr><td>学号</td><td></td><td>姓名</td><td></td><td>时间</td><td></td></tr>
</table>

【学习总结】

项目学习总结记录

任务二　客户价值分析

【案例导入】

酒店数字营销案例：如何把握数据导向的个性化营销策略

成功的酒店直销取决于对住客的了解程度及相应的对策。酒店经营者需要从以往的住客数据中开发出新客户，在每个接触点与旅行者进行互动，以引导他们去预订和购买。在用户浏览房型时提醒用户升级客房，在用户浏览客房类型时，展示一个推荐信息窗口，以鼓励他们升级房间。针对非忠诚度计划会员，利用动态网站内容个性化的段，告知其如果加入忠诚度计划，可以获得免费升级客房服务。这不仅能提升忠诚度计划会员人数，还能给予住客更佳的入住体验，相比从未入住过升级客房的住客，他们更倾向于再次预订。

1. Tranquility Bay（宁静湾酒店）向在计划旅行阶段的客人发送信息

这是Tranquility Bay酒店向离开预订引擎的潜在住客发送的放弃预订的提示窗口。Tranquility Bay知道他们的典型客户，预订提前期更长，访问酒店网站（相比其他网站）更频繁，该网站的做法使旅行者提前做计划更加便捷，还可以更好地了解旅行者最想在哪个月出游。在合适的时间向客户提供合适的信息帮助他们提升了直接预订。

2. Apex Hotels（阿佩克斯酒店）的直接预订受益于精准的网站设计

让潜在客户访问酒店网站已经是一个挑战，而利用恰当的网站设计赢得直接预订量则是另一个挑战。Apex Hotels利用一个他们知道会引起客户共鸣的网站设计而提升了直接预订。给用户在网站上停留的原因，并让他们了解更多信息，可以帮助该酒店提升转化率。

3. Lotte New York Palace（乐天纽约皇宫酒店）与高价值住客进行互动

Lotte New York Palace与以往通过其官网直接预订的住客进行互动，该公司向一段时间没惠住其酒店的住客发送邮件。利用数据拉动营销效果，甄别最有价值的住客，可以把常住客转变成忠实拥趸。让这些最有价值的住客有特别的感受，让他们享受尊贵的体验，可以使得他们成为回头客。

4. 千禧一代：交互式横幅广告促进用户互动

对于千禧一代来说，有创意的交互式媒体横幅广告最能促成用户互动。HEBS Digital客户针对千禧一代的媒体横幅广告获得的单击率比其他横幅广告高4%。这些广告应突出人、视频和交互要素。

【知识储备】

一、客户价值的含义

客户价值指的是客户为企业提供的价值，即从企业角度出发，根据客户消费行为和消费特征等变量测度出客户能够为企业创造的价值，客户价值衡量了客户对于企业的相对重要性，是企业进行差异化决策的重要标准。在电子商务企业进行客户数据分析的过程中，要利用数据分析模型对于客户价值进行分析和判断，从而通过有效的运营手段提升客户价值。

二、RFM 模型

RFM 模型是描述客户价值状况的一种工具，包含三个要素：最近一次消费（recency）、消费频率（frequency）和消费金额（monetary）。下面详细介绍 RFM 模型在会员分析方面的作用和使用方法。

（一）认识 RFM 模型

RFM 模型通过对距离最近一次消费的时长、消费频率和消费金额三个维度的分析来描述客户价值状况，是根据客户活跃程度和交易金额的贡献进行客户价值细分的一种方法。RFM 模型可以识别优质会员，可以指定个性化的沟通和营销服务，为更多的营销决策提供有力支持。另外，它还能衡量会员价值和会员利润创收能力。

1. 最近一次消费

最近一次消费（recency，简称 R）指的是上一次消费日期和计算截止日期的间隔。最近一次消费的计算方式是以计算当日减去顾客上一次在店铺的消费日期。

R 值越小，说明顾客下单间隔越小。如果 *R* 值为 0，则可以说明该顾客天天在本店铺下单；如果 *R* 值很大，则可认为该顾客已经遗忘了本店。

2. 消费频率

消费频率（frequency，简称 F）是客户在固定时间内的购买次数。决定消费频率高低的另一个重大因素是品类宽度。对于大平台而言，其涉及的售卖品类会比较丰富；而对于一般小平台而言，一般只会涉足某一细分品类。对于一般网店而言，会将 *F* 值用顾客的“累计购买次数”替换。

3. 消费金额

消费金额（monetary，简称 M）统计的是某一顾客在一段时间内的平均消费额。消费金额数值越大，代表顾客对店铺的价值贡献和消费能力越高。

（二）应用 RFM 模型

利用 RFM 模型分析会员数据，首先需要在客户运营平台或其他 CRM 软件中获取会员数据，这里仅介绍 RFM 模型的应用，因此主要获取客户信息、上次交易时间、交易总额和交易笔数，如图 3-9 所示。

接下来需要处理“最近一次消费的时长”维度。由于获取的数据中只有上次交易时间，因此需要利用函数将现在的时间减去上次交易的时间，得到时间间隔的天数，输入函数公式“＝TODAY()－B2”，如图 3-10 所示。

计算完成后，时间间隔对应“最近一次消费的时长”，即 R 维度；交易总额对应“消费金额”，即 M 维度；交易笔数对应“消费频率”，即 F 维度。

完成数据整理后，就需要对 RFM 这三个维度划分等级，如消费金额可以依据店铺自身的价格带来划分，消费频率可以按平均频率来划分，最近一次消费时长可以按行业淡旺季的情况来划分。这里简化处理，将三个维度都按平均值划分，利用 AVERAGE（）函数计算出它们各自的均值，利用函数“＝AVERAGE（E2:E61）”，如图 3-11 所示。

将每个会员的各维度数据与对应的均值比较，利用 IF 函数进行判断，输入函数＝IF（E2＜$E$62," 高"," 低"），其中 *R* 值如果低于均值，则评价为“高”，如果大于或等于

	A	B	C	D	E	F	G
1	客户信息	上次交易时间	交易笔数/笔	交易总额/元			
2		2022/11/1	3	6189.3			
3		2022/11/1	9	8238.6			
4		2022/10/26	9	8238.6			
5		2022/10/18	3	6189.3			
6		2022/9/4	4	2049.3			
7		2022/9/2	9	14158.8			
8		2022/8/26	4	2670.3			
9		2022/8/25	7	2049.3			
10		2022/11/11	5	2670.3			
11		2022/11/2	5	4119.3			
12		2022/11/2	7	8238.6			
13		2022/11/1	7	8238.6			
14		2022/11/1	5	8238.6			
15		2022/10/30	3	8238.6			
16		2022/10/30	9	8238.6			
17		2022/10/30	7	8238.6			
18		2022/10/30	3	4119.3			
19		2022/10/29	9	7617.6			
20		2022/10/28	7	4119.3			
21		2022/10/27	9	8238.6			
22		2022/10/26	4	8238.6			

图 3-9　客户购买数据

TODAY　　=TODAY()-B2

A	B	C	D	E	F
客户信息	上次交易时间	时间间隔	交易笔数/笔	交易总额/元	最近一次消费的时长
	2022/11/1	185	3	6189.3	=TODAY()-B2
	2022/11/1	185	9	8238.6	
	2022/10/26	191	9	8238.6	
	2022/10/18	199	3	6189.3	
	2022/9/4	243	4	2049.3	
	2022/9/2	245	9	14158.8	
	2022/8/26	252	4	2670.3	
	2022/8/25	253	7	2049.3	
	2022/11/11	175	5	2670.3	
	2022/11/2	184	5	4119.3	
	2022/11/2	184	7	8238.6	
	2022/11/1	185	7	8238.6	

图 3-10　计算时间间隔

L7

A	B	C	D	E	F	G
客户信息	上次交易时间	交易笔数/笔	交易总额/元	交易间隔	交易频次	交易金额
	2022/11/1	3	6189.3	185	3	6189.3
	2022/11/1	9	8238.6	185	9	8238.6
	2022/10/26	9	8238.6	191	9	8238.6
	2022/10/18	3	6189.3	199	3	6189.3
	2022/9/4	4	2049.3	243	4	2049.3
	2022/9/2	9	14158.8	245	9	14158.8
	2022/8/26	4	2670.3	252	4	2670.3
	2022/8/25	7	2049.3	253	7	2049.3
	2022/11/11	5	2670.3	175	5	2670.3
	2022/11/2	5	4119.3	184	5	4119.3
	2022/11/2	7	8238.6	184	7	8238.6
	2022/11/1	7	8238.6	185	7	8238.6
	2022/11/1	5	8238.6	185	5	8238.6
	2022/10/30	3	8238.6	187	3	8238.6
	2022/10/30	9	8238.6	187	9	8238.6
	2022/10/30	7	8238.6	187	7	8238.6
	2022/10/30	3	4119.3	187	3	4119.3
	2022/10/29	9	7617.6	188	9	7617.6
	2022/10/28	7	4119.3	189	7	4119.3
	2022/10/27	9	8238.6	190	9	8238.6

图 3-11　计算各维度的平均值

均值，则评价为“低”。另外两个维度如果大于或等于均值，则评价为“高”，低于均值则评价为“低”，图 3-12 所示即利用 IF 函数完成对各维度的评价结果。

=IF(E2<$E$62,"高","低")

上次交易时间	交易笔数(笔)	交易总额(元)	交易间隔	交易频次	交易金额	R	F	M
2022/11/1	3	6189.3	185	3	6189.3	高	低	低
2022/11/1	9	8238.6	185	9	8238.6	高	高	高
2022/10/26	9	8238.6	191	9	8238.6	高	高	高
2022/10/18	3	6189.3	199	3	6189.3	高	低	低
2022/9/4	4	2049.3	243	4	2049.3	高	低	低
2022/9/2	9	14158.8	245	9	14158.8	高	高	高
2022/8/26	4	2670.3	252	4	2670.3	高	低	低
2022/8/25	7	2049.3	253	7	2049.3	高	高	低
2022/11/11	5	2670.3	175	5	2670.3	高	低	低
2022/11/2	5	4119.3	184	5	4119.3	高	低	低
2022/11/2	7	8238.6	184	7	8238.6	高	高	高
2022/11/1	7	8238.6	185	7	8238.6	高	高	高
2022/11/1	5	8238.6	185	5	8238.6	高	低	高
2022/10/30	3	8238.6	187	3	8238.6	高	低	高
2022/10/30	9	8238.6	187	9	8238.6	高	高	高
2022/10/30	7	8238.6	187	7	8238.6	高	高	高
2022/10/30	3	4119.3	187	3	4119.3	高	低	低

图 3-12　各维度评价结果

得到会员的各维度评价结果后，就可以对每一位会员进行细分，以便对不同类型的会员采取不同的营销策略，插入“会员细分类型”项目，利用 IF 函数并结合 RFM 指标，来判断客户的细分类型，插入公式为：=IF（AND（H2=" 高"，I2=" 高"，J2=" 高"），" 重要价值会员"，IF（AND（H2=" 低"，I2=" 高"，J2=" 高"），" 重要换回会员"，IF（AND（H2=" 高"，I2=" 低"，J2=" 高"），" 重要深耕会员"，IF（AND（H2=" 低"，I2=" 低"，J2=" 高"），" 重要挽留会员"，IF（AND（H2=" 高"，I2=" 高"，J2=" 低"），" 潜力会员"，IF（AND（H2=" 高"，I2=" 低"，J2=" 低"），" 新会员"，IF（AND（H2=" 低"，I2=" 高"，J2=" 低"），" 一般维持会员"，" 低价值会员"））））））），计算结果如图 3-13 所示。

K2　=IF(AND(H2="高",I2="高",J2="高"),"重要价值会员",IF(AND(H2="低",I2="高",J2="高"),"重要换回会员",IF(AND(H2="高",I2="低",J2="高"),"重要深

客户信息	上次交易时间	交易笔数(笔)	交易总额(元)	交易间隔	交易频次	交易金额	R	F	M	会员细分类型
	2022/11/1	3	6189.3	185	3	6189.3	高	低	低	新会员
	2022/11/1	9	8238.6	185	9	8238.6	高	高	高	重要价值会员
	2022/10/26	9	8238.6	191	9	8238.6	高	高	高	重要价值会员
	2022/10/18	3	6189.3	199	3	6189.3	高	低	低	新会员
	2022/9/4	4	2049.3	243	4	2049.3	高	低	低	新会员
	2022/9/2	9	14158.8	245	9	14158.8	高	高	高	重要价值会员
	2022/8/26	4	2670.3	252	4	2670.3	高	低	低	新会员
	2022/8/25	7	2049.3	253	7	2049.3	高	高	低	潜力会员
	2022/11/11	5	2670.3	175	5	2670.3	高	低	低	新会员
	2022/11/2	5	4119.3	184	5	4119.3	高	低	低	新会员
	2022/11/2	7	8238.6	184	7	8238.6	高	高	高	重要价值会员
	2022/11/1	7	8238.6	185	7	8238.6	高	高	高	重要价值会员
	2022/11/1	5	8238.6	185	5	8238.6	高	低	高	重要深耕会员
	2022/10/30	3	8238.6	187	3	8238.6	高	低	高	重要深耕会员
	2022/10/30	9	8238.6	187	9	8238.6	高	高	高	重要价值会员
	2022/10/30	7	8238.6	187	7	8238.6	高	高	高	重要价值会员
	2022/10/30	3	4119.3	187	3	4119.3	高	低	低	新会员
	2022/10/29	9	7617.6	188	9	7617.6	高	高	高	重要价值会员
	2022/10/28	7	4119.3	189	7	4119.3	高	高	低	潜力会员

图 3-13　会员细分

得到会员的各维度评价结果后，就可以对每一位会员进行细分，以便对不同类型的会员采取不同方式的营销策略，见表 3-3。

表 3-3　会员细分营销策略

R	F	M	会员细分类型	营销策略
高	高	高	重要价值会员	倾斜更多资源 VIP 服务个性化服务，附加销售
低	高	高	重要唤回会员	DM 营销，提供有用的资源，通过新的商品赢回他们
高	低	高	重要深耕会员	交叉销售，提供会员忠诚度计划，推荐其他商品
低	低	高	重要挽留会员	重点联系或拜访，提高留存率
高	高	低	潜力会员	向上销售价值更高的商品，要求评论，吸引他们
高	低	低	新会员	提供免费试用，提高会员兴趣，创建品牌知名度
低	高	低	一般维持会员	积分制，分享宝贵的资源，以折扣推荐热门商品，与他们重新联系
低	低	低	低价值会员	恢复会员兴趣，否则暂时放弃无价值会员

在实际应用过程中，利用 RFM 模型进行客户细分分类，除了可以通过“高”“低”值来评价会员各个维度结果外，还可以通过赋值计算的方法量化会员的 RFM 得分。

【任务实训】

任务单 3.2.1

任务项目	某童装网店客户价值分析方案	
任务目标	掌握 RFM 模型的原理及分析流程，能够根据数据分析要求完成数据采集及处理任务	
任务描述	某电子商务企业主要经营童装类目，打算在近期举办一场营销活动，以推广其上架的新产品，为了顺利推出新产品并取得优质的营销效果，该企业负责人安排数据分析师小李对企业客户价值进行分析，从而对于客户进行精准分类	
任务要求	（1）制定客户价值分析方案，确定采集方案及数据指标。 （2）企业将客户分为老客户、新客户、VIP 客户、潜在客户、流失客户五个类型，其中老客户是购买过两次及以上的客户，新客户是购买过一次的客户，VIP 客户是 90 天内消费金额超过 500 元的客户，流失客户是 90 天内未发生购买行为的客户，潜在客户是注册了 App 但没有发生购买的客户。 （3）根据任务要求，完成客户价值分析方案的编制	
任务记录	实施过程	其他事项

<table>
<tr><td rowspan="2">任务记录</td><td colspan="4">实施过程</td><td>其他事项</td></tr>
<tr><td colspan="4"></td><td></td></tr>
<tr><td>任务反思</td><td colspan="5"></td></tr>
<tr><td>学号</td><td></td><td>姓名</td><td></td><td>时间</td><td></td></tr>
</table>

【任务实训】

评价单 3.2.1

评价项目					
技能评价	学生互评		组内评价	教师评价	
素质评价	评价要点			达标	未达标
	工匠精神	有耐心、精益求精			
	协作精神	重合作、团队协商			
	创新意识	有想法、创新创意			
	学习能力	会运用、求真求实			
学号		姓名		时间	

【学习总结】

项目学习总结记录

【任务实训】

任务单 3.2.2

<table>
<tr><td>任务项目</td><td colspan="2">某童装网店客户 RFM 模型分析</td></tr>
<tr><td>任务目标</td><td colspan="2">能够利用 RFM 模型，完成会员细分的操作</td></tr>
<tr><td>任务描述</td><td colspan="2">某电子商务企业主要经营童装类目，打算在近期举办一场营销活动，以推广其上架的新产品，为了顺利推出新产品并取得优质的营销效果，该企业负责人安排数据分析师小李对企业客户价值进行分析，从而对于客户进行精准分类</td></tr>
<tr><td>任务要求</td><td colspan="2">（1）整理数据。在客户运营平台获取会员数据，主要包括会员名称、上次交易时间、交易笔数和交易总额这几个指标对应的数使用 RFM 模型据细分会员。
（2）计算数据。由于获取的数据中只有上次交易时间，所以需要利用公式“＝TODAY()－B2”将现在的时间减去上次交易的时间，得出时间间隔。
（3）计算均值。对 RFM 模型的三个维度划分等级，如最近一次消费距今的时长可以按行业淡旺季的情况来划分，消费频率可以按平均频率来划分，消费金额可以依据网店自身的价格带来划分。
（4）评价数据。将每个会员的各维度数据与对应的均值比较，得到各个维度数据评价结果。
（5）细分会员。利用 IF 函数判断会员类型，得到会员细分结果</td></tr>
<tr><td rowspan="2">任务记录</td><td>实施过程</td><td>其他事项</td></tr>
<tr><td></td><td></td></tr>
</table>

<table>
<tr><td rowspan="2">任务记录</td><td colspan="4">实施过程</td><td>其他事项</td></tr>
<tr><td colspan="4"></td><td></td></tr>
<tr><td>任务反思</td><td colspan="5"></td></tr>
<tr><td>学号</td><td></td><td>姓名</td><td></td><td>时间</td><td></td></tr>
</table>

【任务实训】

评价单 3.2.2

<table>
<tr><td>评价项目</td><td colspan="5"></td></tr>
<tr><td rowspan="2">技能评价</td><td colspan="2">学生互评</td><td colspan="2">组内评价</td><td>教师评价</td></tr>
<tr><td colspan="2"></td><td colspan="2"></td><td></td></tr>
<tr><td rowspan="5">素质评价</td><td colspan="3">评价要点</td><td>达标</td><td>未达标</td></tr>
<tr><td>工匠精神</td><td colspan="2">有耐心、精益求精</td><td></td><td></td></tr>
<tr><td>协作精神</td><td colspan="2">重合作、团队协商</td><td></td><td></td></tr>
<tr><td>创新意识</td><td colspan="2">有想法、创新创意</td><td></td><td></td></tr>
<tr><td>学习能力</td><td colspan="2">会运用、求真求实</td><td></td><td></td></tr>
<tr><td>学号</td><td></td><td>姓名</td><td></td><td>时间</td><td></td></tr>
</table>

【学习总结】

项目学习总结记录

任务三　客户行为分析

【案例导入】

青木股份：巩固电商服务优势地位 以技术应用提升运营效能

随着国民经济发展和群众生活水平不断提升，中国电子商务保持快速增长的强劲势头。青木股份为国内外知名品牌提供一站式综合电商服务，2022 年公司通过洞察零售市场变化，利用数据和技术赋能，为品牌商提供单项或综合电子商务服务，助力品牌提升中国市场的知名度和美誉度，扩大市场份额。其间具体运营的业务包括电商代运营、渠道分销、电商渠道零售、品牌数字营销和技术解决方案及消费者运营。年报显示，2022 年公司实现营业收入 8.47 亿元，净利润 6 523.62 万元，综合业务保持稳定运营态势。

青木股份主营业务涵盖电商销售服务、品牌数字营销、技术解决方案及消费者运营服务三大板块，与主要消费品牌建立广泛且优质的品牌合作基础，互信且稳定的品牌合作关系；公司拥有完整全面的服务生态体系；通过全渠道数据驱动，精细化人群运营，全渠道 IT 系统技术能力，和专业化、国际化的复合人才储备，深耕电商服务业务。

同时，公司也十分重视技术应用对业务运营效能的提升，围绕成为“数据和技术驱动的零售服务专家”的愿景，在未来将持续加大对技术的投入，不断提升利用数据和技术服务品牌商的能力，不断提升自身运营效率，保持对新技术的敏感度和探索研发。

一方面在合法合规的前提下利用数字渠道积累的海量投放数据、消费者行为数据、商品数据进行分析建模，对消费者深度洞察，构建多层次的全渠道营销体系，实现更精准的投放和营销，帮助品牌商提升市场份额；另一方面利用对消费者的深度洞察，分析消费者需求变化，反向去指导和帮助品牌商优化产品设计，合理进行产品规划，提升品牌产品的知名度。公司未来会持续加大对技术的投入，对新技术保持敏感度和持续探索投入。

公司根据品牌商个性化需求进行系统集成，提供全链路综合 IT 解决方案，围绕电商零售和电商运营服务构建了技术服务矩阵，既包括提升电商运营效率的工具产品，还包括消费者运营管理系统产品。

【知识储备】

一、客户行为的含义

客户行为指客户在购买/使用各种产品或服务时所采取的各种行动，包含选择、购买、使用、评价、处理产品或服务过程中的所有情况。客户行为说明了客户对产品和服务的态度和行为，具有重要的商业意义。客户行为大致可以分为三个层次：认知、情感和行为。

首先，客户认知是一种客观存在的心理状态，指客户对某件事物和某种服务的认识，如心理意象、品牌形象、品牌特征、价格等，是决定客户购买决策的关键。其次，客户情感是指客户在客户行为产生过程中所发生的心理反应，如主观愉悦或不悦，正面情绪和负面情绪，对产品的需求和期望等，是影响客户购买行为的重要的因素。最后，客户行为指的是客户对某种服务的实际行为，即客户实际选择某种服务、购买某种服务、使用某种服务等行为。

电子商务企业客户选购产品是一个复杂的过程，对于有明确购物意向，且掌握了一定产品信息的用户而言，通过电子商务平台提供的搜索工具，快速定位到自己想要获取的产品信息，比如京东可通过搜索快速获取产品信息，也可通过分类按品类快速获取产品信息。对于无明确购物意向的用户，通过推荐产品和资讯，加深需求感知。例如京东和淘宝在首页都有非常明显的资讯模块入口，基于用户兴趣而推荐的资讯，除了提供给用户对需求的认知和对产品信息的了解，还能增强用户的购买意愿。客户在获取到产品信息后，还需要根据产品价格、品牌、口碑、产品属性、实际体验等信息，进行评估和做决策，如图 3-14 所示。

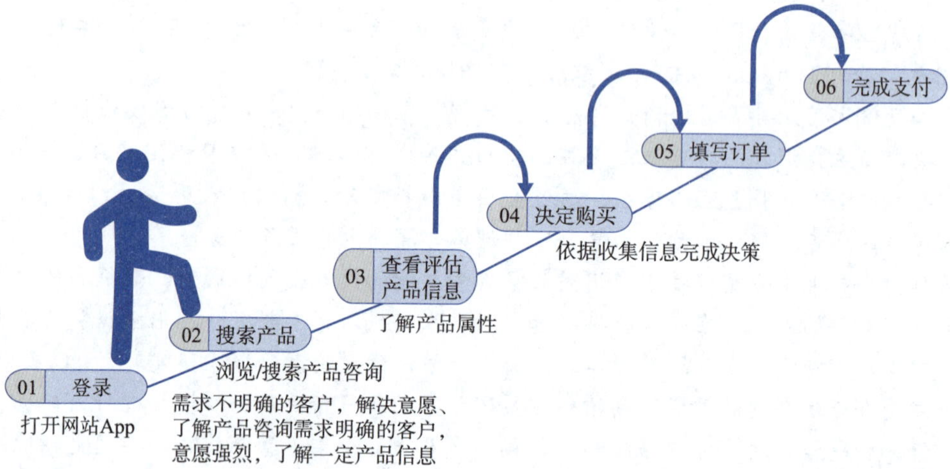

图 3-14 客户行为

通过客户行为研究，可以精确洞察客户心理、改善服务质量、加强消费者黏性、增加用户黏性、提高用户价值，从而实现市场份额的增加、企业的增长。因此，对客户行为进行研究和分析显得尤为重要。

二、电子商务企业客户行为分析维度

电子商务企业客户行为分析，可以从客户行为中筛选出客户忠诚度指标、客户活跃度指标、客户行为轨迹、客户行为偏好四个维度进行数据分析。

客户忠诚度指标关注的是客户持续访问的情况，通过客户访问频次、客户重复购买率、客户访问时间间隔等客户价值指标进行具体分析；客户活跃度指标关注的是客户的参与程度，包括客户的新增和流失、客户的浏览量和收藏量等；客户行为轨迹分析是分析客户整个浏览过程中的行为数据，需要分别从客户入口页面、客户来源路径、客户去向路径展开分析；客户行为偏好分析是衡量客户的购物偏好的指标，包括订单数、客户购买时间、客户终端来源、客户花费金额等。

（一）客户忠诚度分析

1. 客户重复购买率

重复购买率（复购率）是考察客户忠诚度的核心指标，是客户对企业产品或服务重复购买的次数，重复购买率越高，客户对企业的忠诚度越高，反之则越低。

电子商务平台店铺获得新客户的成本是维护老客户成本的5～10倍，一位满意的客户会带来八笔潜在的订单，一位不满意的客户可能会影响二十五个人的购买意愿。这些数据表明，关注老客户的复购情况，提高老客户的复购率可以降低电子商务平台店铺的运营成本，在一定程度上提高店铺的销售额。

商家可以通过计算复购率和复购间隔天数来确定客户复购情况。复购率计算可以分为客户复购率和订单复购率。

（1）客户复购率

客户复购率＝单位时间内购买两次及以上的客户数/有购买行为的总客户数。例如，在一个月内，有100名客户购买，其中有20名是有重复购买行为，则重复购买率为20%。

（2）订单复购率

订单复购率＝单位时间内第二次及以上购买的订单个数/总订单数。例如，在某个季度中，一共产生了100笔交易，其中有20个人购买了第二次，这20人中的10个人又购买了第三次，则重复购买订单为30笔，重复购买率为30%。

2. 客户购买频次

在单位时间内，客户的购买次数越多，忠诚度越高，客户的购买次数越少，忠诚度越低。将上述案例中的数据，进行购买频次的数据可视化处理。

首先，对数据进行透视，将“用户名”分别拖到“行”区域内和“值”区域内，创建数据透视表。

然后，在快捷菜单中选择“数据透视图”选项，选择“簇形柱状图”，单击“确定”按钮，得到如图3-15所示的结果。

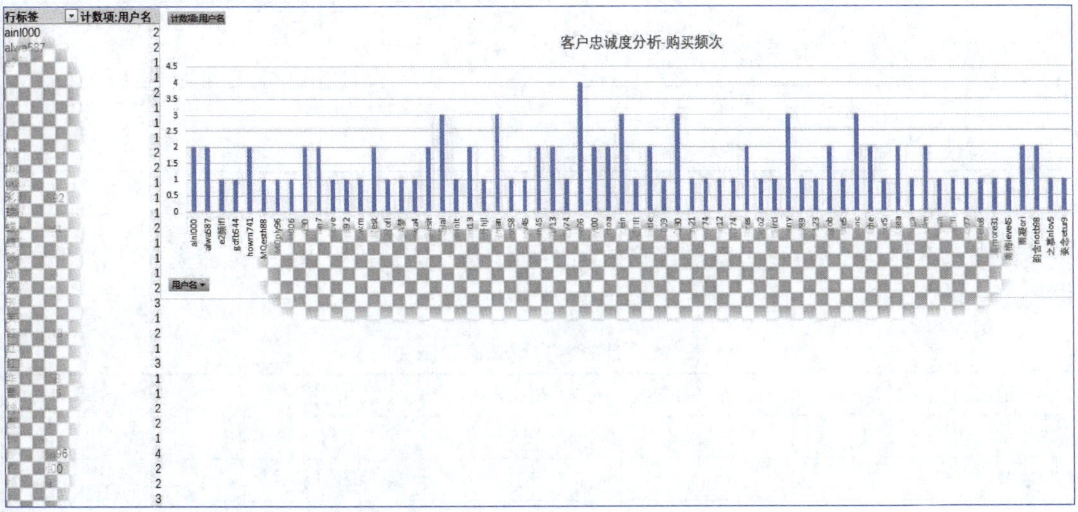

图3-15　客户购买频次

3. 客户忠诚度分析应用

客户黏性分析的主要应用包括以下几个方面：第一，会员营销。企业根据客户忠诚度分析结果，可以搭建或调整会员结构。第二，群专属优惠。企业可以为忠诚客户建立专属优惠群，为黏性高的客户提供更多的资源。第三，客户拉新。企业可以通过给予忠诚客户拉新优惠、拉新奖励等方式调动忠诚客户为企业拉来新客户。

（二）客户活跃度分析

1. 客户增长与流失

每个店铺的客户数量都不是固定不变的，根据店铺的营销效果和消费者的购物喜好，客户数量会一直变化。对于店铺而言，正常情况下每个时期都会流失客户，但同时也会新增一些客户。如果将所有客户按不同地区或不同年龄来划分（也可按其他属性划分），就可以分析不同范围内客户的增长流失情况，以便更有针对性地做出营销策划。

例如按城市分布来划分并收集客户数据，见表 3-4，其中包含了不同城市的客户在 8 月的数量，以及 9 月新进的客户数量和流失数量。有了这些基础数据，就可以计算 9 月各城市的客户增长率和流失率。

表 3-4 整理客户地域数据

客户地域	8 月客户数	9 月新增客户数	9 月流失客户数
北京	1 212	128	160
成都	493	46	31
广州	874	214	392
贵州	101	35	17
杭州	863	142	49
合肥	329	56	14
南京	201	45	21
青岛	212	57	37
上海	1 073	215	127
深圳	690	263	83
苏州	274	28	12
武汉	186	39	89
长沙	191	20	7

其中，客户增长率=9 月新进客户数/8 月客户数；客户流失率=9 月流失客户数/8 月客户数，结果见表 3-5。

表 3-5 计算客户增长率和流失率

客户地域	8 月客户数	9 月新增客户数	9 月流失客户数	客户增长率	客户流失率
北京	1 212	128	160	10.56%	13.20%
成都	493	46	31	9.33%	6.29%
广州	874	214	392	24.49%	44.85%

续表

客户地域	8月客户数	9月新增客户数	9月流失客户数	客户增长率	客户流失率
贵州	101	35	17	34.65%	16.83%
杭州	863	142	49	16.45%	5.68%
合肥	329	56	14	17.02%	4.26%
南京	201	45	21	22.39%	10.45%
青岛	212	57	37	26.89%	17.45%
上海	1073	215	127	20.04%	11.84%
深圳	690	263	83	38.12%	12.03%
苏州	274	28	12	10.22%	4.38%
武汉	186	39	89	20.97%	47.85%
长沙	191	20	7	10.47%	3.66%

以客户所在城市、客户增长率和客户流失率为数据源，创建柱形图并适当美化，最终效果如图3-16所示。通过图表反映的情况，可以很明显地看到贵州、深圳和南京等城市的客户增长率高、流失率低；反之，广州、武汉、北京3座城市的客户增长率低、流失率高，说明这几座城市的客户数量在大量减少，应重点针对这几座城市的人群特征，采取相应措施进行推广，改善流失率过高的情况。

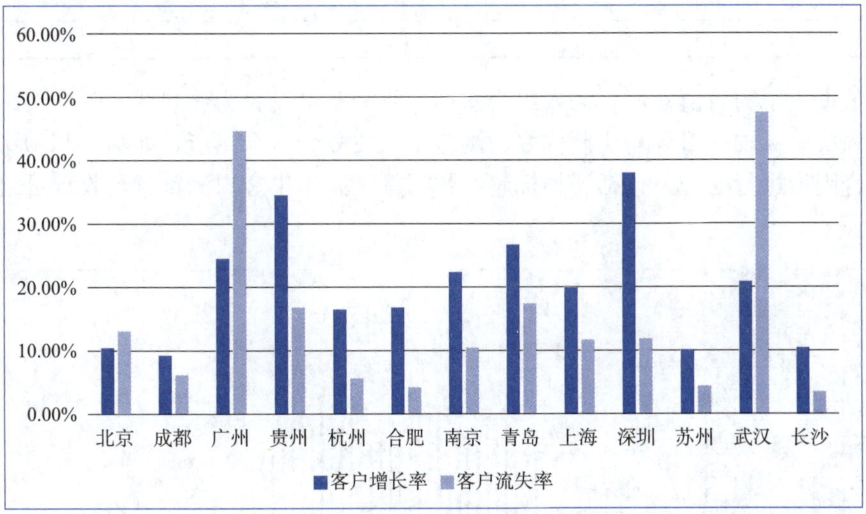

图3-16　客户增长率和流失率柱状图

2. 客户浏览与收藏行为分析

客户浏览与收藏行为分析，是分析单位时间内客户在电子商务网店的浏览量与收藏量变化趋势。通过采集一定时期内客户浏览量与收藏量数据，分析客户浏览与收藏行为是否存在异常，并找出数据量偏高（低）的时间段，了解客户在电子商务网店的浏览和收藏情况，以此预测客户需求、监测客户流向，帮助企业优化运营策略。

表3-6为某电子商务网店2022年9月的客户浏览量与收藏量数据（部分截选）。

表 3-6　客户浏览量和收藏量

统计时间	浏览量	收藏量
2022 年 9 月 1 日	2 014	321
2022 年 9 月 2 日	1 623	301
2022 年 9 月 3 日	2 654	256
2022 年 9 月 4 日	2 765	284
2022 年 9 月 5 日	2 354	241
2022 年 9 月 6 日	1 965	265
2022 年 9 月 7 日	1 865	232
2022 年 9 月 8 日	1 835	221
2022 年 9 月 9 日	2 056	201
2022 年 9 月 10 日	2 213	198
2022 年 9 月 11 日	2 541	196
2022 年 9 月 12 日	2 632	165
2022 年 9 月 13 日	2 501	143
2022 年 9 月 14 日	2 333	182
2022 年 9 月 15 日	2 015	196
2022 年 9 月 16 日	1 965	192
2022 年 9 月 17 日	1 865	201
2022 年 9 月 18 日	2 019	231
2022 年 9 月 19 日	1 501	225
2022 年 9 月 20 日	2 036	241

选中数据表中的数值区域，插入组合图形，将浏览量设置为簇状柱形图，将访客量设置为折线图和次坐标轴，得到初步制作好的浏览量、收藏量组合图形，如图 3-17 所示。

对组合图形进行处理，包括添加标题、数据等，制作出客户浏览量与收藏量组合图，如图 3-18 所示。

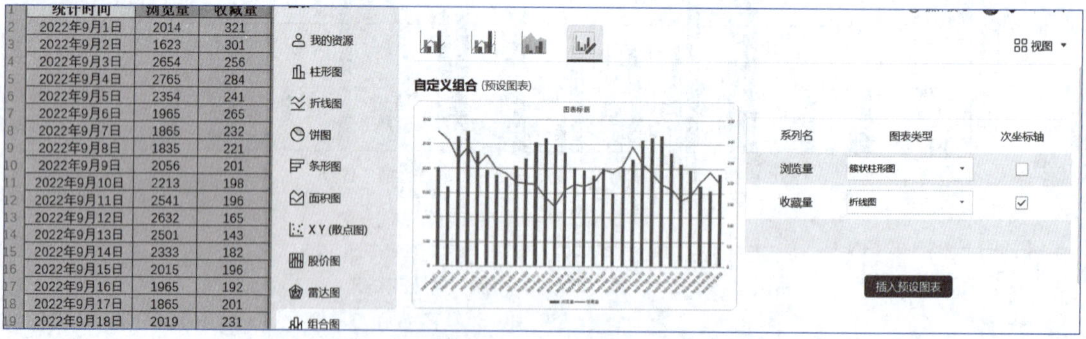

图 3-17　设置浏览量和收藏量组合图形

从图表中数据可知，该电子商务平台 2022 年 9 月浏览量与收藏量整体波动较大，其中浏览量的最大最小值分别是 2 765、1501，差额较大；收藏量的最大最小值分别是 321、143，差额较大。从月份时间阶段来看，浏览量较高的日期是 3 日～5 日、11 日～13 日、22 日～24 日，但是在这三个时间段中，收藏量较高的日期只有 3 日～5 日，可见企业 2022 年

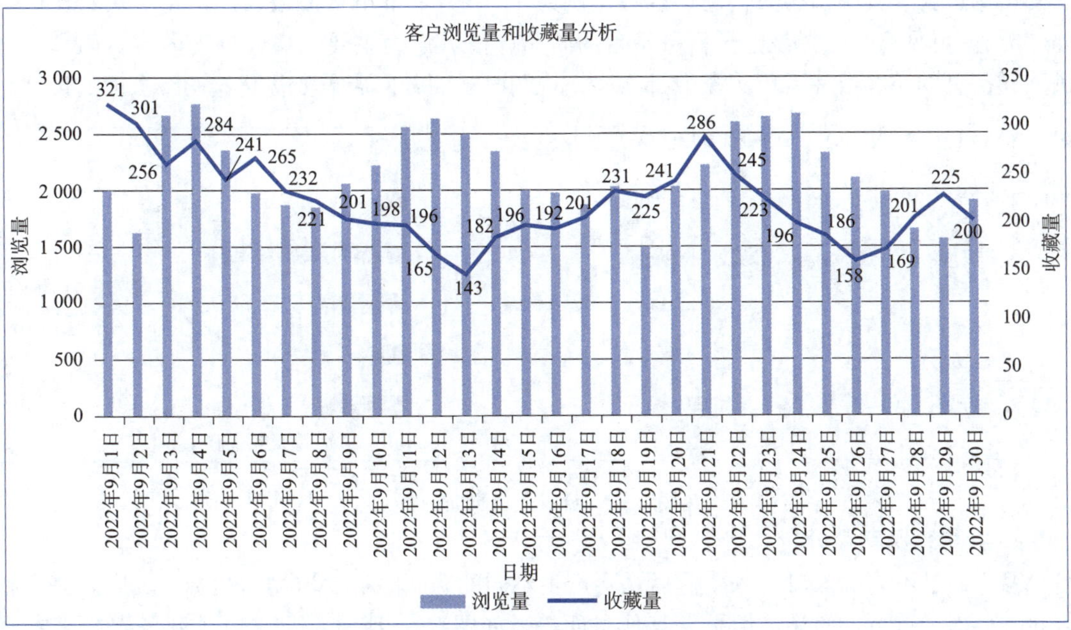

图 3-18　客户浏览量和收藏量组合图形

9 月收藏转化较好的日期是 3 日～5 日；相反，在 11 日～13 日、22 日～24 日这两个时间段，收藏量偏低，企业需要结合该结果分析这两个时间段收藏转化低的原因。

（三）客户行为轨迹分析

客户行为轨迹分析，是分析客户进入电子商务网店到离开电子商务网店整个过程中的行为数据，需要分别从客户入口页面、客户来源路径、客户去向路径展开分析。

1. 客户入口页面分析

客户进入首页，意味着流量的介入，流量需要通过不同的入口页面介入，流量入口页面即客户通过哪些页面进入企业网站/App 等，常见的流量入口页面有：导购页面、内容页面、首页、商品详情页、其他页面等。

流量入口分析，需要采集并汇总各入口名称、单位时间下单访客数、买家数，见表 3-7。

表 3-7　客户入口页面分析统计表

客户入口页面	访客数/人	下单买家数/人
导购页面	2 634	1 002
内容页面	1 380	436
首页	1 590	365
商品详情页	6 325	2 316
其他页面	3 205	1 032

汇总好数据后，选中所有数据区域插入数据透视图，得到数据透视表后，插入堆积条形图，并将访客数和下单买家数的值显示方式设置为总计的百分比。

从图 3-19 中，能够看到客户入口分布及相应的比例，很明显客户选择从商品详情页进入的比例最大，其中访客数占总访客数比例为 41.79%，下单买家数占总下单买家数比例为 44.96%。可见客户选择该电子商务平台的商品详情页作为主要入口。反观内容页面和首页进入详情页的访客数和下单买家数都很少，说明电子商务网店需要优化这两个页面的设计。

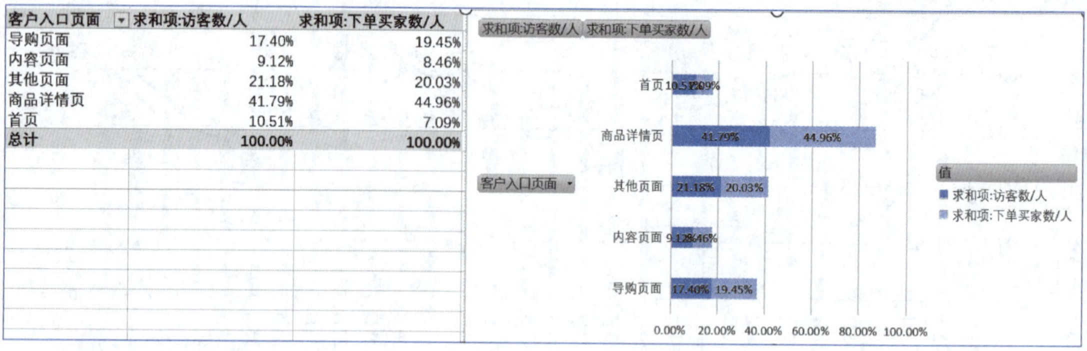

客户入口页面	求和项:访客数/人	求和项:下单买家数/人
导购页面	17.40%	19.45%
内容页面	9.12%	8.46%
其他页面	21.18%	20.03%
商品详情页	41.79%	44.96%
首页	10.51%	7.09%
总计	100.00%	100.00%

图 3-19　流量入口页面分析

2. 客户来源路径分析

客户通过不同的入口进入企业后，会产生不同的访问路径。以淘宝为例，其店内路径涵盖导购页面、首页、商品详情页、其他页面等。如图 3-20 所示，是某电子商务网店客户来源路径数据表。

店内路径

店铺导购页面	店铺内容页面	首页	商品详情页	店铺详情页	店铺其他页
访客数1804	访客数232	访客数1523	访客数6352	访客数365	访客数63
占比17.45%	占比2.24%	占比14.73%	占比61.44%	占比3.53%	占比0.61%

来源	访客数/人	访客数占比
店铺导购页面	1727	19.66%
店铺内容页面	211	2.40%
首页	932	10.61%
商品详情页	3021	34.40%
店铺详情页	261	2.97%
店外其他来源	2631	29.96%

图 3-20　客户来源路径数据表

从图 3-20 中数据可知，该企业商品详情页的访客来源于：店铺导购页面、店铺内容页面、首页、商品详情页、店铺详情页和店外其他来源。其中，商品详情页访客主要来源于店铺导购页面、商品详情页和店外其他来源（店铺导购页面访客数占比 19.66%；店外其他来源访客数占比 29.96%；商品详情页访客数占比 34.40%）。此外，从店铺内容页面和店铺详情页到商品详情页的客户很少，说明商品详情页的关联推荐存在一定的问题，电子商务网店需要加强商品详情页关联推荐设置和店铺内容页面及店铺详情页的设计。

3. 客户去向路径分析

客户去向是客户从哪个页面离开，又去了哪个页面。表 3-8 所示为某电子商务网店后台统计的店铺详情页的客户去向路径表。

表 3-8　客户去向数据表

去向	访客数/人	访客数占比	支付金额/元	支付金额占比
店铺导购页面	1 321	15.04%	21 023	26.45%
店铺内容页面	100	1.14%	1 103	1.39%
首页	831	9.46%	9512	11.97%
商品详情页	3 315	37.74%	43 654	54.92%
店铺详情页	227	2.58%	4 201	5.28%
离开店铺	2 989	34.03%	0	0%

从表 3-8 中数据可知，去向商品详情页的访客数占比 37.74%，说明电子商务网店的商品详情页的设计比较好，可以留住客户；去向商品详情页的客户支付金额占比最多，占比 54.92%，去往店铺内容页面和店铺详情页客户的支付金额与支付金额占比很少，说明企业需要重视这两个页面的设计与布局。另外还有 34.03%的客户，选择离开店铺。

除了分析客户是从哪个页面离开的，还需要分析客户离开后去了哪里，比如去了平台首页还是去了其他的电子商务网站等。通过分析，电商企业可以从整体上把握客户的行为去向。

（四）客户行为偏好分析

1. 客户产品选择偏好分析

客户产品选择偏好分析，需要采集企业某一时间单位内客户的支付订单数，通过对不同产品的成交订单总数进行比较分析，得出客户偏好购买的产品。

图 3-21 为某电子商务企业以 2022 年 11 月店铺内销售的六款产品的客户支付订单数据为基础，分析企业客户偏好购买的产品。

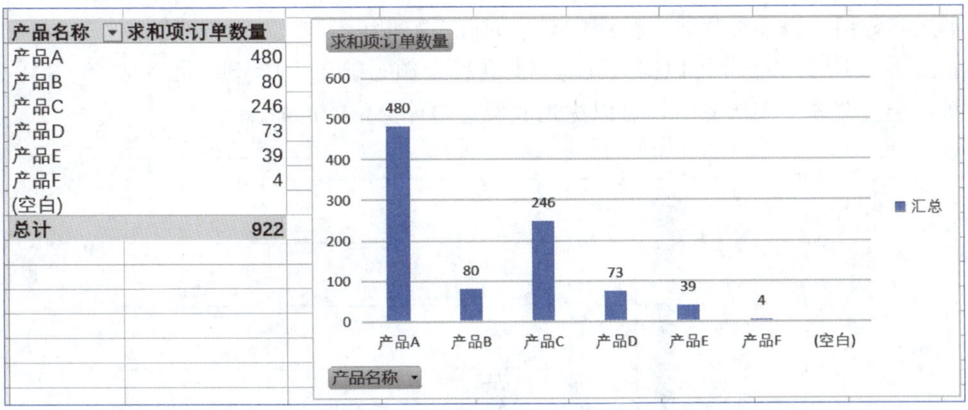

图 3-21　客户产品选择偏好分析

选中所有数据区域，插入数据透视表，并在“透视图字段”编辑框内选择产品名称和订单数量，同时将订单数量拖动到值。操作后能够得到客户购买产品分析图，如图 3-21 所示，从图中可以看出产品 A 和产品 C 的订单数量最多，产品 F 订单量最少，这意味着客户偏好购买产品 A 和产品 C。

2. 客户访问时间偏好分析

客户访问时间偏好分析，是从时间维度分析客户情况。通过分析，电子商务企业能够了解客户访问的时间规律，比如哪些时间段是客户访问的高峰期、哪些时间段是客户下单的高峰期等。在具体分析时，企业可以从不同方向进行客户访问时间分析。

图 3-22 为电子商务网站客户访问时间的分布曲线，通过分析可知，该电子商务网店客户访问时间的高峰为 15:00、18:00 和 24:00，因此企业可以选择在该时间段上新产品或投放广告。

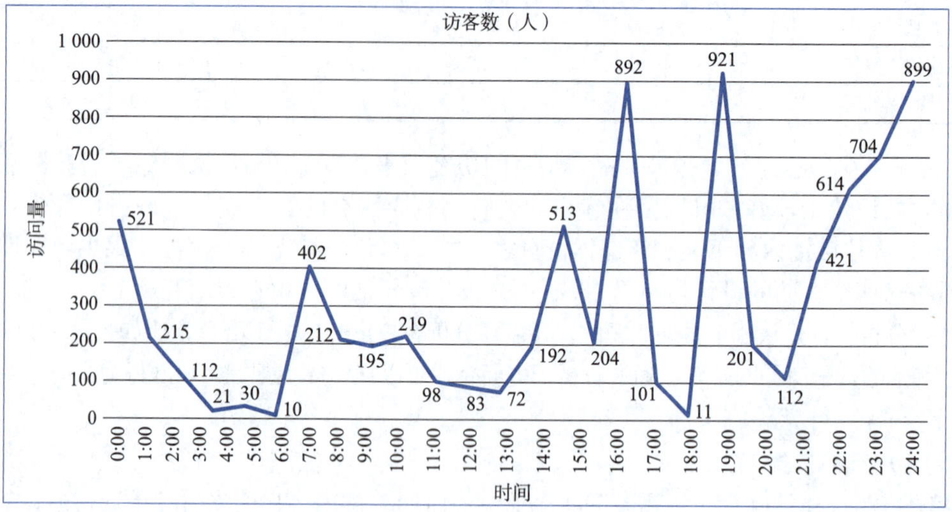

图 3-22 客户访问时间偏好分析

3. 客户支付偏好分析

客户支付偏好分析，需要采集客户订单金额数据，并运用分组分析的方法将订单金额划分为不同的分组，以便得出每个分组中对应的订单数量。

如图 3-23 所示，企业可以知道其客户的花费金额集中在 200～300 元、300～400 元这两个区间，企业在续上架产品时，可以优先上架这两种价位的产品。

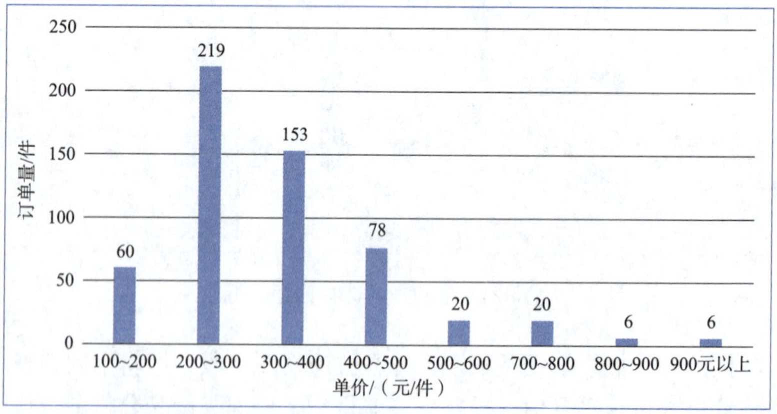

图 3-23 客户支付偏好分析

4. 客户终端来源分析

分析客户的购买地点，可以从客户终端来源，包括 PC 端和移动端、线上线下来源等维度进行分析。

如图 3-24 所示为某电子商务网店整理的 PC 端和移动端一年内成交的客户数据后，制作的分析图。从图中可以看出，客户更加偏好的购物终端是移动端，这也意味着电子商务网店要格外重视移动端的页面设计和运营。

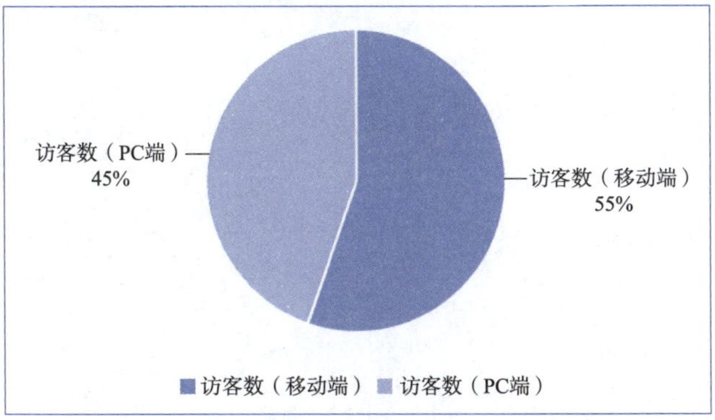

图 3-24　客户终端来源分析

通过客户行为数据分析，电子商务网店能够了解客户购买动机、客户购买行为等情况。结合分析结果，电子商务企业可以研究客户产生购买行为背后的原因。总结这些原因，能够指导企业提供让客户满意的产品或服务，最终达到提升产品销量的目的。

【任务实训】

任务单 3.3.1

任务项目	某童装网店客户重复购买率计算
任务目标	能够利用数据公式完成重复购买率计算
任务描述	某电子商务企业主要经营童装类目，发现近三个月的客户黏性有所下降，首要表现是客户的重复购买率呈下降趋势，为了核实客户黏性下降的程度并及时优化客户黏性管理办法，部门经理安排数据分析师小李对企业客户黏性进行分析，了解目前企业的客户黏性情况并进行优化
任务要求	（1）整理数据。获取小李所在企业 2022 年 9 月的客户黏性数据，获取数据后，将数据添加至 Excel 工具中。 （2）计算数据。选中所有数据区域，插入数据透视表，将“行”与“值”均设置为“用户名”，进行客户购买频次分析。 （3）计算重复购买率。根据上述透视表，运用客户重复购买率计算公式计算企业客户重复购买率，将结果填写在表 3-9 相应位置 **表 3-9　客户重复购买率分析** 客户总数量： 重复购买客户数： 客户重复购买率：

表 3-9　客户重复购买率分析

客户总数量	
重复购买客户数	
客户重复购买率	

<table>
<tr><td rowspan="2">任务记录</td><td colspan="4">实施过程</td><td>其他事项</td></tr>
<tr><td colspan="4"></td><td></td></tr>
<tr><td>任务反思</td><td colspan="5"></td></tr>
<tr><td>学号</td><td></td><td>姓名</td><td></td><td>时间</td><td></td></tr>
</table>

【任务实训】

评价单 3.3.1

评价项目					
技能评价	学生互评		组内评价	教师评价	
素质评价	评价要点			达标	未达标
	工匠精神	有耐心、精益求精			
	协作精神	重合作、团队协商			
	创新意识	有想法、创新创意			
	学习能力	会运用、求真求实			
学号		姓名		时间	

【学习总结】

项目学习总结记录

【任务实训】

任务单 3.3.2

任务项目	某童装网店客户新增与流失分析	
任务目标	能够利用数据公式和图表完成网店客户新增与流失分析	
任务描述	一般情况下，网店在经营过程中都会面临会员流失、会员增长的情况。如果商家可以将会员按地域或年龄来划分（也可按其他属性划分），就可以分析不同范围内会员的增长流失情况，以便更有针对性地做出营销策划。本次任务以地域属性划分会员，统计其增长流失情况	
任务要求	（1）整理数据。获取童装网店 2022 年 8 月和 9 月的客户数、新增客户数、流失客户数的数据，获取数据后，将数据添加至 Excel 工具中。 （2）计算数据。利用公式计算客户增长率和客户流失率。 （3）分析数据。以客户地域、客户增长率和客户流失率为源数据，创建柱形图，分析各个地域的客户增长变化情况，并提出进一步优化的策略	
任务记录	实施过程	其他事项

<table>
<tr><td rowspan="2">任务记录</td><td colspan="4">实施过程</td><td>其他事项</td></tr>
<tr><td colspan="4"></td><td></td></tr>
<tr><td>任务反思</td><td colspan="5"></td></tr>
<tr><td>学号</td><td></td><td>姓名</td><td></td><td>时间</td><td></td></tr>
</table>

【任务实训】

评价单 3.3.2

<table>
<tr><td>评价项目</td><td colspan="5"></td></tr>
<tr><td rowspan="2">技能评价</td><td colspan="2">学生互评</td><td colspan="2">组内评价</td><td colspan="2">教师评价</td></tr>
<tr><td colspan="2"></td><td colspan="2"></td><td colspan="2"></td></tr>
<tr><td rowspan="5">素质评价</td><td colspan="4">评价要点</td><td>达标</td><td>未达标</td></tr>
<tr><td>工匠精神</td><td colspan="3">有耐心、精益求精</td><td></td><td></td></tr>
<tr><td>协作精神</td><td colspan="3">重合作、团队协商</td><td></td><td></td></tr>
<tr><td>创新意识</td><td colspan="3">有想法、创新创意</td><td></td><td></td></tr>
<tr><td>学习能力</td><td colspan="3">会运用、求真求实</td><td></td><td></td></tr>
<tr><td>学号</td><td></td><td>姓名</td><td></td><td>时间</td><td></td></tr>
</table>

【学习总结】

项目学习总结记录

【任务实训】

任务单 3.3.3

<table>
<tr><td>任务项目</td><td colspan="2">某童装网店客户浏览和收藏量分析</td></tr>
<tr><td>任务目标</td><td colspan="2">能够对于网店的客户浏览量和收藏量数据进行对比分析</td></tr>
<tr><td>任务描述</td><td colspan="2">某童装网店计划进行客户拓展活动，需要完成客户浏览量和收藏量分析，从而了解店铺客户的活跃度</td></tr>
<tr><td>任务要求</td><td colspan="2">（1）选中数据表中的数值区域，插入组合图形，将浏览量设置为簇状柱形图，将访客量设置为折线图和次坐标轴。
（2）对于店铺客户浏览量和收藏量进行分析</td></tr>
<tr><td rowspan="2">任务记录</td><td>实施过程</td><td>其他事项</td></tr>
<tr><td></td><td></td></tr>
</table>

<table>
<tr><td rowspan="2">任务记录</td><td colspan="4">实施过程</td><td>其他事项</td></tr>
<tr><td colspan="4"></td><td></td></tr>
<tr><td>任务反思</td><td colspan="5"></td></tr>
<tr><td>学号</td><td></td><td>姓名</td><td></td><td>时间</td><td></td></tr>
</table>

【任务实训】

评价单 3.3.3

<table>
<tr><td>评价项目</td><td colspan="5"></td></tr>
<tr><td rowspan="2">技能评价</td><td colspan="2">学生互评</td><td colspan="2">组内评价</td><td colspan="2">教师评价</td></tr>
<tr><td colspan="2"></td><td colspan="2"></td><td colspan="2"></td></tr>
<tr><td rowspan="5">素质评价</td><td colspan="3">评价要点</td><td>达标</td><td>未达标</td></tr>
<tr><td>工匠精神</td><td colspan="2">有耐心、精益求精</td><td></td><td></td></tr>
<tr><td>协作精神</td><td colspan="2">重合作、团队协商</td><td></td><td></td></tr>
<tr><td>创新意识</td><td colspan="2">有想法、创新创意</td><td></td><td></td></tr>
<tr><td>学习能力</td><td colspan="2">会运用、求真求实</td><td></td><td></td></tr>
<tr><td>学号</td><td></td><td>姓名</td><td></td><td>时间</td><td></td></tr>
</table>

【学习总结】

项目学习总结记录

【任务实训】

任务单 3.3.4

<table>
<tr><td>任务项目</td><td colspan="2">某童装网店客户轨迹分析</td></tr>
<tr><td>任务目标</td><td colspan="2">能够对于客户的入口页面、店内路径、客户去向等客户轨迹数据进行分析</td></tr>
<tr><td>任务描述</td><td colspan="2">分析客户行为轨迹，是分析客户进入企业网店到离开企业网店整个过程中的行为数据，需要分别从客户入口页面、客户来源路径、客户去向路径展开分析，通过分析客户行为轨迹，了解客户在企业网店页面的跳转情况，以此预测客户需求、监测客户流向，帮助企业优化运营策略</td></tr>
<tr><td>任务要求</td><td colspan="2">（1）完成客户入口页面数据的整理和分析。
（2）完成客户来源路径数据的整理和分析。
（3）完成客户去向路径数据的整理和分析</td></tr>
<tr><td rowspan="2">任务记录</td><td>实施过程</td><td>其他事项</td></tr>
<tr><td></td><td></td></tr>
</table>

<table>
<tr><td rowspan="2">任务记录</td><td colspan="4">实施过程</td><td>其他事项</td></tr>
<tr><td colspan="4"></td><td></td></tr>
<tr><td>任务反思</td><td colspan="5"></td></tr>
<tr><td>学号</td><td></td><td>姓名</td><td></td><td>时间</td><td></td></tr>
</table>

【任务实训】

评价单 3.3.4

评价项目				
技能评价	学生互评		组内评价	教师评价
素质评价	评价要点		达标	未达标
	工匠精神	有耐心、精益求精		
	协作精神	重合作、团队协商		
	创新意识	有想法、创新创意		
	学习能力	会运用、求真求实		
学号		姓名		时间

【学习总结】

项目学习总结记录

【任务实训】

任务单 3.3.5

任务项目	某童装网店客户行为偏好分析	
任务目标	能够对于客户产品选择偏好、客户访问时间偏好、客户支付偏好、客户终端来源偏好进行分析	
任务描述	分析客户行为偏好，是分析客户在产品选择、客户访问时间、客户支付、客户终端来源等方面的偏好，使得电子商务网店能够了解客户购买动机、客户购买行为等情况	
任务要求	（1）完成客户产品选择偏好分析。 （2）完成客户访问时间偏好分析。 （3）完成客户支付偏好分析。 （4）完成客户终端来源偏好分析	
任务记录	实施过程	其他事项

任务记录	实施过程	其他事项
任务反思		

学号		姓名		时间	

【任务实训】

评价单 3.3.5

<table>
<tr><td>评价项目</td><td colspan="4"></td></tr>
<tr><td rowspan="2">技能评价</td><td colspan="2">学生互评</td><td>组内评价</td><td colspan="2">教师评价</td></tr>
<tr><td colspan="2"></td><td></td><td colspan="2"></td></tr>
<tr><td rowspan="5">素质评价</td><td colspan="3">评价要点</td><td>达标</td><td>未达标</td></tr>
<tr><td>工匠精神</td><td colspan="2">有耐心、精益求精</td><td></td><td></td></tr>
<tr><td>协作精神</td><td colspan="2">重合作、团队协商</td><td></td><td></td></tr>
<tr><td>创新意识</td><td colspan="2">有想法、创新创意</td><td></td><td></td></tr>
<tr><td>学习能力</td><td colspan="2">会运用、求真求实</td><td></td><td></td></tr>
<tr><td>学号</td><td></td><td>姓名</td><td></td><td>时间</td><td></td></tr>
</table>

【学习总结】

项目学习总结记录

项目训练

一、单项选择题

1. 下列关于函数 VLOOKUP（查找值，数据区，列标，匹配类型）的描述，不正确的是(　　)。

A. “查找值”选择的是将要进行判断的数据项

B. “数据区”随意选择一个矩形单元格区域即可

C. “列标”是返回值所在单元格在工作表中的列号

D. “匹配类型”是一逻辑值，指明是精确匹配，还是模糊匹配

2. RFM 模型分析中，通过将每位客户的三个指标与均值进行比较，可以将客户按价值细分为(　　)种类型。

A. 3　　B. 6　　C. 8　　D. 12

3. 有 12 个客户购买了产品，其中 6 人有重复购买行为，以客户为单位计算，复购率为(　　)。

A. 20%　　B. 30%　　C. 40%　　D. 50%

4. 客户忠诚度分析结果应用领域不包括(　　)。

A. 会员营销　　B. 群专属优惠

C. 客户拉新　　D. 采购商的选择

5. 企业在运营阶段通过分析会员数据可以(　　)。

A. 提高复购率，提高客单价　　B. 提高复购率，降低客单价

C. 降低复购率，提高客单价　　D. 降低复购率，降低客单价

二、多项选择题

1. 对客户进行分类的维度主要有(　　)。

A. 按购买地域分析　　B. 按购买数量分析

C. 按购买状态划分　　D. 按购买行为分类

2. 客户偏好分析包括以下哪些维度(　　)。

A. 产品偏好　　B. 营销偏好　　C. 邮寄方式偏好　　D. 包装偏好

3. 影响客户忠诚度的主要因素有(　　)。

A. 客户满意度　　B. 客户年龄段　　C. 客户贡献度　　D. 客户依存度

4. 电商企业想要了解行业目标客户画像，可借助的分析工具包括(　　)。

A. 店侦探　　B. 百度指数　　C. 360 趋势　　D. 生意参谋

5. 店铺动态评分（DSR）是指(　　)的综合评分。

A. 开店历史　　B. 宝贝与描述相符

C. 卖家服务态度　　D. 物流服务的质量

三、判断题

1. RFM 模型中，RFM 分别代表用户三种关键行为：距离最近一次交易，交易频次，交易商品。(　　)

2. 对于企业而言，复购率越高，说明客户的忠诚度越高。（　）

3. 提升客户忠诚度的方法包括划分会员等级、确定积分制度、提升产品与服务质量。（　）

4. 通过对行业客群、搜索客群、品牌客群、属性与产品分析等数据的监控，可以帮助店铺锁定店铺异常商品。（　）

5. 客户行为分析的主要目的是根据分析结果预测客户需求、监测客户流向等，进而有针对性地提供满足客户需求的产品或服务，有针对性的引领客户转化到最优环节或企业期望客户抵达的环节，最终达到提升企业盈利能力的目的。（　）

四、案例分析题

素材文件工作簿中的数据为某店铺客户数据，要求在 Excel 中对其数据进行整理和分析，以交易数量为单位，计算客户的重复购买率。

项目四　运营数据分析

【项目目标】

学习目标

1. 理解运营数据分析的分析内容和维度
2. 熟悉销售数据分析、流量数据分析、供应链数据分析的相关知识和指标
3. 掌握构建运营数据分析思路的方法

能力目标

1. 能够根据任务情景完成运营数据分析的具体任务
2. 能够针对销售环节、推广环节、采购环节、物流环节等出现的运营问题进行数据分析
3. 能够探索分析运营数据的意义与价值

素质目标

1. 培养学生耐心细致、精益求精的工匠精神
2. 培养学生严谨清晰的数据分析思维
3. 培养学生诚实守信的职业道德

【项目导图】

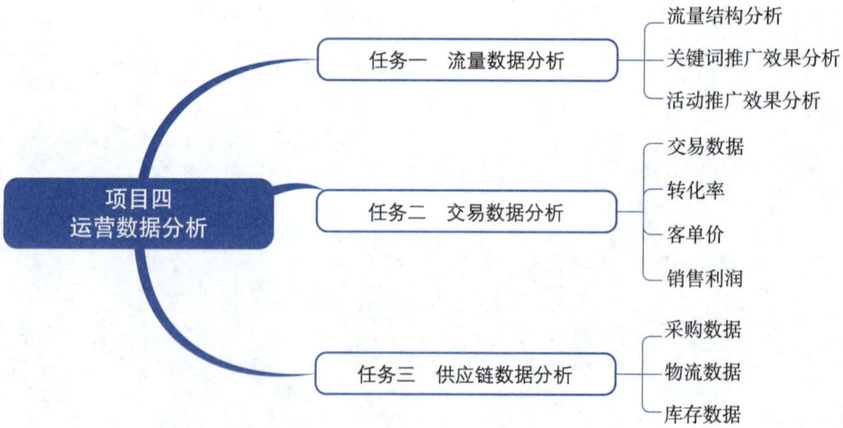

任务一　流量数据分析

【案例导入】

数据分析在跨境电商中的应用

跨境电子商务是基于互联网信息技术的应用，数据就是跨境电子商务运营的核心，直接或间接存在于跨境电子商务的每一个环节。跨境电子商务原本就是继承在数据分析的基因，数据的收集与处理相对方便，如果我们能够充分发挥数据的作用，进行多维度业务数据采集，则数据分析结果能在电子商务运营的各个环节中都为决策助力，真正提升企业人效密度，提升企业核心竞争力。

1. 数据化选品

全世界各个国家都有着自己的传统与文化，也有着自己的生活方式和消费习惯。怎样挑选出符合不同买家需求的产品，是数据分析在跨境电商选品应用中最根本的目的。

选品，是数据化运营的基础，很多卖家在选品时都会有一些误区。比如，会选择自己喜欢的商品；或者选择价格低廉的商品；或者根据供应商推荐的产品来选择商品等等。这些都不是科学的选品方法，往往还会导致亏损。在电商交易中，可以通过数据分析结果进行选品，其可以分为站内选品和站外选品两类。站内选品，就是指通过跨境电商平台中所有可利用的条件及工具去选择市场。类目或产品的选品工作是为店铺运营里诸如打造爆款、推广营销等动作提供操作的支持与依据。站外选品分为搜索引擎分析、参考其他跨境 B2C、咨询类工具网站应用等，进行站外选品时，首先要参考其他跨境电商平台中的热销产品，其次可以使用其他数据工具来分析不同国家买家的需求，还可以利用一些第三方的网站来分析其他跨境电商平台的热销款。最后我们还可以经常浏览一些国外的知名类网站来查看潮流趋势。

2. 数据分析引流

流量之于网店，相当于心脏之于人体，其重要性不言而喻。人没有心脏就无法生存；网店没有流量，也只能倒闭。就像开实体店，即使我们有最优质的产品，最便宜的价格，但是如果没有客流量，就相当于将产品放在仓库，产品不能被别人看到自然就卖不出去。所以有好产品，就要把它展示出来。“流量为王”是所有网站运营的核心，通过数据化选品以后，接下来我们需要做的就是为产品或者店铺引流。流量整体上分为类目流量和普通搜索流量两类。

3. 提升转化率

流量的“转化率”是跨境电商运营中的一个重要指标，是卖家最终能否盈利的核心，提升网站转化率是卖家综合运营实力的结果。在相同流量的情况下，只需要提升转化率，就可以提升整体收入。

影响转化率的因素主要有单品的转化率和全店的转化率。单品的转化率重点关注的是流量优化、商品优化以及客服优化。店铺的转化率更多地取决于热销款商品的转化率，要从平均停留时间、热销款流量的去向以及老客户营销来提高店铺的整体转化率。可以通过收集客户访问的各个环节的数据：访问浏览——在线咨询——下订单——最终成交。利用数据分析工具，分析整体的用户体验、网站的技术因素、商品的展示细节、促销和关联信息、客房的推荐和评价信息、客服体验等，提升整体转化率。

【知识储备】

流量是店铺能否在激烈的电子商务竞争中存活下来的关键。商品的质量再好、服务再好，没有流量，也无人问津。因此，如何引流就成为众多商家冥思苦想的首要问题。

本项目对店铺流量数据进行分析，包括对各种流量的解读，以及对关键词的分析等。京东商智流量分析模块如图 4-1 所示。

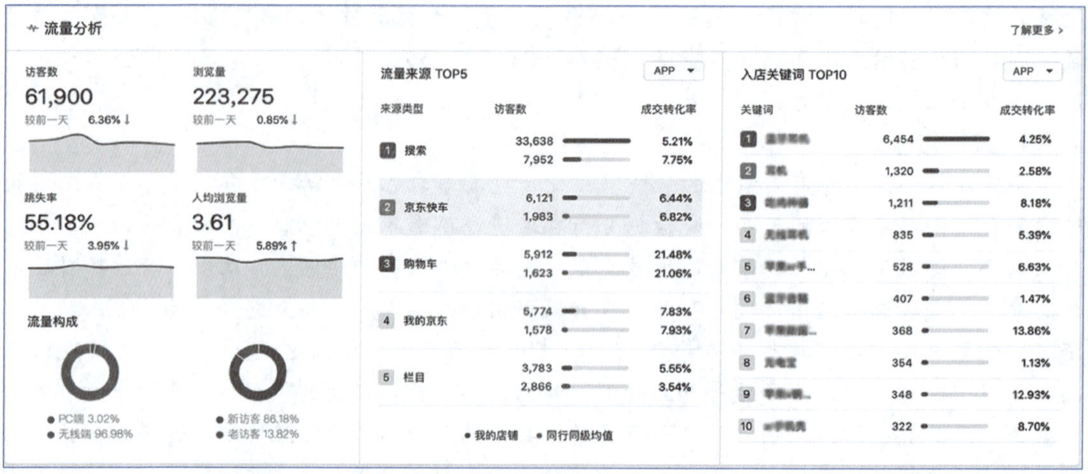

图 4-1 京东商智流量分析模块

一、流量结构分析

（一）流量结构分类

店铺流量指的是店铺中的访客数量，消费者访问店铺的数量多，代表该店铺的流量大；消费者访问店铺的数量少，表示该店铺的流量小。消费者进入店铺的途径是多方面的，归纳起来主要分为通过自然搜索进入、通过付费引流进入、通过站内其他途径进入和通过站外途径进入四种，这四种途径即店铺的“四大流量”，又分别被称为免费流量、付费流量、站内流量和站外流量。流量结构分类如图 4-2 所示。

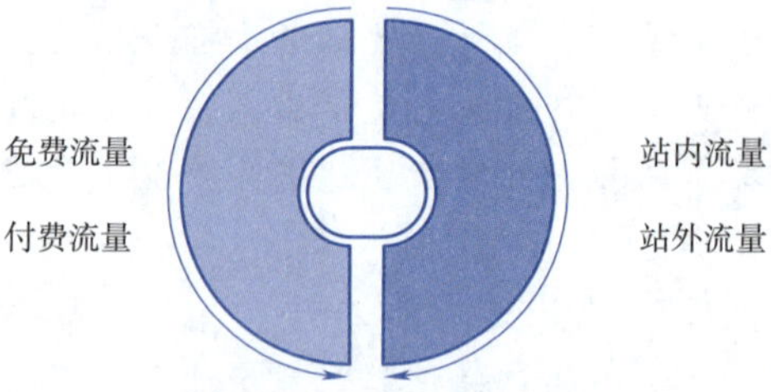

图 4-2 流量结构分类

1. 免费流量

免费流量是指消费者直接通过关键词搜索等途径进入店铺中的流量。这类流量是店铺最需要的流量，是店铺通过关键词优化、主图优化等方式获取到的网络自然流量，流量的精准度和质量往往都比较高。

免费流量主要来自直接访问、商品收藏、购物车、已买到的商品等途径。

1）直接访问

直接访问指消费者通过电商平台搜索功能和分类导航功能直接搜索商品或店铺名称进入店铺访问的行为。例如输入某个商品关键词，在搜索结果中单击商品主图，便可进入店铺查看商品内容。这类流量对商品的成交转化率有一定的影响，因为这类消费者有很强的购物意愿，但是他们在购物过程中容易受到价格、主图效果等因素的影响，从而影响成交转化率。

2）商品收藏

商品收藏指消费者对某款商品进行收藏的行为。商品收藏量高，说明消费者对该商品感兴趣。商品被收藏后，消费者可以直接通过商品收藏夹中已收藏的商品进入店铺，京东平台收藏夹如图 4-3 所示。

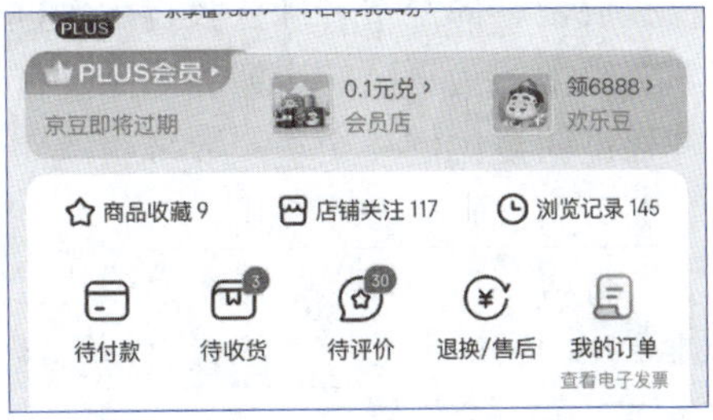

图 4-3　京东平台收藏夹

商品的收藏人气是商品收藏人数和关注热度的综合评分，收藏人气对于商品和店铺的综合评分是有影响的，收藏人气越高，越有利于商品的综合排名。

3）购物车

消费者在电商平台中将商品添加到购物车后，可以通过购物车快速访问对应的商品和店铺。将商品添加到购物车表示消费者对该店铺商品很感兴趣，这类消费者具有很强的购买欲望，有较高的转化率，但对价格、款式、颜色、质量等方面尚有疑虑，需要商家积极与其交流沟通，促成下单。

4）已买到的商品

消费者可以直接通过“已买到的商品”超链接对购买过的商品进行访问，如图 4-4 所示。通过“已买到的商品”超链接再次访问商品页面，说明消费者对该店铺的商品、客服、物流等各方面都感到满意，希望进行二次或多次购物。

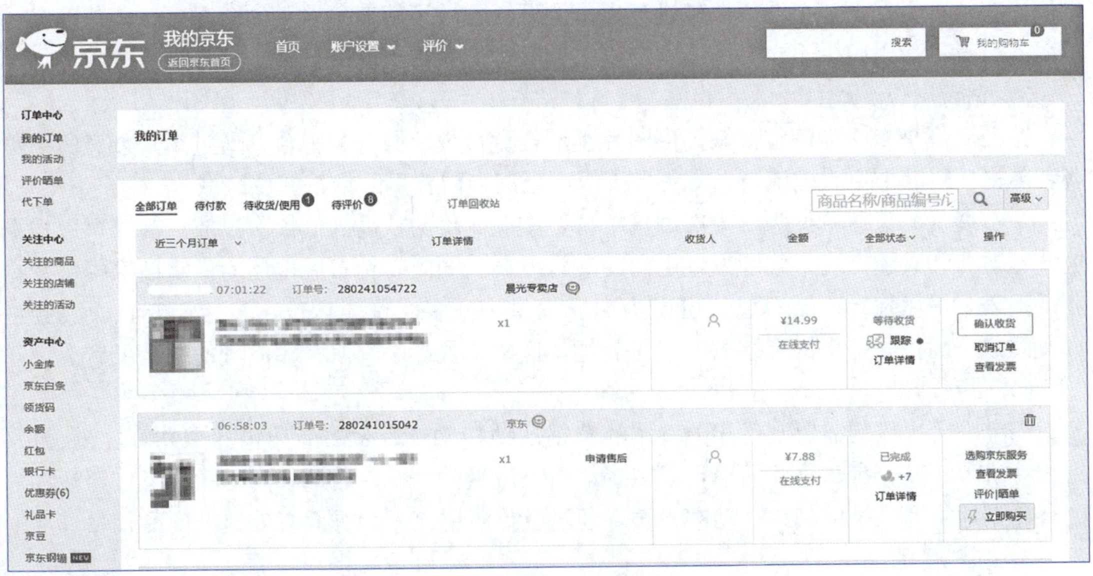

图 4-4　京东平台“已买到商品”页面

2. 付费流量

付费流量是指通过付费投放广告的方法引入的消费者流量。淘宝常见的付费推广工具有淘宝客、直通车、钻石展位等，此外也可通过各种付费活动来获取流量。

1）淘宝客

淘宝客是一种按成交计费的推广模式，属于效果类广告推广方式。淘宝客按照实际的交易完成量，即消费者确认收货后才进行计费。淘宝商家可以在淘宝联盟通过支付佣金的方式招募淘宝客为自己的店铺和商品进行推广，淘宝客则可以在淘宝联盟找到需要推广的商家，并通过佣金比例和交费人数来获取佣金。

2）直通车

直通车是一种以“文字＋图片”的形式展现在搜索结果页面中实现精准推广的工具，直通车在淘宝网上的展示位置包括搜索结果页面的右侧，搜索结果页面的最下端和搜索结果列表中的第一个位置。

直通车在推广某个单品商品时，通过精准的搜索匹配给店铺带来优质的消费者。同时，消费者进入店铺时极易产生一次或多次的流量跳转，促成其他商品的成交，这种以点带面的精准推广可以最大限度地降低店铺的推广成本，提升店铺的整体营销效果。

参加淘宝直通车的商品可以设置多个关键词，每个关键词还可自由定价，费用按实际被单击的次数计算。每个关键词的最低出价为 0.05 元，最高出价为 99 元，每次加价最低为 0.01 元。参加直通车的综合得分由关键词的出价和质量得分共同决定，其计算公式如下：

综合得分＝出价＊质量得分

直通车的实际扣费公式如下：

实际扣费＝下一名出价＊下一名质量得分/自己质量得分＋0.01 元

在外界条件不变的情况下，通过改变出价和质量得分就能改变综合排名，也能影响扣费情况，但是在实际中，企业并不知道竞争对手的出价和质量得分情况，所以不能有针对性地出价。在这种情况下，企业可以先进行出价测试，大致了解竞争对手的情况后，再对商品关键词进行竞价，以减少不必要的成本支出，同时也能获得更高的排名。

3）钻石展位

钻石展位是专门为淘宝商家提供图片类广告竞价投放服务的平台，通过图片创意吸引消费者单击，以获取巨大的流量，如图 4-5 所示为淘宝网首页的钻石展位区域。

钻石展位的计费单位为每千次浏览单价，按照竞价的从高到低依次投放。商家可以根据地域、访客和兴趣点三个维度设置定向的广告投放。同时，钻石展位还为淘宝商家提供数据分析报表和优化指导。钻石展位可以为商家提供 200 多个优质展位，包括淘宝首页、频道页、门户、画报等多个淘宝站内的广告展位，这些位置都是获取巨大流量的关键位置。

4）付费活动

淘宝平台提供的需要支付相关费用的营销活动，比较有名的活动包括聚划算、淘金币、天天特价等。商家参与这些活动可以很好地引入流量，并推广店铺和商品。商家按照活动规则有计划地将商品推广到该活动中售卖，通过特价吸引流量，进而有效提升商品销量。

3. 站内流量

站内流量是指通过电子商务平台获取的流量，也是店铺流量重要的构成部分。站内流量

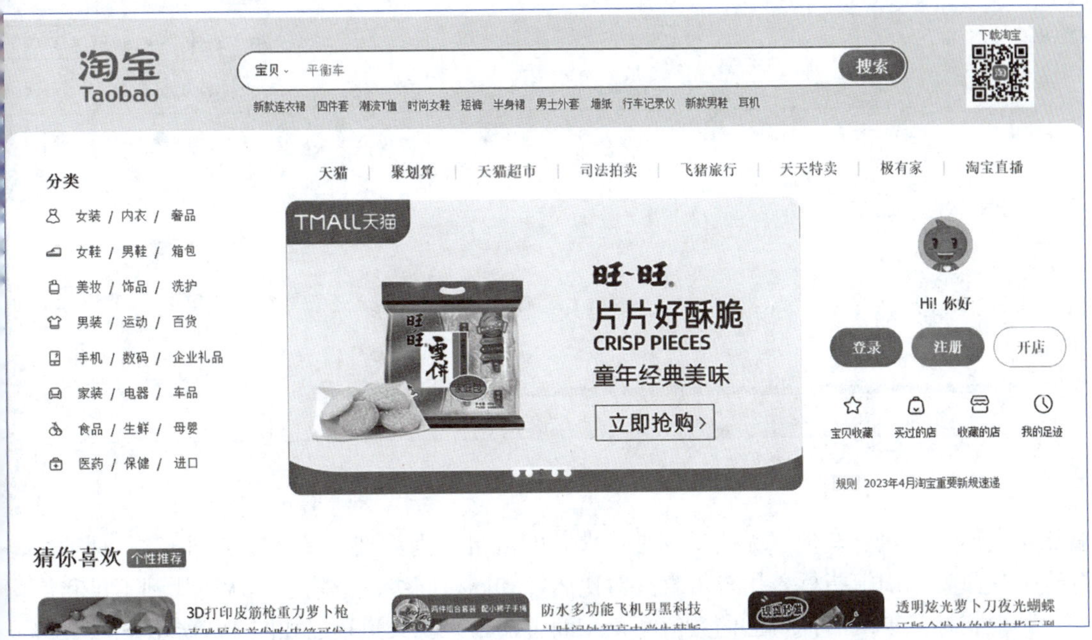

图 4-5　淘宝网首页的钻石展位区域

也有免费与付费之分，淘宝的站内流量主要包括微淘、淘宝头条等淘宝官方互动交流平台。

1）微淘

微淘是手机淘宝的重要商品之一，定位于移动消费的入口，在消费者生活细分领域为其提供方便、快捷、省钱的手机购物服务。其核心是以消费者为中心，每一个消费者都有自己关注的账号和感兴趣的领域，并通过订阅的方式获取自己想关注的信息和服务，同时还可以与商家进行实时互动。

2）淘宝头条

淘宝头条是一个生活消费资讯类媒体聚拢平台。媒体、“达人”及自媒体可以通过这一专业的信息发布平台创建“淘宝头条号”，借助淘系海量流量和精准算法实现个性化推送，以获得更多的曝光和关注。每个月有超过 8 000 万个消费者通过淘宝头条获取最新、最优质的消费类资讯内容，商家可以通过内容营销的方式在淘宝头条中发布商品和店铺信息，从而引入精准的站内流量。

4. 站外流量

站外流量可以为店铺带来潜在的消费群体，它大多来自贴吧、论坛、社区、微博等。这类流量的精准度不高，但在提升店铺品牌影响力方面可以发挥巨大的作用。

（二）流量结构数据采集

无论出发点是分析店铺流量结构，还是销售下跌问题，流量分析都是运营岗位在日常工作中必不可少的基础工具。以京东商智工具为例，其流量分析主要包括三个功能：流量概况、店铺来源和关键词分析。在确定统计时间（具体某日/周/月）后，可以查询到各渠道的核心浏览指标及其环比或同比的变幅，如图 4-6 所示。

通过流量来源，可查看各个渠道的引流效果，由上而下分别是自主访问、站内免费、付

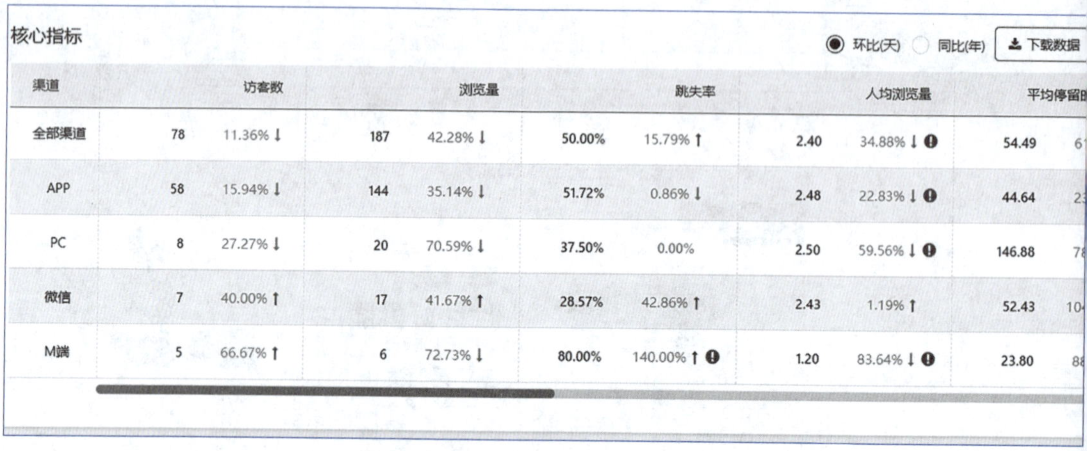

核心指标

环比(天) 同比(年) 下载数据

渠道	访客数		浏览量		跳失率		人均浏览量		平均停留时
全部渠道	78	11.36% ↓	187	42.28% ↓	50.00%	15.79% ↑	2.40	34.88% ↓	54.49
APP	58	15.94% ↓	144	35.14% ↓	51.72%	0.86% ↓	2.48	22.83% ↓	44.64
PC	8	27.27% ↓	20	70.59% ↓	37.50%	0.00%	2.50	59.56% ↓	146.88
微信	7	40.00% ↑	17	41.67% ↑	28.57%	42.86% ↑	2.43	1.19% ↑	52.43
M端	5	66.67% ↑	6	72.73% ↓	80.00%	140.00% ↑	1.20	83.64% ↓	23.80

图 4-6 京东商智流量分析核心指标

费流量、站外流量和其他（无法识别具体来源的流量，则放到“其他”类别下）。对于访客数这个最重要的引流指标，用户可直接对比店铺和同行同级商家均值，从而找到不足和优化点，其他指标只展现店铺自己的数值。京东商智流量来源渠道页面如图 4-7 所示。

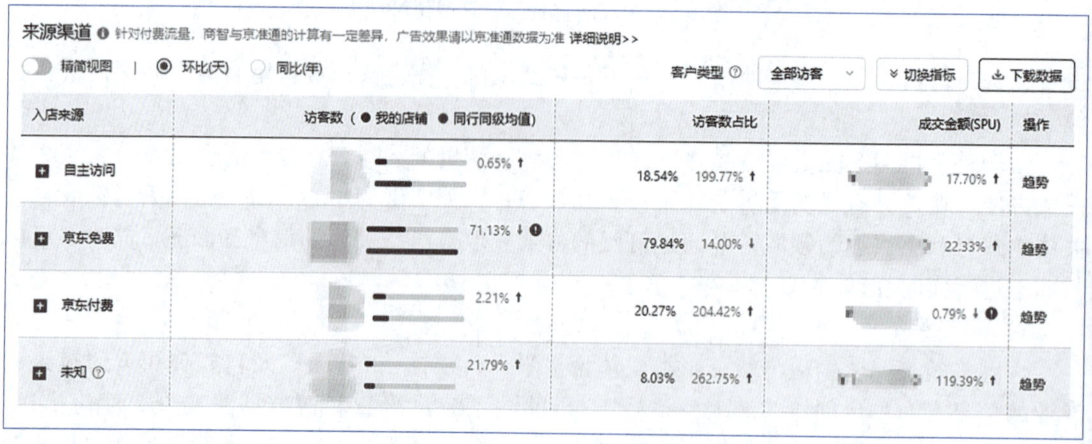

来源渠道 针对付费流量，商智与京准通的计算有一定差异，广告效果请以京准通数据为准 详细说明>>

精简视图 | 环比(天) 同比(年) 客户类型 全部访客 切换指标 下载数据

入店来源	访客数（● 我的店铺 ● 同行同级均值）	访客数占比		成交金额(SPU)	操作
自主访问	0.65% ↑	18.54%	199.77% ↑	17.70% ↑	趋势
京东免费	71.13% ↓	79.84%	14.00% ↓	22.33% ↑	趋势
京东付费	2.21% ↑	20.27%	204.42% ↑	0.79% ↓	趋势
未知	21.79% ↑	8.03%	262.75% ↑	119.39% ↑	趋势

图 4-7 京东商智流量来源渠道页面

（三）流量结构分析

四大基本流量是店铺的主要流量来源，其构成直接体现了店铺运营的重点方向。流量是电子商务企业的命脉，流量的多少，直接影响企业的营收，对流量结构进行分析，能够帮助企业了解单位时间内哪种渠道为企业带来的流量更多，哪种渠道的投入产出比最大，企业可以根据分析结果优化引流方式。一般来说，行业不同、运营模式不同等因素都可能造成店铺流量结构的差异性，理论上，最健康的流量结构应该是免费流量占据多数，付费流量占据少数，其他流量占据一定的比例即可。例如某店铺免费流量占比为 70%，付费流量占比为 25%，其他流量占比为 5%。

电商企业查看自己店铺的流量情况，可以借助生意参谋来完成。在生意参谋中进入“流量”功能版块，单击左侧导航栏中的“店铺来源”，设置需要查看的时间段，如近 30 天，即可看到这段时期店铺流量的来源及趋势。

以某电子商务企业为例，运营部门为了解近期推广效果，要对最近一个月的店铺流量数据进行分析，明确流量的结构占比，为后期营销渠道的选择提供参考。分析流量结构，可以从免费流量结构分析和付费流量结构分析两个维度展开，以此明确每种流量类型引流较多的渠道，指导企业后续推广渠道的优化。确定好分析维度后，数据分析人员需要采集访客数、单击量、成交订单数对免费流量结构展开分析，采集成交转化率、成交额、投入成本对付费流量展开分析，并运用组合图形实现流量结构可视化。

第一，获取企业月度流量数据，采用排序的方式对付费流量、免费流量进行归类，完成归类后的效果见表 4-1。

表 4-1　店铺流量来源数归类结果

统计日期	流量来源	来源明细	访客数	单击量	成交订单数	成交转化率	成交额/元	投入成本/元
2022-11-01～2022-11-30	付费流量	超级推荐	9 012	8 201	2 214	24.57%	42 548	56 852
2022-11-01～2022-11-30	付费流量	钻石展位	20 124	18 521	7 221	35.88%	86 241	62 442
2022-11-01～2022-11-30	付费流量	聚划算	12 021	10 231	3 213	26.73%	62 425	75 898
2022-11-01～2022-11-30	付费流量	直通车	23 514	21 021	6 322	26.89%	120 121	95 621
2022-11-01～2022-11-31	付费流量	淘宝客	26 331	12 101	9 521	36.16%	151 016	103 254
2022-11-01～2022-11-30	免费流量	自主搜索	3 013	2 133	885	29.37%	9 518	/
2022-11-01～2022-11-30	免费流量	购物车	4 232	3 022	1 452	34.31%	10 214	/
2022-11-01～2022-11-30	免费流量	其他店铺	2 322	1 632	635	27.35%	5 201	/
2022-11-01～2022-11-30	免费流量	首页	2 683	1 998	702	26.16%	6 325	/
2022-11-01～2022-11-30	免费流量	收藏推荐	1 062	862	231	21.75%	3 654	/
2022-11-01～2022-11-30	免费流量	免费其他	2 932	1 865	862	29.40%	6 215	/

第二，计算付费流量投入产出比。复制统计日期、流量来源、来源明细、成交转化率、成交额、投入成本对应的区域到新的 Excel 表中，完成付费流量投入产出比的计算，见表 4-2。

表 4-2　店铺付费流量来源结算结果

统计日期	流量来源	来源明细	成交转化率	成交额/元	投入成本/元	投入产出比
2022-11-01～2022-11-30	付费流量	超级推荐	24.57%	42 548	56 852	0.748 399 353
2022-11-01～2022-11-30	付费流量	钻石展位	35.88%	86 241	62 442	1.381 137 696
2022-11-01～2022-11-30	付费流量	聚划算	26.73%	62 425	75 898	0.822 485 441
2022-11-01～2022-11-30	付费流量	直通车	26.89%	120 121	95 621	1.256 219 868
2022-11-01～2022-11-30	付费流量	淘宝客	36.16%	151 016	103 254	1.462 568 036

第三，选择来源明细、成交转化率、投入产出比对应的数值区域，插入组合图形，将成交占比设置为簇状柱形图，将投入产出比设置为折线图。最后将成交占比设置为次坐标轴，得到付费流量结构分析图，效果如图 4-8 所示。

根据以上付费流量结构分析图，企业可以获取如下信息：在付费流量来源中，淘宝客最

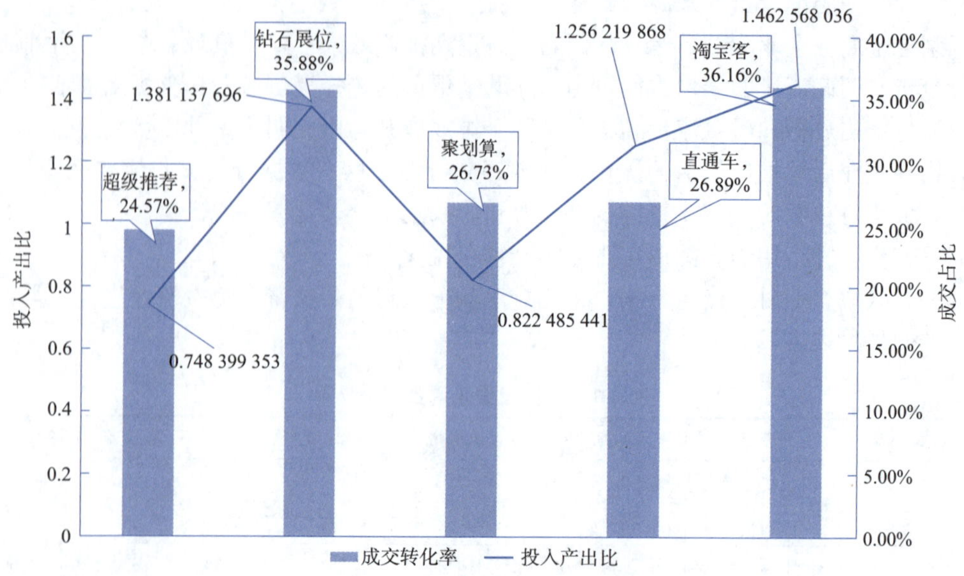

图 4-8　付费流量结构分析

占优势，其成交占比和投入产出比分别为 36.16%和 1.46；此外钻石展位的成交转化率和投入产出比分别为 35.88%和 1.38，可见这两种付费推广渠道可以作为企业付费推广时的首选渠道。

第四，免费流量结构分析。复制统计日期、流量来源、来源明细、访客数、单击量和成交订单数对应的区域到新的 Excel 表中。插入组合图形，将访客数设置为簇状柱形图、单击量和成交订单数设置为折线图，并将访客数设置为次坐标轴，完成后的效果如图 4-9 所示。

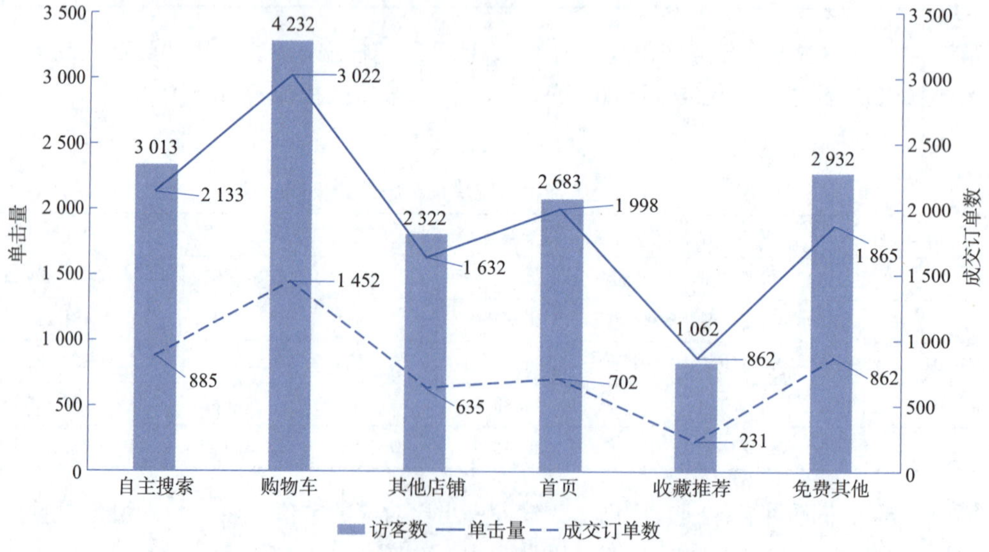

图 4-9　免费流量结构分析

根据以上免费流量结构分析图，企业可以得到以下信息：免费流量来源中，购物车的各项指标都占优势，其为企业带来的访客为 4 232 人，成交订单数为 1 452；免费流量来源中收藏推荐的各项指标表现最差，其为企业仅带来访客 1 062 人，成交订单数只有 231。企业可以利用该分析结果优化其免费推广渠道布局。

二、关键词推广效果分析

关键词即商品标题包含的核心词语。只有为商品设计出高质量的标题，让其契合客户的搜索需求，商品才会更多地出现在客户的搜索结果中。以淘宝网为例，每一款商品的标题文字不能多于 30 字，因此在竞争搜索流量时这 30 个字就显得十分宝贵。

（一）关键词分类

商品标题中的关键词根据作用不同，可以分为核心词、长尾词和修饰词等，如果经营的是品牌商品，则还会涉及品牌词。只有理解不同关键词的含义，才能设计出更好的标题。

1. 核心词

核心词即体现商品本质的词语，例如女式雪地靴的核心词就包括“女式”“雪地靴”“靴”“雪地”等。核心词虽然搜索量很大，但“引流”不够精准，转化率不高。

2. 长尾词

长尾词是组合型关键词，其特点是比较长，含有核心词，如“保暖加绒厚底雪地靴”“加绒皮毛一体雪地靴”“新款内增高雪地靴”等。长尾词虽然搜索量较少，但“引流”更精准，转化率比核心词要高很多。

3. 修饰词

修饰词即单独体现商品属性的词语，如“中筒”“长筒”“防水”“防滑”等都是女式雪地靴的修饰词。

4. 品牌词

品牌词即直接体现商品品牌的词语。

（二）关键词分析常用指标

分析关键词推广效果时需要借助大量指标。表 4-3 归纳了一些关键词分析的常用指标。

表 4-3　关键词分析常用指标

名　称	含　义
展现量	关键词被展现的次数
单击量	关键词被单击的次数
单击率	单击量/展现量
成本	关键词单击产生的费用
成交金额	单击关键词产生的交易金额
成交笔数	单击关键词产生的交易次数
单击花费	成本/单击量
单击转化率	成交笔数/单击量
投入产出比	总成交金额/关键词花费

（三）分析关键词推广效果

在淘宝网店经营活动中，企业往往都会通过站内付费推广工具如直通车、钻石展位、淘宝客，免费推广工具微淘、网店活动等渠道进行营销，如何更好地使用这些工具、渠道提升网店流量和人气，为网店带动更多的成交，便要从推广数据分析开始。直通车能帮助网店实现精准化推广，给网店带来非常大的流量，同时成交量也会比较可观。用户搜索关键词之后，推广的商品将展示在搜索页面某个位置，因此衡量直通车投放效果指标包含创意图片、创意标题与投放的关键词。

某电商企业主营零食夹心面包，目前已知店铺 2022 年各产品 9 月份的直通车推广数据，部门经理安排数据分析师对本月直通车推广情况进行分析，以支撑销售策略的优化。要分析关键词推广效果，首先就需要采集关键词对应的各项指标数据，就淘宝直通车而言，企业可以通过直通车报表功能下载关键词对应的所有指标数据进行分析。

第一，数据采集和整理。数据分析人员将需要的数据采集并整理到 Excel 中依次计算出各关键词的单击率、单击转化率和投入产出比。其中，单击率＝单击量/展现量，单击转化率＝成交笔数/单击量，投入产出比＝成交金额/成本，指标计算结果见表 4-4。

表 4-4　某企业直通车关键词报告

关键词	出价	展现量	单击量	单击率	花费	平均单击花费	总成交金额	总收藏数	总购物车数	单击转化率	投入产出比	总成交笔数
厚切芝士条	¥0.10	755	174	23.05%	¥31.40	¥0.18	¥149.99	7	16	2.30%	4.78	4
泓一	¥0.20	1,890	82	4.34%	¥15.22	¥0.19	¥121.59	2	5	4.88%	7.99	4
坚果面包	¥0.25	760	49	6.45%	¥20.78	¥0.42	¥117.81	0	3	6.12%	5.67	3
泓一芝士条	¥0.10	235	67	28.51%	¥17.32	¥0.26	¥75.80	3	6	2.99%	4.38	2
泓一食品旗舰店	¥0.10	1,043	116	11.12%	¥29.37	¥0.25	¥75.80	2	3	1.72%	2.58	2
芝士蛋糕条	¥0.10	768	109	14.19%	¥29.39	¥0.27	¥75.80	0	11	1.83%	2.58	1
鸭肉干	¥0.10	795	34	4.28%	¥17.41	¥0.51	¥46.50	1	5	2.94%	2.67	1
零食早餐面包	¥0.18	899	124	13.79%	¥40.83	¥0.33	¥39.79	3	3	0.81%	0.97	1
面包整箱早餐	¥0.25	565	5	0.89%	¥1.49	¥0.30	¥39.79	0	1	20%	26.7	1
芝士蛋糕包邮	¥0.23	1,359	129	9.49%	¥42.42	¥0.33	¥38.13	3	9	0.78%	0.9	2
原味花生	¥0.10	2,379	34	1.43%	¥24.45	¥0.72	¥29.60	2	3	5.88%	1.21	2
多味花生	¥0.10	1,049	16	1.53%	¥9.88	¥0.62	¥26.80	1	0	6.25%	2.71	1
威化饼干	¥0.15	78	8	10.26%	¥0.75	¥0.09	¥14.85	0	2	25%	19.8	2
南瓜吐司面包	¥0.15	755	17	2.25%	¥3.99	¥0.23	¥12.90	0	0	5.88%	3.23	1

第二，关键词和展现量分析。以“关键词”和“展现量”项目的数据为数据源，创建饼图，设置图表的字体格式、图表标题的字体格式，然后为图表添加数据标签，将标签内容设置为“类别名称”“百分比”“引导线”，将数据标签格式设置为“2 位小数”，对展现量降序排列，制作关键词和展现量占比图，明确各关键词和展现量，如图 4-10 所示。

由图 4-10 可知，“原味花生”关键词的展现量最高，占所有关键词展现量的 17.76%；

而“威化饼干”关键词的展现量最低，仅占 0.58%。对于展现量低的关键词进行删减和替换，表明这些词不能为产品带来足够的展现，优化标题，添加展现量高的关键词。

关键词	出价	展现量
原味花生	¥0.10	2,379
泓一	¥0.20	1,890
芝士蛋糕包邮	¥0.23	1,359
多味花生	¥0.10	1,049
泓一食品旗舰店	¥0.10	1,043
零食 早餐面包	¥0.18	899
鸭肉干	¥0.10	795
芝士蛋糕条	¥0.10	768
坚果面包	¥0.25	760
厚切芝士条	¥0.10	755
南瓜吐司面包	¥0.15	755
面包整箱 早餐	¥0.25	565
泓一芝士条	¥0.10	235
威化饼干	¥0.15	78

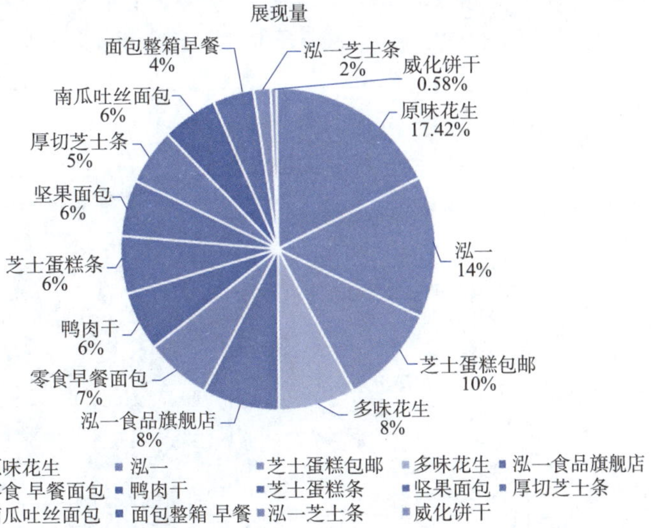

图 4-10　关键词和展现量分析

第三，单击率分析。以“关键词”“展现量”“单击率”项目的数据为数据源，创建组合图，在“插入图表”对话框中，设置“展现量”数据系列的图表类型为“簇状柱形图”，“单击率”数据系列的图表类型为“折线图”，同时单击设置次坐标，按前面的方法设置图表的字体格式。

由图 4-11 可知，虽然“原味花生”关键词的展现量最高，但单击率却并不是最高的；而“泓一芝士条”“厚切芝士条”关键词展现量的表现中规中矩，但其单击率最高，可见该关键词的质量是最好的，得到了较为良好的反馈。企业可以进一步以该关键词为基础，设计出更多与之相关的高质量关键词。

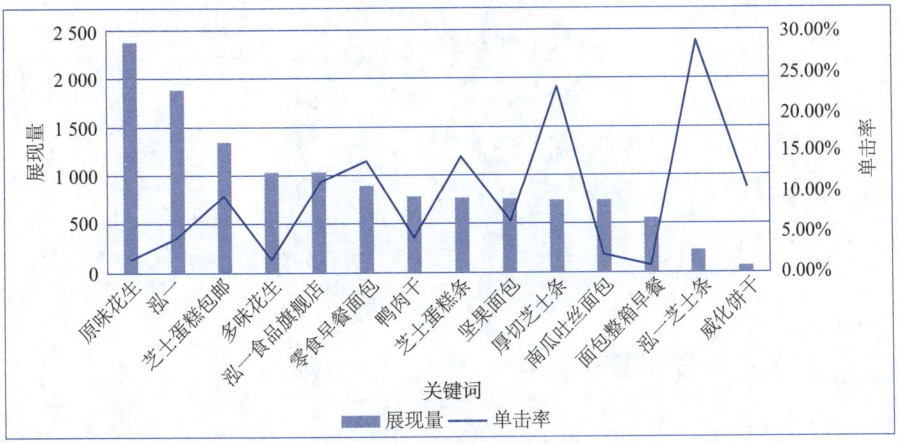

图 4-11　关键词、展现量与单击率分析

第四，成交笔数分析。以“关键词”和“成交笔数”项目的数据为数据源，创建饼图，按相同方法美化并设置图表，如图 4-12 所示“弘一”关键词的表现较好，其成交笔数占所有关键词成交笔数的 15%。另外，“厚切芝士条”关键词和“坚果面包”关键词也带来了可观的成交笔数，也是可供进一步开发的优质关键词。

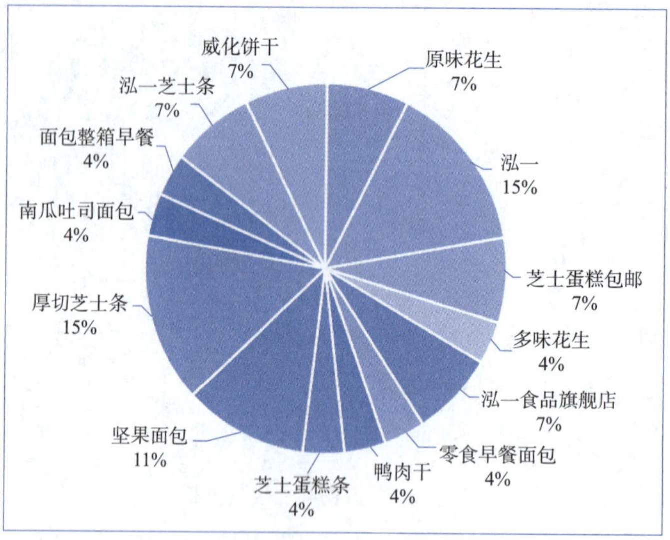

图 4-12　关键词和成交笔数分析

第五，关键词花费分析。以“关键词”和“花费”项目的数据为数据源，创建饼图，按相同方法美化并设置图表，如图 4-13 所示。由图可知，“厚切芝士条”关键词的质量很高，但由于单击竞价的关系，该关键词的成本也相应更高。

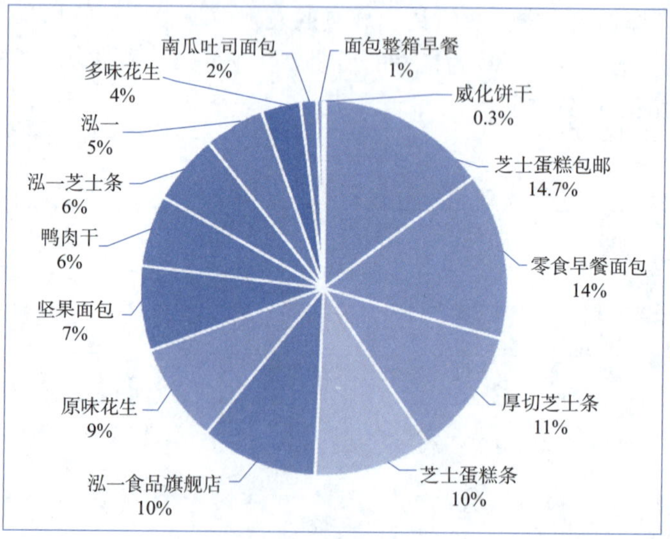

图 4-13　关键词花费分析

第六，关键词单击转化率分析。以“关键词”和“单击转化率”项目的数据为数据源，创建二维柱形图，按相同方法美化并设置图表，如图 4-14 所示。由图可知，“威化饼干”和“面包整箱 早餐”两个关键词带来了最高的单击转化率，说明该关键词确实是优质的关键词，应继续使用。

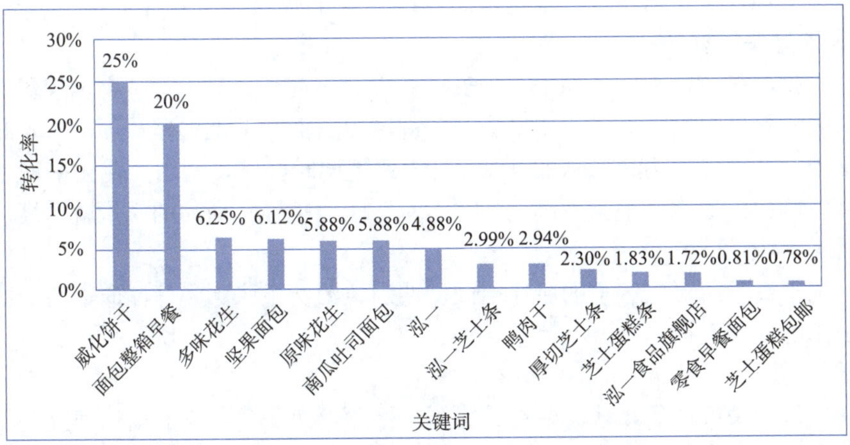

图 4-14　关键词单击转化率分析

第七，关键词投入产出比分析。以“关键词”“成本”“投入产出比”项目的数据为数据源，创建组合图，在“插入图表”对话框中，设置“成本”数据系列的图表类型为“簇状柱形图”“投入产出比”数据系列的图表类型为次坐标轴“折线图”。按相同方法设置图表格式，如图 4-15 所示。由图可知，“芝士蛋糕包邮”关键词的成本严重影响了它的投入产出比，而“面包整箱早餐”“威化饼干”这两个关键词的投入产出比数据较为可观。

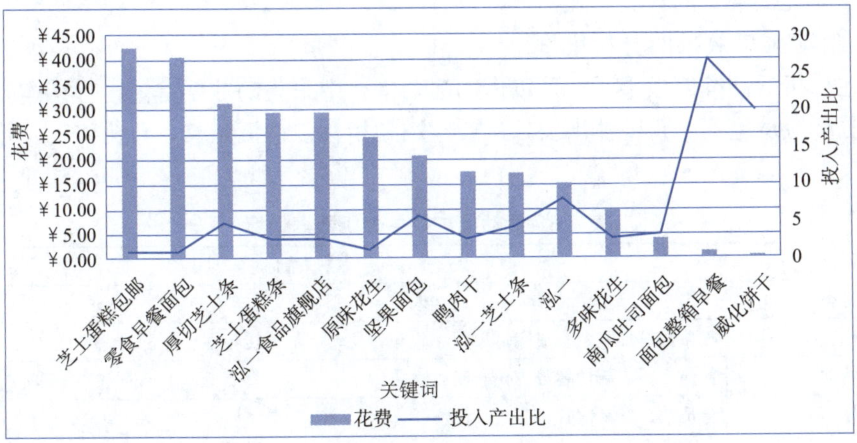

图 4-15　关键词单击转化率分析

（四）关键词优化方法

找到高质量的关键词后，企业还需要对其进行优化组合，才能充分发挥其作用。以下关于优化关键词的几个常用方法可以在电子商务平台运营中用作参考。

1. 避免内部竞争

对一家拥有特别多款式相似的商品的电商平台而言，避免内部竞争尤为重要。很多企业在推广新款商品时，其他类似的老款商品通常就慢慢退出市场了，这种情况多是新老款商品产生内部竞争导致的。因此，企业一定要根据同类型商品的不同人气、目标客户、价格等属性合理安排关键词，尽量避免因内部竞争而导致流量分流。

2. 合理安排关键词

企业应根据商品竞争力的不同来合理安排核心关键词，如对于竞争力比较弱的商品，安排关键词时要以长尾关键词为主，主要考虑关键词覆盖面。关键词覆盖面越广，商品曝光度就越高。又如，对于竞争力比较强的商品，安排关键词时要以热词和高转化率词为主，主要考虑“引流”能力。通常来说，关键词的“引流”能力越强，商品的销量就越高。

3. 匹配客户特征

企业应根据商品所对应客户的所在地区、性别、消费主张、爱好偏向、消费能力、浏览行为等特征来匹配关键词。

4. 组合标题

有了高质量的关键词后，就需要将其组合成标题，按照主谓宾的结构把找到的关键词串联起来。很多企业重点关注的是组合关键词，然而真正的重点是关键词的分析和布局环节，只要关键词找得好，组合出一个好的标题就是顺理成章的事情。

三、活动推广效果分析

电子商务企业在营销推广过程中，会选择举办或参加较多的活动来进行商业推广，开展促销活动是网店运营的重要手段之一。促销活动结束后，商家可以采集相应的促销活动数据，对促销活动效果进行分析，以求找到促销活动成功或失败的原因，从而加以改善，为以后的促销活动提供宝贵的经验和教训。

（一）活动推广效果的分析维度

企业在分析活动推广效果时，可以借助活动平台中采集的数据指标进行具体分析，活动推广效果分析应从电商平台整体出发，主要应用的指标包括流量类、转化类、拉新类、存量类四个维度，见表 4-5。

表 4-5　活动推广效果分析数据指标

分析维度	数据指标
流量类	单击量、单击率、跳失率、访客数
转化类	收藏数、加购数、成交订单数、收藏转化率、加购转化率、支付转化率
拉新类	新访客数、新访客数占比、新收藏数
存量类	会员数、交易次数

活动推广效果数据可以通过活动平台采集，例如京东商智的实时洞察活动分析模块（见图 4-16），能够围绕活动中的商品提供销售、流量、商品和营销全方位活动数据监控。活动分析模块包含进行中的活动、活动日历、活动列表及活动详情四个部分，通过预热期、活动期和复盘期串联营销活动的前、中、后三个时期，提供销量、流量、商品、营销效果和客户主题数据。

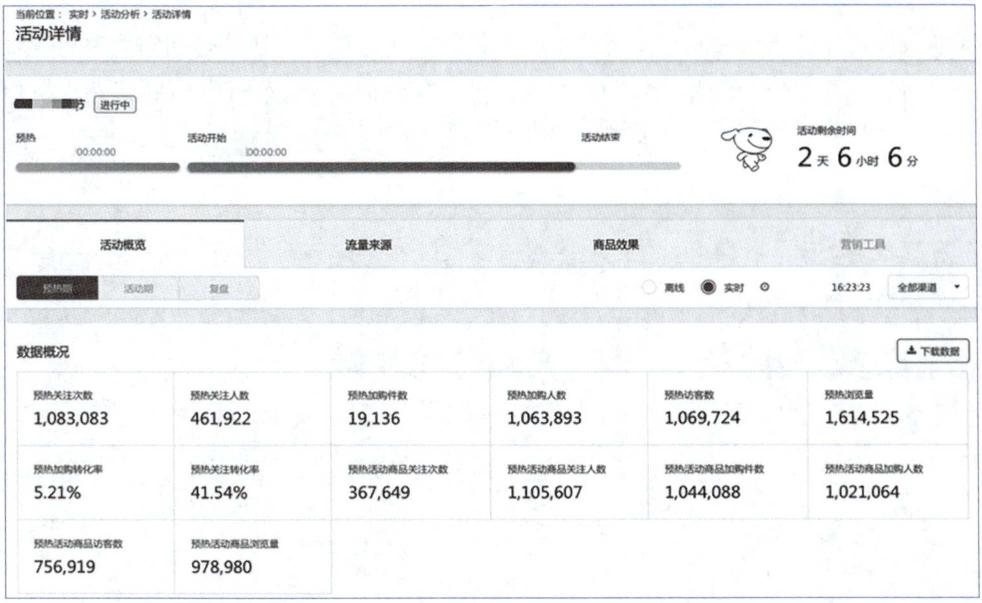

图 4-16　京东商智的实时洞察活动详情数据

（二）活动推广效果的具体分析

企业在分析活动推广效果时，可借助上述四个维度对应的指标进行具体分析。按照预热期和活动期，可以对活动时长、交易、流量等核心指标进行横向对比，下面以某电子商务企业，在京东平台制定平台活动方案为例，分析活动推广相关数据。

1. 数据获取

可以通过京东商智—实时洞察—活动分析功能，在“活动列表”自定义条件筛选查找活动场次，支持活动查看、对比、配置、置顶功能，如图 4-17 所示。

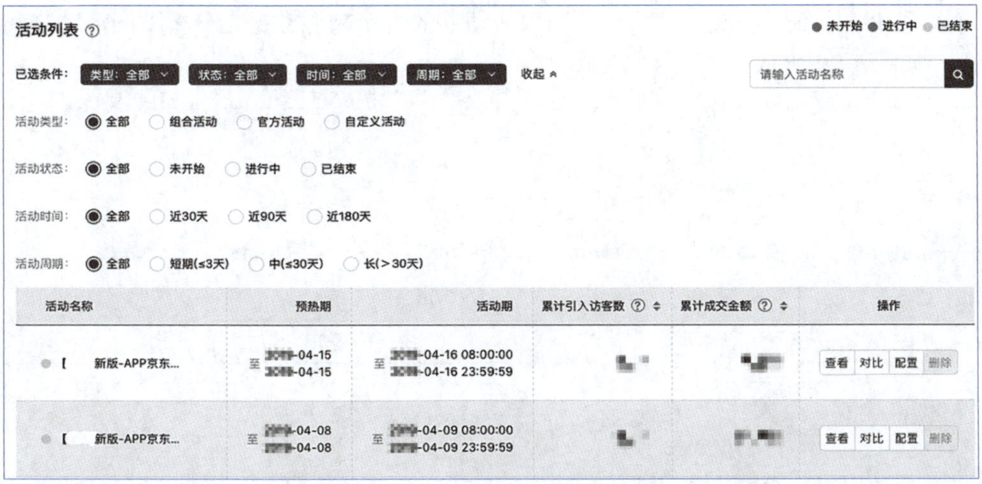

图 4-17　京东商智活动列表页面

2. 活动数据概况

活动数据对比分析中先对于活动概况数据进行对比分析，按照预热期和活动期，对活动时长、交易、流量等核心指标进行横向对比。可以在各活动平台中采集与转化和拉新相关的指标数据，并将其整理到 Excel 中进行分析，如图 4-18 所示。

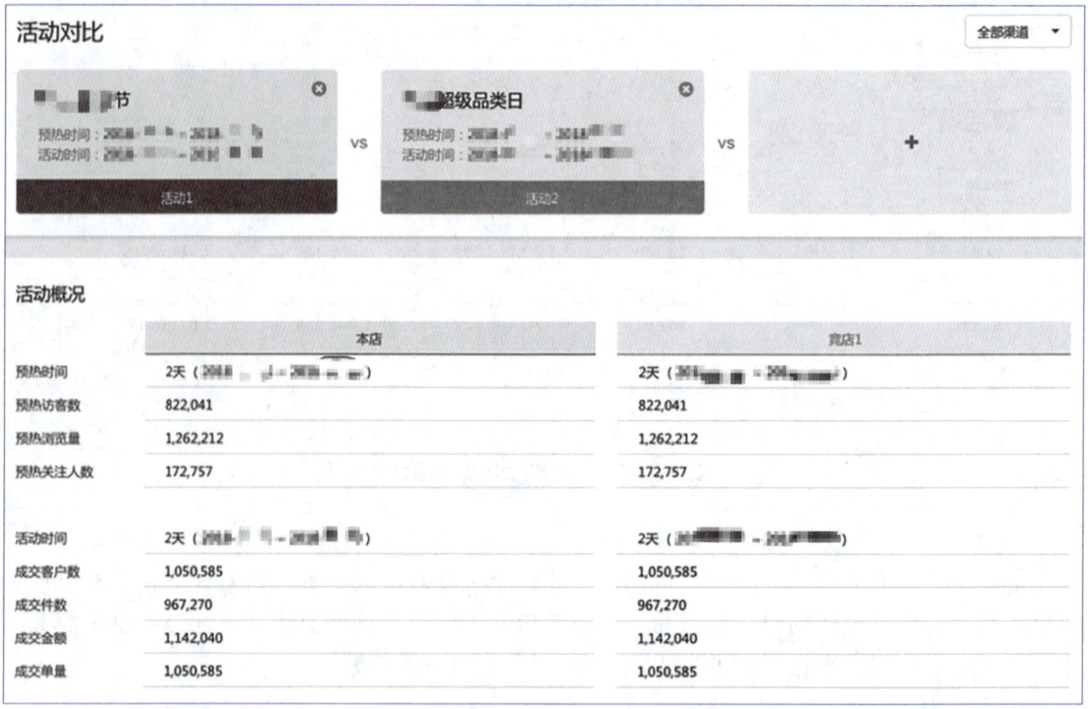

图 4-18　京东商智活动对比数据

3. 活动引流数据分析

可以通过对比不同场次活动的预热期和活动期的流量来源数据，分析不同活动之间的引流差距，如图 4-19 所示。

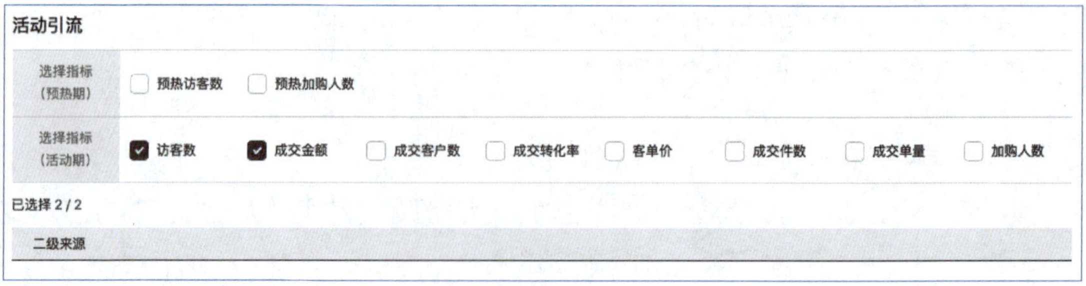

图 4-19　京东商智活动引流分析

4. 商品效果对比分析

以 SPU 和 SKU 粒度，分别对比全部商品或活动商品的预热期和活动期数据，直观了解到不同活动场次的活动效果，如图 4-20 所示。

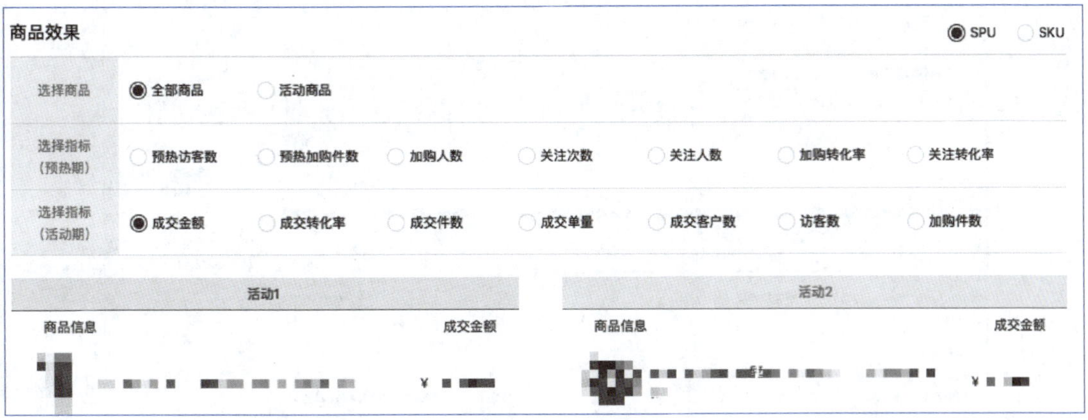

图 4-20　京东商智商品效果分析

5. 店铺客群沉淀效果

以活动日历的方式，查询和分析月度活动引入的客户数据，帮助电子商务企业及时规划拉新或唤醒沉睡的老客户；通过对比不同场次活动引入的新老客户，了解活动不同形式的活动带来的客群表现效果，如图 4-21 所示。

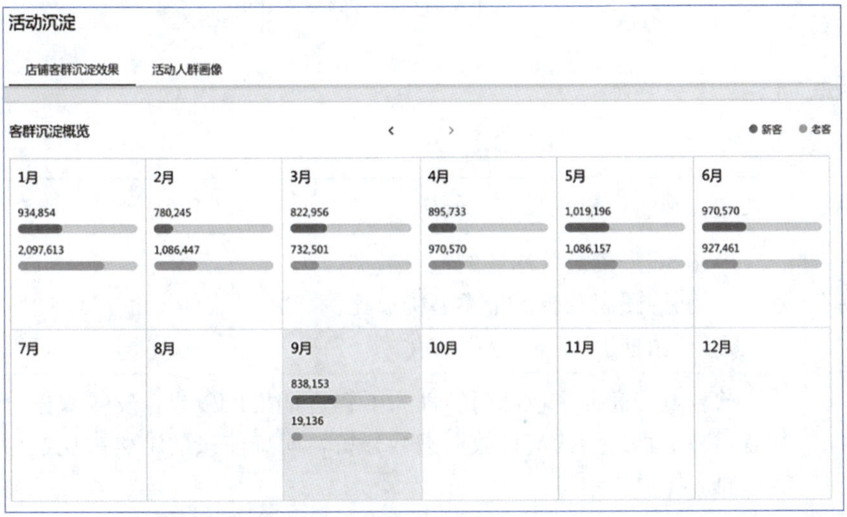

图 4-21　京东商智店铺客群沉淀分析

6. 活动人群画像分析

针对“所选活动”中引入的新老两个客户群体，分别进行详细的客户属性和行为特征分析，包括：性别、年龄、省份、成交金额、热销商品、热门关键词和客户回访/回购分析等，如图 4-22 所示。

电商企业在进行活动效果对比后，能够通过数据分析出活动当天交易金额、支付客户数、支付新客户数的具体情况，通过数据客观分析出活动对于拉新和动销而言的实际性促销作用，了解活动效果的优劣，并对活动做出调整。

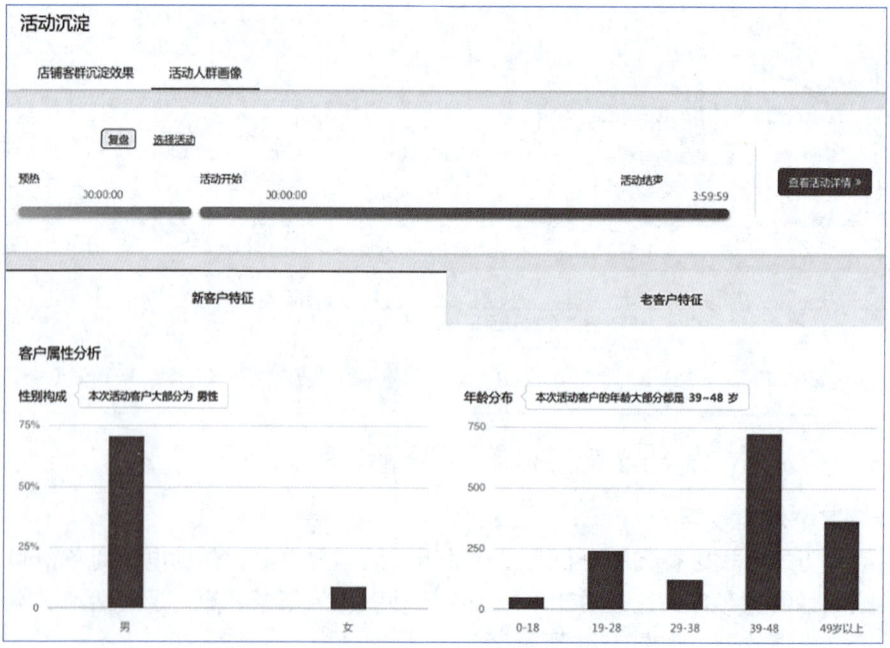

图 4-22　京东商智活动人群画像分析

【任务实训】

任务单 4.1.1

任务项目	某童装网店客户流量结构分析
任务目标	（1）能够采集童装网店的流量数据。 （2）利用图表分析流量类型构成比例。 （3）利用柱形图分析流量转化率
任务描述	某童装电子商务企业部门经理为了解近期推广效果，安排数据分析师小李对最近一个月的店铺流量数据进行分析，明确流量的结构占比，为后期营销渠道的选择提供参考
任务要求	利用生意参谋获取店铺的流量数据，采集并整理到 Excel 中。创建饼图，分析该店铺各种流量的构成比例，然后创建柱形图分析不同流量的转化率对比数据。 （1）设置查看日期和流量入口。进入生意参谋的“流量”功能版块，单击左侧导航栏中的“店铺来源”，将日期设置为“30 天”，将流量入口设置为“移动端”。 （2）采集数据。在“流量来源构成”版块中选择“访客数”和“下单转化率”两个指标。

任务要求	（3）整理数据。将复制的数据粘贴到 Excel 表格中，并对数据进行适当美化。返回生意参谋，依次展开“淘内免费”“自主访问”“付费流量”下的数据，将其分别复制到 Excel 中并进行整理。 （4）分析流量构成。以流量来源和访客数为数据源创建饼图，并对饼图进行适当美化，包括取消标题和图例，应用图表样式，添加数据标签等。 （5）流量细分。创建淘内免费、自主访问和付费流量的三个细分结构饼图，并适当美化。 （6）转化分析。以流量来源和下单转化率为数据源创建柱形图，并对柱形图进行适当美化	
任务记录	实施过程	其他事项

<table>
<tr><td rowspan="2">任务记录</td><td colspan="4">实施过程</td><td>其他事项</td></tr>
<tr><td colspan="4"></td><td></td></tr>
<tr><td>任务反思</td><td colspan="5"></td></tr>
<tr><td>学号</td><td></td><td>姓名</td><td></td><td>时间</td><td></td></tr>
</table>

【任务实训】

评价单 4.1.1

<table>
<tr><td>评价项目</td><td colspan="5"></td></tr>
<tr><td rowspan="2">技能评价</td><td colspan="2">学生互评</td><td>组内评价</td><td colspan="2">教师评价</td></tr>
<tr><td colspan="2"></td><td></td><td colspan="2"></td></tr>
<tr><td rowspan="5">素质评价</td><td colspan="3">评价要点</td><td>达标</td><td>未达标</td></tr>
<tr><td>工匠精神</td><td colspan="2">有耐心、精益求精</td><td></td><td></td></tr>
<tr><td>协作精神</td><td colspan="2">重合作、团队协商</td><td></td><td></td></tr>
<tr><td>创新意识</td><td colspan="2">有想法、创新创意</td><td></td><td></td></tr>
<tr><td>学习能力</td><td colspan="2">会运用、求真求实</td><td></td><td></td></tr>
<tr><td>学号</td><td></td><td>姓名</td><td></td><td>时间</td><td></td></tr>
</table>

【学习总结】

项目学习总结记录

【任务实训】

任务单 4.1.2

任务项目	童装市场关键词推广效果分析	
任务目标	在淘宝网店经营活动中，企业往往都会通过站内付费推广工具如直通车、钻石展位、淘宝客，免费推广工具微淘、网店活动等渠道进行营销，通过数据采集工具获取店铺产品关键词数据，并且利用关键词数据分析结果，提升网店流量和人气，为网店带动更多的成交	
任务描述	某童装电子商务企业主营女童连衣裙为主，部门经理安排数据分析师小李对本月直通车推广情况进行分析，支撑销售策略的优化	
任务要求	（1）利用生意参谋的搜索洞察功能，获取店铺近一个月女童连衣裙的关键词数据，采集并整理到 Excel 中。 （2）通过关键词排行进行筛选，通过搜索人气、单击率、支付转化率等指标，进一步了解某一长尾词的引流和转化等效果。 （3）分析关键词搜索趋势。 （4）分析关键词的相关词排行。 （5）分析关键词的相关修饰词排行。 （6）通过数据整理和分析完成以下问题： 收藏转化最高的关键词是____________； 加购转化最高的关键词是____________； 支付转化率最高的关键词是____________	
任务记录	实施过程	其他事项

<table>
<tr><td rowspan="2">任务记录</td><td colspan="4">实施过程</td><td>其他事项</td></tr>
<tr><td colspan="4"></td><td></td></tr>
<tr><td>任务反思</td><td colspan="5"></td></tr>
<tr><td>学号</td><td></td><td>姓名</td><td></td><td>时间</td><td></td></tr>
</table>

【任务实训】

评价单 4.1.2

<table>
<tr><td>评价项目</td><td colspan="5"></td></tr>
<tr><td rowspan="2">技能评价</td><td colspan="2">学生互评</td><td colspan="2">组内评价</td><td>教师评价</td></tr>
<tr><td colspan="2"></td><td colspan="2"></td><td></td></tr>
<tr><td rowspan="5">素质评价</td><td colspan="3">评价要点</td><td>达标</td><td>未达标</td></tr>
<tr><td>工匠精神</td><td colspan="2">有耐心、精益求精</td><td></td><td></td></tr>
<tr><td>协作精神</td><td colspan="2">重合作、团队协商</td><td></td><td></td></tr>
<tr><td>创新意识</td><td colspan="2">有想法、创新创意</td><td></td><td></td></tr>
<tr><td>学习能力</td><td colspan="2">会运用、求真求实</td><td></td><td></td></tr>
<tr><td>学号</td><td></td><td>姓名</td><td></td><td>时间</td><td></td></tr>
</table>

【学习总结】

项目学习总结记录

【任务实训】

任务单 4.1.3

任务项目	童装市场活动推广效果分析	
任务目标	（1）明确活动效果。 （2）明确各渠道流量占比。 （3）明确各渠道流量转化率。 （4）明确营销活动对拉新的效果	
任务描述	某电子商务企业部门经理制定了平台产品试用活动方案，通过提供试用商品吸引向买家进店并关注宝贝，为品牌快速入市提供帮助，此次活动旨在打造秋冬款爆品，为10月中旬大促和“双11”大促引流。现活动已结束，为了评估活动效果，部门经理安排数据分析师小李对活动期间的店铺数据进行分析，明确活动为店铺带来流量，评估活动效果，为其后期营销策略的制定提供参考	
任务要求	（1）数据获取。单击源数据表或进入平台后台“流量分析—流量趋势”，获取网店活动流量数据。 （2）活动流量分析。对活动期间访客数、加购人数、收藏次数进行分析，明确活动期间流量变化，利用图形进行可视化展示及分析。 （3）活动流量结构分析。进入平台后台“流量分析—流量来源去向”获取流量数据，按照流量来源对数据进行分类，明确各渠道数据占比	
任务记录	实施过程	其他事项

任务记录	实施过程				其他事项
任务反思					
学号		姓名		时间	

【任务实训】

评价单 4. 1. 3

评价项目				
技能评价	学生互评		组内评价	教师评价
素质评价	评价要点		达标	未达标
	工匠精神	有耐心、精益求精		
	协作精神	重合作、团队协商		
	创新意识	有想法、创新创意		
	学习能力	会运用、求真求实		
学号		姓名		时间	

【学习总结】

项目学习总结记录

任务二　交易数据分析

【案例导入】

电商平台“618”年中大促迎“开门红”

“618”年中大促正进行得如火如荼。而从公布的数据来看，各大平台也都取得了不俗的成绩。以京东为例，5 月 31 日晚 8 点刚过，美的、海尔、小米、格力等品牌成交额便瞬间破亿。数据显示，10 分钟破亿的品牌数量同比增加了 23%，超六成的新商家 5 分钟成交额突破五月日均全天，近五成中小商家成交额增长超 200%。

今年“618”，从预热开始，各大平台就在不停地“卷”。一直把“618”视为主场的京东率先提出将主打低价牌。“我们坚信低价是零售业发展的核心动力。在京东，从来都不存在‘暴利’的概念，我们坚持细水长流、薄利多销、规模为首，用极致的低成本带来极致的低价。”在 5 月 22 日举办的京东“618”启动发布会上，京东零售 CEO 说，今年京东“618”是全行业投入力度最大的一次，也是线上线下品牌数量参与最多的一次。同样，天猫淘宝也把今年称为“史上投入最大 618”。海报新闻记者从淘宝 App 上看到，大量商品全部直接显示出平台补贴价格，同时，淘宝 App 首页还出现了“618 淘宝好价”的入口，打出“1 元购”：每天近 100 万件商品直降至 1 元，买 1 件也包邮。虽然有着“卷王”之称的拼多多一直说对“618”、双 11 不在乎，但在拼多多 App 上，却不乏“无预热，直接降”等字样。

而作为消费者来说，他们自然乐见各大电商平台的“内卷”，平台间卷得越厉害，消费者剁起手来才越狠。京东数据显示，小米、荣耀、OPPO、vivo、华为、三星等手机，以及 MiniLED 和 OLED 显示器、微单相机成交额同比增长均超 100%；开门红前 10 分钟，超 3 000 个品牌成交额同比增长超 3 倍，超薄嵌入冰箱、双腔蒸烤一体集成灶、洗碗机、洗烘套装等家电品类成交额同比增长超 1.5 倍，立式护眼台灯、升降桌、夏凉被、晶石香薰、旅行茶具等上百个品类成交额同比增长超 3 倍。

而唯品会数据显示，“618”开售 1 小时，夏季潮搭、运动户外、家居家电、美妆护肤、黄金珠宝等多品类产品迎来劲增，多品类的头部国货品牌销量增幅明显。唯品会相关负责人介绍，本次“618”年中特卖节，唯品会聚焦“深度折扣”与“规则简化”，致力于为消费者提供质高价优的商品与舒心流畅的购物体验。唯品会仍坚持优惠规则简化的原则，消费者无需凑单，一件商品即可享受超值优惠。

【知识储备】

电子商务活动中的运营与销售策略、方式和手段等都有别于实体行业。以网店为例其交易金额就是访客数、转化率和客单价的乘积。其中，转化率是衡量网店能否吸引客户购买的一个指标，提高转化率就能提升销售业绩。

本项目对店铺交易数据进行分析，包括对交易数据总览、交易趋势、转化率和客单价数据的分析，以及对于网店利润数据的分析等。

一、交易数据

在网店经营销售过程中。会产生大量的交易数据，这些交易数据对网店的经营策略会有很大影响。通常网店的销售策略是需要根据前期的交易数据和市场变化情况及时调整的，以帮助销售部门实现销售目标。进行交易数据分析，首先要明确此次数据分析的目标，然后围绕该目标收集相关的数据，整理并分析相应的数据，找到数据变动的原因，最后调整相关的内容，改善交易情况。

（一）交易总览

交易总览数据能够帮助商家从整体的角度来分析店铺运营的情况，根据交易产生的流程，交易概况从浏览与购买成交两个维度来组织数据描述交易，如图 4-23 所示，为京东商智平台交易数据概览。

图 4-23 京东商智交易数据概览

由图 4-25 可知，该电子商务网店的下单转化率较低为 8.06%，而下单成交转化率则为 80%，客户访问量与下单量的差距过大，因而企业需要对于商品详情页等对象进行优化，从而能够提升下单转化率。

（二）交易趋势分析

交易趋势是利用曲线图来描述与成交（即订单）相关的数据指标在时间上的趋势，可选指标包含下单量、下单客户数、下单金额、下单商品件数、成交单量、成交客户数、成交金额、成交商品件数、客单价、下单转化率、成交转化率和下单成交转化率十二个。

在选择单个指标时，可以通过与同行同级店铺在该指标上的均值进行横向对比，以明确自己在行业相似体量商家中的竞争情况。图 4-24 所示为京东商智平台交易趋势数据结果，该统计期间，平台交易趋势有小幅波动。

电商平台交易额计算公式为

$$交易额=访客数*转化率*客单价$$

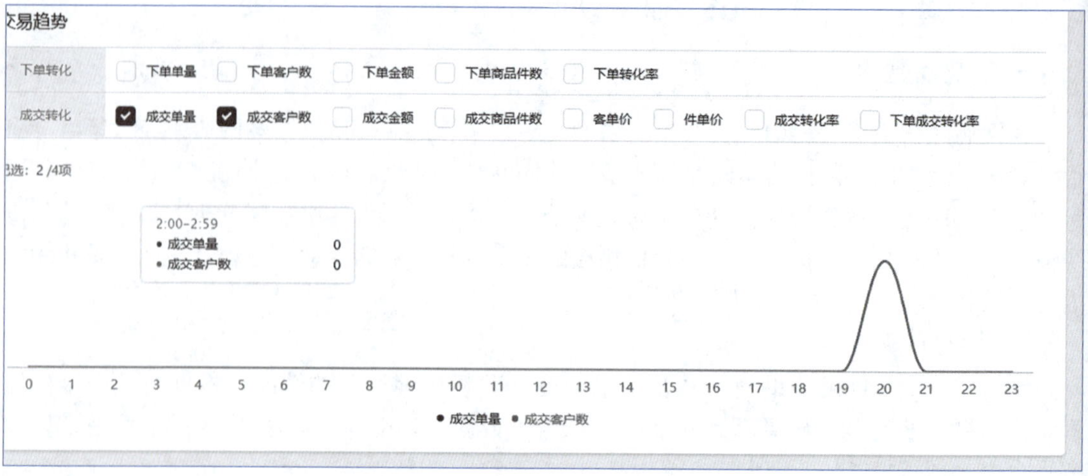

图 4-24 京东商智平台交易趋势数据结果

因而在进行交易数据分析时，对于交易额的提升，主要从访客数、转化率、客单价三个指标数据的影响情况进行分析。

二、转化率

（一）转化率计算

转化率指的是客户从某种行为转化为另一种行为的比率，提高转化率是提高销售额最有效的途径之一。其中消费者从访问到支付成交的过程又被称为成交转化，成交转化率直接决定着店铺销售额的高低。成交转化率的计算公式为：成交转化率＝成交人数/访客数＊100％。例如访问店铺的消费者有 30 人，最终下单成交的人数为 3 人，则成交转化率＝3/30＊100％＝10％。

在京东商智“经营分析—交易分析”功能版块下，可以查看指定期间的店铺成交转化率数据，如图 4-25 所示。

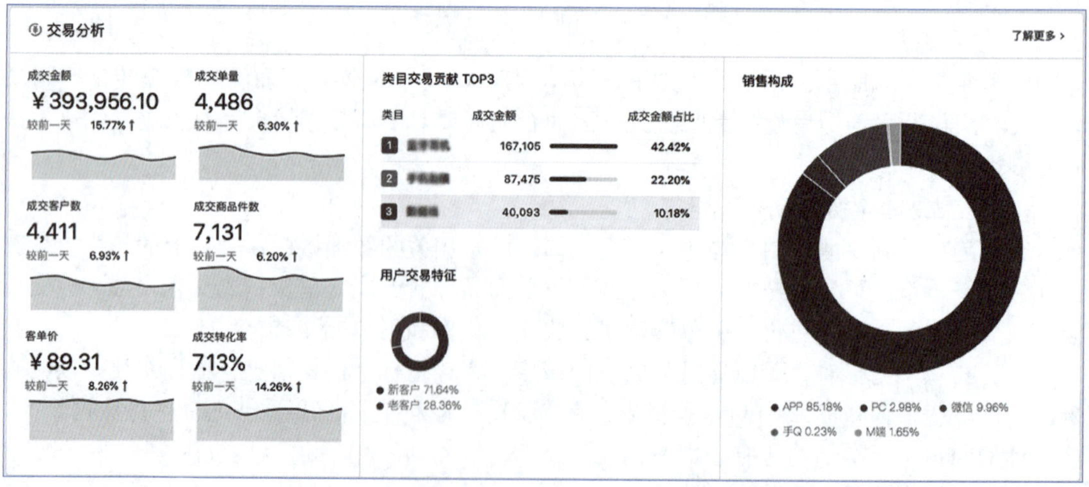

图 4-25 京东商智成交转化率数据

（二）转化率影响因素

商品的流量转化直接影响店铺的最终销量。因此当商品具有合格的引流能力时，企业需要关注流量的转化情况，并对转化效果不佳的方面进行优化。实际上，影响转化的因素有很多，这里主要从最直观的几个因素入手进行介绍，包括商品主图、价格、首页、详情页和评价。

1. 主图

消费者搜索到商品后，首先接触的就是主图。优秀的主图效果吸引流量，增加单击量，甚至直接影响消费者的购买行为，影响主图效果的因素比较多，如精美的拍摄效果、合适的模特展示、精确的卖点文案、恰当的排版等都可以有效提升主图的质量。企业在制作出主图后，可以进行合理的测试对比，选择更受消费者喜欢的主图来展示商品。

2. 价格

消费者认可主图效果或者被主图吸引后，很自然地就会查看该商品的价格。价格是商品竞争力最直接的体现，特别是相同商品之间进行竞争时，消费者通常会选择价格更低的商品，即使产品在价格上有微弱的优势，这种优势也会直接表现在销量上。因此，在同类竞品较多时，商家必须对商品价格进行优化，以获取更多的流量。

3. 首页

店铺首页就像店铺的“门面”，代表着店铺的整体品质和格调。很多消费者进店访问时，会跳转到店铺首页查看商品分类，此时，良好的店铺首页效果更利于刺激消费者的购买欲。

4. 详情页

商品详情页是消费者了解商品详细信息的页面。商品详情页上方主要展示商品主图、商品价格和商品库存量单位（即 SKU）等，商品主图可以让消费者进一步查看商品效果，SKU 则可以让消费者自由地查看和挑选商品的颜色、款式等。详情页中的商品详情介绍，包括商品图片、文案、参数、质量保证、客服、物流等信息，是消费者了解商品的主要途径，也是影响消费者购买决策的重要页面。一般来说，大多数消费者都是在仔细浏览详情页内容后才做出下单决定的，因此企业要合理利用详情页的功能，尽可能合理美观地展示商品，打消消费者的购买顾虑，促使其下单。

5. 评价

评价也是促成交易的重要因素。消费者在查看商品详情时，也会关注商品评价。评价数量多，说明购买人数较多，也说明商品得到了其他消费者的认可。一般来说，评价较好的商品更容易赢得消费者信任，影响其做出购买决定。此外，评价还会影响店铺信用评分，信用评分的高低直接影响商品和店铺的综合排名，排名靠前，商品才能获得更多搜索展示机会，才有可能获得更多流量和转化。

三、客单价

（一）客单价含义

客单价在某种程度上反映了目标消费群体的消费力，也直接影响着店铺的最终销售额，它是店铺运营的重要指标之一。

客单价指一定时期内，每一位消费者购买商品的平均金额，也就是平均交易金额。在店铺交易额公式中可以看出，访客数、转化率、客单价是直接影响店铺交易成果的三个数据。在访客数、转化率表现平稳的条件下，提高客单价，就可以提高店铺整体的交易额。

客单价＝成交金额/成交客户数

（二）客单价影响因素

影响客单价的因素主要有商品定价、促销优惠、关联营销、购买数量等，表 4-6 为客单价的影响因素情况。

表 4-6　客单价影响因素

影响因素	具体影响
商品定价	商品定价的高低基本上决定了客单价的多少，在实际销售中客单价只会在商品定价的一定范围内上下浮动
促销优惠	在大型促销优惠的过程中，客单价的高低取决于优惠的力度
	基于优惠力度的多少，包邮的最低消费标准的设置，对客单价也有重要影响
关联营销	店铺一般会在商品详情页推荐相关的购买套餐，同时加入其他商品的链接。这样关联销售，起到了互相引流的作用。电商平台通过大数据算法，在首页、搜索页、详情页、购物车页、订单页等各种页面中都会有关联商品的推荐
购买数量	购买数量会因商品类目的属性不同而不同。定价不同的商品，买家花费的时间成本与操作成本是不同的。所以，要想提高客单价，可以提高单个买家购物的种类，以及单个订单内商品的数量。目前许多电商平台上推出的“凑单”销售方式，原理就是如此

（三）提升客单价的方法

1. 提供附加服务

满足一定的消费金额或是一定消费数量就可以享受的服务。例如一些纪念用品，可以提供“免费刻字”活动；一些需要安装的商品，可以策划“满多少免费上门安装”的活动，或者“消费多少免费提供多少日的免费维修服务”等。这些运营方式主要是通过提供更多附加服务来引导顾客多买多享。

2. 提供 SKU 销售套餐

在提供优惠套餐时，要根据店铺人群属性提供不同的套餐，为买家提供多种不同的选择，因为某食品销售店铺设计的多种套餐，通过 SKU 销售套餐，可以有效地提高每笔单价，从而提高客单价。

3. 详情页关联营销

适当地将互补的商品搭配起来关联销售，如经营男装的店铺，将衬衣和裤子搭配好进行展示，当顾客在购买其中任意一种商品时，同时看到模特身上穿的关联商品，就可能对搭配商品产生兴趣。这种营销方式不仅减少了顾客自主搭配的烦恼，提高了顾客的购物体验，还可以提高客单价。

4. 客服

客服是提高客单价的一个非常重要的方式，客服是可以通过沟通来直接影响顾客的购买决策，通过优质合理的推荐，提高客单价。例如，经营母婴商品的店铺，新手妈妈在第一次购买母婴商品时，很愿意倾听客服的推荐，从而主动购买更多的相关商品。

下面以某网络零售店铺为例，分析店铺交易数据以及交易额的主要影响因素。

第一，统计网店每日的销售金额。由于单日数据存在不确定的起伏，所以以周为单位记录交易额情况，统计记录近三个月的交易额数据某网店交易额数据见表 4-7，并绘制成折线图，如图 4-26 所示。

表 4-7　某网店交易额数据

日期	周数	交易额	客单价	订单量	转化率	访客量
2022 年 09 月 02 日～2022 年 09 月 08 日	第 36 周	25 000	82.7	302	3.00%	10 077
2022 年 09 月 09 日～2022 年 09 月 15 日	第 37 周	26 135	112	233	3.33%	7 007
2022 年 09 月 16 日～2022 年 09 月 22 日	第 38 周	18 790	116.3	162	2.84%	5 689
2022 年 09 月 23 日～2022 年 09 月 29 日	第 39 周	16 931	119.7	141	2.95%	4 795
2022 年 09 月 30 日～2022 年 10 月 06 日	第 40 周	15 790	110	144	3.58%	4 010
2022 年 10 月 07 日～2022 年 10 月 13 日	第 41 周	14 780	113.5	130	2.46%	5 294
2022 年 10 月 14 日～2022 年 10 月 20 日	第 42 周	13 190	110.6	119	2.76%	4 321
2022 年 10 月 21 日～2022 年 10 月 27 日	第 43 周	12 178	109.4	111	3.39%	3 284
2022 年 10 月 28 日～2022 年 11 月 03 日	第 44 周	11 980	109.1	110	3.81%	2 882
2022 年 11 月 04 日～2022 年 11 月 10 日	第 45 周	10 414	111	94	2.67%	3 514
2022 年 11 月 11 日～2022 年 11 月 17 日	第 46 周	26 234	120.4	218	2.61%	8 348
2022 年 11 月 18 日～2022 年 11 月 24 日	第 47 周	24 130	116	208	2.37%	8 777
2022 年 11 月 25 日～2022 年 12 月 01 日	第 48 周	20 154	139.1	145	2.87%	5 048
2022 年 12 月 02 日～2022 年 12 月 08 日	第 49 周	21 708	119.8	181	3.43%	5 283

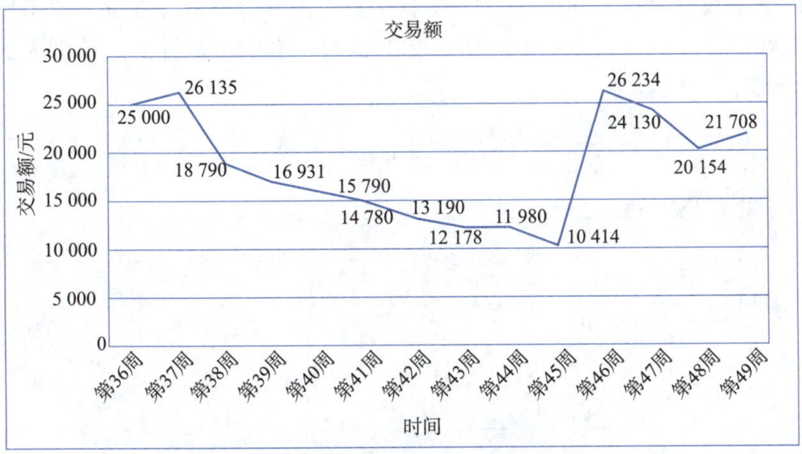

图 4-26　某网店交易额数据折线图

从交易额数据整体变化情况看，除第 45 周与第 46 周受到“11.11”活动的影响，数据存在波动外，从 37 周开始到 44 周，每周的成交金额逐渐下降。针对以上情况，需要及时分析交易金额下降的具体原因，要从展现量、转化率、客单价这几个方面整理和观察数据变化原因，发现网店销售过程中存在的问题，并进行及时调整。

第二，分析客单价。从交易额公式的最后端往前推，先将对应销售时间区间的客单价数据整理出来，绘制成折线图，某网店客单价数据折线图如图 4-27 所示。

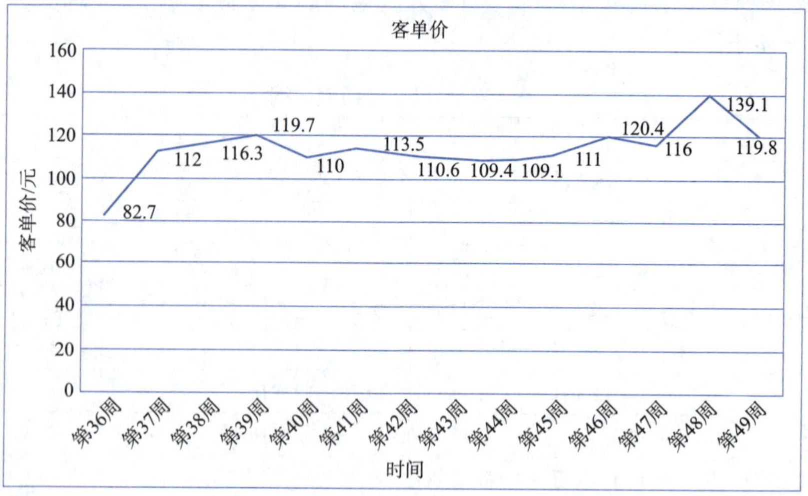

图 4-27 某网店客单价数据折线图

从图 4-27 中整理出来的客单价数据中可以看到，除第 36 周（82.7 元）和第 48 周（139.1 元）波动较大外，其余几周客单价基本稳定在 100～120 元的范围内，对比图 4-28 的交易金额变化趋势，第 36 周与第 48 周的数据异常，客单价并不是主因。同时，也可以看出，并不存在活动降价或促销导致客单价持续下降的情况。通过以上情况的分析，基本上可以排除掉因客单价下降导致销售金额下滑的可能性。

第三，订单量数据分析。在交易额公式中，去除客单价后，展现量、单击率、转化率三个数据的乘积就是订单数量。在排除客单价影响销售金额的可能性后，整理大致的订单量数据如图 4-28 所示。

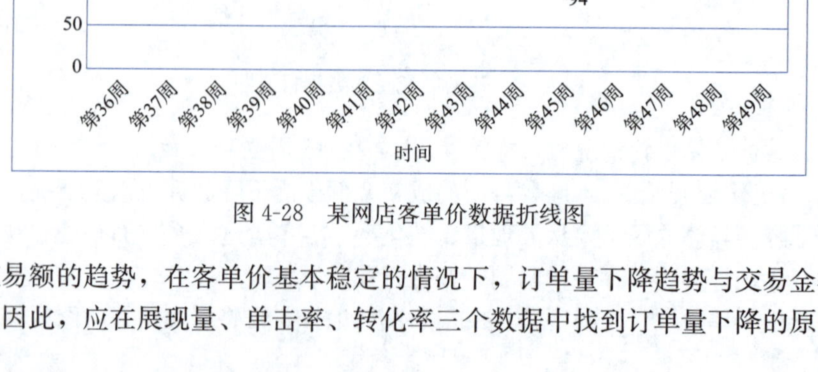

图 4-28 某网店客单价数据折线图

对比交易额的趋势，在客单价基本稳定的情况下，订单量下降趋势与交易金额下降趋势基本吻合。因此，应在展现量、单击率、转化率三个数据中找到订单量下降的原因。

第四，转化率数据分析。整理店铺的转化率数据，绘制店铺转化率折线图，如图 4-29 所示，观察店铺转化率的数据变化。转化率一直处于 2%～4%，虽有一定程度的波动，但基本在 3%左右。而且对比交易金额的趋势，转化率的波动对交易金额有一定影响，比如第 44 周至第 47 周，但并非是交易金额下滑的主因。

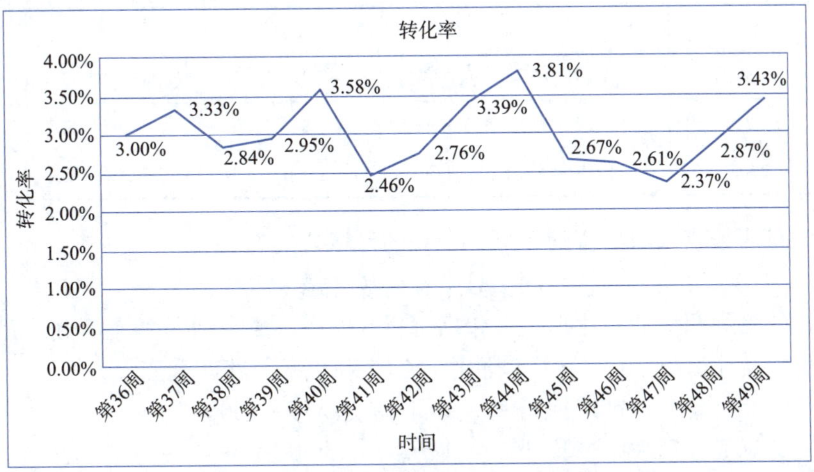

图 4-29　某网店转化率数据折线图

第五，访客数分析。收集和整理第 36 周至第 49 周的店铺访客量数据，绘制访客量数据折线图，如图 4-30 所示。

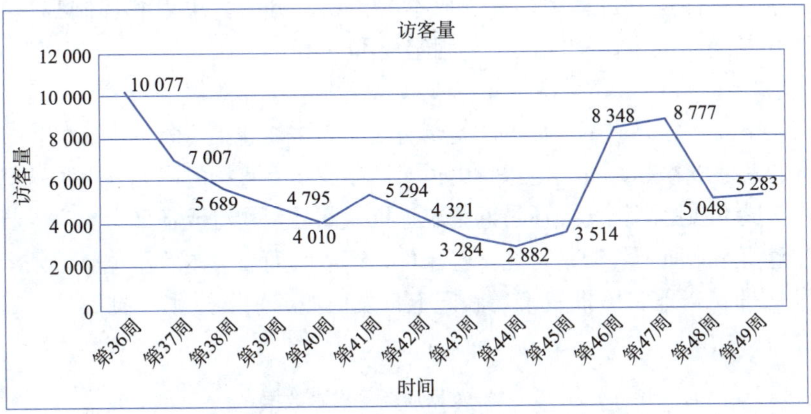

图 4-30　某网店访客量数据折线图

在整理和分析了各目标数据后，可以大致得出导致销售金额下降的主要指标是访客量。影响访客量的指标有两个，一个是展现量，一个是单击率，在网店运营过程中展现量都是比较稳定的，所以重点就是提升单击率。单击率高则访客量高，若单击率低则访客量较低。因而，要提升单击率就要优化店铺的商品详情页、商品主图、购物路径等，有助于提升店铺的访客量。

四、销售利润

（一）利润和利润率

利润是企业经营的根本原因，只要有利润可赚，企业就会持续经营，不同行业的利润有高有低，而利润的高低也不是评判行业生命力的唯一标准。从会计学的角度而言，利润和利润率的定义较为复杂，但对电商企业而言，可以更为直观地理解利润和利润率的概念，表 4-8 为某网店销售利润数据表。

表 4-8　某网店销售利润数据

月份	成交量/件	交易均价/元	交易金额/元	总成本/元	利润/元	利润率
7 月	1 347	95.75	128 975.25	83 928.3	45 046.95	34.93%
8 月	1 210	96.19	116 389.9	64 468.03	51 921.87	44.61%
9 月	1 533	87.26	133 769.58	81 752.8	52 016.78	38.89%

利润指的是店铺收入与成本的差额，利润的计算公式为

利润＝总交易金额－总成本

利润率指的是利润值的转化形式，包括销售利润率、成本利润率等，用于衡量销售、成本等项目的价值转化情况。表 4-8 中利润率为销售利润率，其计算公式为

销售利润率＝利润/总交易额＊100%

如果需要计算成本利润率，其计算公式为

成本利润率＝利润/总成本＊100%

（二）成本数据

电子商务企业的店铺运营是以盈利为根本，除了做好销售运营这些环节，成本控制也是盈利的关键。在店铺的运营过程中，关于成本的预测、分析、决策和控制都是必不可少的，最常见的成本包括商品成本、推广成本和固定成本三种。

1. 商品成本

商品成本是电商网店总成本构成的关键部分之一，主要包括进货成本、物流成本、人工成本、损耗成本和其他成本等。不同的进货渠道对商品成本有直接的影响，例如选择在实体批发市场进货，人工成本会更高，选择通过网络渠道批发商品，物流成本又会更高。具体选择货源时，除了应注意商品品质、货源是否充足等条件，产生的商品成本费用也是必须考虑的。

例如，某店铺在当地实体批发市场和网上批发商城分别购进了一批商品，具体成本数据见表 4-9。

表 4-9　某网店商品成本数据

渠道	进货成本/元	人工成本/元	物流成本/元	损耗成本/元	其他成本/元
实体批发市场	8 300	800	—	—	50
网上批发商城	2 100	—	200	50	
合计	10 400	800	200	50	50

根据表中数据可以统计分析出，此次购进商品的进货成本在整个商品成本中的占比为 10 400/（10 400＋800＋200＋50＋50）＝90.43%、人工成本占比为 6.96%、物流成本占比为 1.74%、损耗成本占比为 0.43%、其他成本占比为 0.43%、各成本在整个商品成本中的占比如图 4-31 所示。

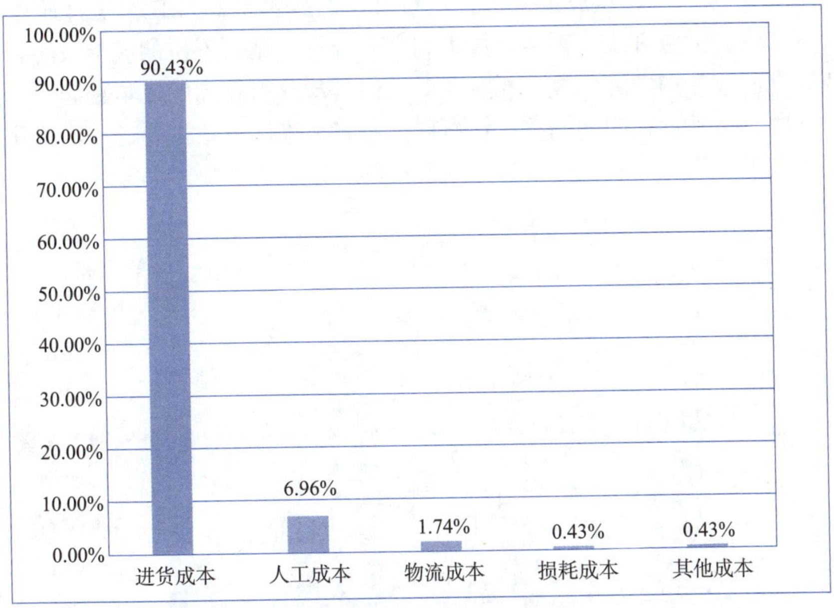

图 4-31　某网店商品成本构成

在进行商品成本分析的过程中，还可以通过进货消耗率指标，对比不同进货渠道的优劣势。进货消耗率指购进商品时伴随进货成本产生的其他所有成本与进货成本的比率。从不同渠道的进货成本消耗来看，从实体批发市场进货的进货消耗率为（800＋50）/8 300＊100%＝10.24%；从网上批发商城进货的进货消耗率则为（200＋50）/2 100＊100%＝11.9%。由此可见，该店铺可能由于地域优势等原因，其从实体批发市场进货的成本消耗率相对于网上批发商城要低一些，除非实体批发市场没有满意的货源，否则都可以通过实体批发市场进货来减少成本损耗。

2. 推广成本

推广是店铺运营的核心手段之一，如使用淘宝客、直通车、钻石展位等常规推广方式，以及参加各种平台组织的活动等，都会涉及推广成本。通过对推广成本进行分析，可以看到哪种推广手段更为有效，从而能够有策略地改变运营推广战术。

某店铺直通车、淘宝客、钻石展位和其他推广成本的相关数据见表 4-10。其中，不同方式的推广成本和交易金额数据都可以通过生意参谋的店铺流量功能来采集。

表 4-10　某网店推广成本数据

手　段	成本/元	成交额/元	利润/元	成本利润率
直通车	341.53	579.46	237.93	69.67%
淘宝客	155.49	263.15	107.66	69.24%
钻石展位	497.86	572.81	74.95	15.05%
其他	89.21	117.39	28.18	31.59%

通过图 4-32 可以看到，从成本分析，钻石展位的成本最高，其次是直通车，再次是淘宝客，最后是其他的付费方式。再结合成本利润来分析，钻石展位的成本最高，但是成本利润率却最低；直通车和淘宝客的成本相对较低，但是却获得较高的成本利润率。根据统计结果对店铺的推广方式进行相应的调整，钻石展位和其他推广方式需要进一步优化，如优化钻石展位的图片效果、提高钻石展位的推广精准度等，以求吸引更多的流量。

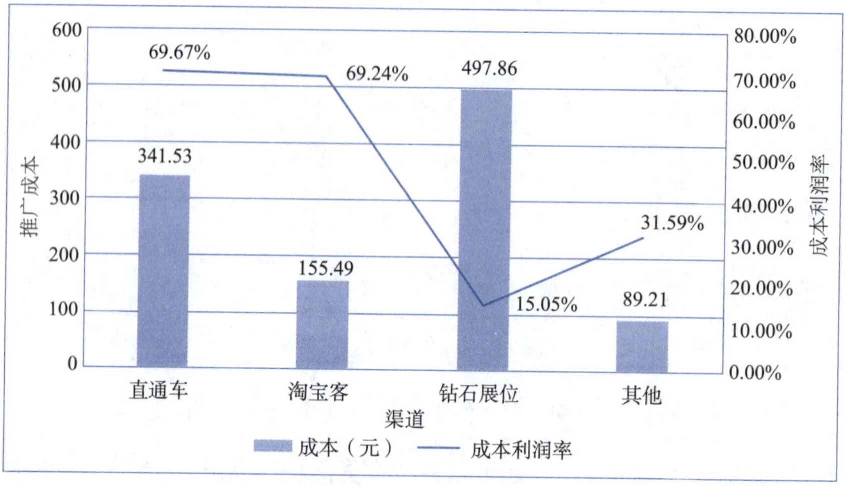

图 4-32　某网店推广成本和成本利润率

推广的深度决定了网店的后期发展速度，电子商务平台卖家需要定期对网店的推广进行有效的数据分析，挖掘出对网店贡献最大的推广方式，再对网店的推广方式进行有目的性、有方向性的战略调整。

3. 固定成本

固定成本又被称为固定费用，是指成本总额在一定时期和一定业务量范围内，不受业务量增减变动影响而能保持不变或者影响不大。针对电子商务平台企业而言，固定成本主要包括场地租金、员工工资、网络信息费以及相关的设备折旧。其中，设备折旧的成本属于固定成本中最基础的成本之一，尽量降低人为损伤能在一定程度上降低设备的折旧费用。固定成本的特点是成本费用的变化频率低，变化幅度小，但同样需要纳入商品成本中进行核算，不应遗漏。

最后，对于影响该电商平台利润的主要成本数据进行总结。对于商品成本而言，不同的进货方式的成本消耗率不同，企业要根据统计的结果对网店进货方式进行调整，尽量把进货过程中的成本消耗率降到最低。对于推广成本，网店目前主要采用直通车、淘宝客以及钻石展位三种推广方式，运营人员根据推广效果与推广成本的统计数据来确定两者之间的平衡点，选择最优的推广方式，并且优化最具潜力的推广方式。固定成本是在短期内变化不大，网店无法通过缩减固定成本来提升网店的利润，但是可以制定员工的 KPI 绩效考核制度，不断提升员工为网店创造的利润和价值。

【任务实训】

任务单 4.2.1

<table>
<tr><td>任务项目</td><td colspan="2">某童装网店交易额分析</td></tr>
<tr><td>任务目标</td><td colspan="2">（1）明确交易数据分析的目标。
（2）围绕分析目标收集相关的数据。
（3）整理并分析相应的数据，找到交易数据变动的原因。
（4）调整相关的内容，采取运营策略改善销售情况</td></tr>
<tr><td>任务描述</td><td colspan="2">在网店经营销售过程中会产生大量的交易数据，这些交易数据对网店的经营策略会有很大影响。通常网店的销售策略是需要根据前期的交易数据和市场变化情况及时调整的，以帮助销售部门实现销售目标。
某童装网店近期交易额数据波动较大，利用交易数据分析相关知识，分析网店交易数据变化的主要影响因素</td></tr>
<tr><td>任务要求</td><td colspan="2">（1）在发现网店整体销售金额出现明显下降趋势后，就要从展现量、转化率、客单价这几个方面整理和观察数据变化原因，发现网店销售过程中存在问题，并进行及时调整。
（2）客单价数据分析，将对应销售时间区间的客单价数据整理出来，绘制成折线图。分析整理出来的客单价数据，判断因客单价下降导致销售金额下滑的可能性。
（3）订单量数据分析，在销售额公式中，去除客单价后，展现量、单击率、转化率三个数据的乘积就是订单数量。在排除客单价影响销售金额的可能性后，整理大致的订单量数据进行判断。
（4）转化率数据分析。
（5）整理店铺的转化率数据，绘制店铺转化率折线图，分析转化率数据变化趋势</td></tr>
<tr><td rowspan="2">任务记录</td><td>实施过程</td><td>其他事项</td></tr>
<tr><td></td><td></td></tr>
</table>

<table>
<tr><td rowspan="2">任务记录</td><td colspan="4">实施过程</td><td>其他事项</td></tr>
<tr><td colspan="4"></td><td></td></tr>
<tr><td>任务反思</td><td colspan="5"></td></tr>
<tr><td>学号</td><td></td><td>姓名</td><td></td><td>时间</td><td></td></tr>
</table>

【任务实训】

评价单 4.2.1

<table>
<tr><td>评价项目</td><td colspan="5"></td></tr>
<tr><td rowspan="2">技能评价</td><td colspan="2">学生互评</td><td>组内评价</td><td colspan="2">教师评价</td></tr>
<tr><td colspan="2"></td><td></td><td colspan="2"></td></tr>
<tr><td rowspan="5">素质评价</td><td colspan="3">评价要点</td><td>达标</td><td>未达标</td></tr>
<tr><td>工匠精神</td><td colspan="2">有耐心、精益求精</td><td></td><td></td></tr>
<tr><td>协作精神</td><td colspan="2">重合作、团队协商</td><td></td><td></td></tr>
<tr><td>创新意识</td><td colspan="2">有想法、创新创意</td><td></td><td></td></tr>
<tr><td>学习能力</td><td colspan="2">会运用、求真求实</td><td></td><td></td></tr>
<tr><td>学号</td><td></td><td>姓名</td><td></td><td>时间</td><td></td></tr>
</table>

【学习总结】

项目学习总结记录

【任务实训】

任务单 4.2.2

<table>
<tr><td>任务项目</td><td colspan="2">某童装网店客单价分析</td></tr>
<tr><td>任务目标</td><td colspan="2">分析提高客单价的常用方法以及其效果</td></tr>
<tr><td>任务描述</td><td colspan="2">某童装电子商务企业主营女童连衣裙，近日计划通过一系列运营方法提高客单价，客单价由人均交易笔数和平均单价决定。当客单价固定不变时，商家就可以通过引导客户购买多件商品的方式来提高客单价。针对企业现已提出的提高客单价的方法进行分析，判断以下系列运营方法是否可以提高客单价，并说明原因</td></tr>
<tr><td>任务要求</td><td colspan="2">
<table>
<tr><th>序号</th><th>运营方法</th><th>运营要点</th></tr>
<tr><td>1</td><td>提供附加价值</td><td>设置消费额达到某个值后可以享受专属服务</td></tr>
<tr><td>2</td><td>价格吸引</td><td>多买多得</td></tr>
<tr><td>3</td><td>提供套餐</td><td>设计多种套餐购买优惠活动</td></tr>
<tr><td>4</td><td>商品详情页关联</td><td>将互补商品搭配起来销售</td></tr>
<tr><td>5</td><td>客服人员推荐</td><td>类似实体店导购</td></tr>
</table>
</td></tr>
<tr><td rowspan="2">任务记录</td><td>实施过程</td><td>其他事项</td></tr>
<tr><td></td><td></td></tr>
</table>

任务记录	实施过程				其他事项
任务反思					
学号		姓名		时间	

【任务实训】

评价单 4.2.2

评价项目				
技能评价	学生互评		组内评价	教师评价
素质评价	评价要点		达标	未达标
	工匠精神	有耐心、精益求精		
	协作精神	重合作、团队协商		
	创新意识	有想法、创新创意		
	学习能力	会运用、求真求实		
学号		姓名	时间	

【学习总结】

项目学习总结记录

【任务实训】

任务单 4.2.3

任务项目	某童装网店推广成本分析	
任务目标	产品的销售数据能够反映市场对该产品的需求，有助于企业对产品进行规划，如调整库存和上下架时间等。下面将分析某童装产品推广成本情况	
任务描述	某童装网店主营女童连衣裙，运营经理请数据分析人员对于该网店近半个月女童连衣裙的推广成本数据进行分析，计算出成本利润率	
任务要求	（1）通过生意参谋采集销售数据并复制到 Excel 表中进行整理。 （2）利用数据透视表创建数据，包括近半个月销售额、访客数变化。 （3）利用采集到的淘宝客、直通车、钻石展位等推广方式对应的成本数据和交易金额数据，计算出各个推广方式的成本和成本利润率	
任务记录	实施过程	其他事项

<table>
<tr><td rowspan="2">任务记录</td><td colspan="4">实施过程</td><td>其他事项</td></tr>
<tr><td colspan="4"></td><td></td></tr>
<tr><td>任务反思</td><td colspan="5"></td></tr>
<tr><td>学号</td><td></td><td>姓名</td><td></td><td>时间</td><td></td></tr>
</table>

【任务实训】

评价单 4.2.3

<table>
<tr><td>评价项目</td><td colspan="5"></td></tr>
<tr><td rowspan="2">技能评价</td><td colspan="2">学生互评</td><td colspan="2">组内评价</td><td>教师评价</td></tr>
<tr><td colspan="2"></td><td colspan="2"></td><td></td></tr>
<tr><td rowspan="5">素质评价</td><td colspan="3">评价要点</td><td>达标</td><td>未达标</td></tr>
<tr><td>工匠精神</td><td colspan="2">有耐心、精益求精</td><td></td><td></td></tr>
<tr><td>协作精神</td><td colspan="2">重合作、团队协商</td><td></td><td></td></tr>
<tr><td>创新意识</td><td colspan="2">有想法、创新创意</td><td></td><td></td></tr>
<tr><td>学习能力</td><td colspan="2">会运用、求真求实</td><td></td><td></td></tr>
<tr><td>学号</td><td></td><td>姓名</td><td></td><td>时间</td><td></td></tr>
</table>

【学习总结】

项目学习总结记录

任务三　供应链数据分析

【案例导入】

宁夏泾源：高水平建设电子商务服务平台

近年来，宁夏回族自治区泾源县举全县之力，从电商公共服务一体化、电商供应链、物流通道建设着手，建立了高质量的电子商务服务平台。

1. 电商公共服务平台一体化打造

泾源县电商公共服务中心位于轻工业产业园区，总面积 1 500 平方米，是集农产品和旅游资源展示展销、电商企业孵化、电商创业、培训、农产品产销对接、电商直播、农村电商运营管理为一体的电子商务综合服务中心。

依托电商公共服务中心和三级服务体系，先后成功孵化电商企业 45 家，培育电商标杆企业 10 家、示范村站 20 个，完成电商培训 5 000 人次，指导开办企业及个人网店 318 家。成功举办直播带货培训 3 期 196 人次，打造了电商网货共享供应中心，有效弥补了农产品网货供给短板，累计加工黑果花楸 60 余吨，销售达 152 万余元。截至目前，县内实际电商从业人员 1 000 余人，重点电商企业 6 家，运营各类网络店铺 86 个、社区团购网点 470 个，月均带动从业人员人均增收 1 630 余元。

2. 网货共享，城乡互联

泾源县网货共享供应中心位于县轻工业园区智慧创业谷，占地面积 700 平方米，分设网货研发中心、检测中心、农产品加工中心、包装中心等，配备烘干房、分拣台、打码机、封口机等设备。共享中心服务于县域农户、小微电商创业者、合作社、乡村电商服务站、扶贫车间、村集体、电商企业等市场主体，完善县域电商供应链最前端，搭建农户与消费者之间的桥梁，从种养、初加工、分选、产品网货化打造、策划营销等方面进行全流程服务，从而改善县域初级农产品在市场上无标准化而无法销售流通的情况，提高农产品在市场的溢价能力。自 2021 年 3 月运营以来，累计加工黑果花楸果干等农特产品共计 60 余吨，降低企业加工成本 10 余万元，带动就业 50 余人。

位于泾源县轻工业园区智慧创业谷的泾源县物流快递中心，占地面积 700 平方米。2020 年泾源县通过国家电子商务进农村示范县项目，整合中通、圆通、韵达、极兔、百世汇通、申通快递公司 6 家快递公司，开通邮路 4 条，覆盖 92 个行政村，逐步将传统产业与互联网融合起来。2021 年乡下物流下行包裹平均每月 4 万件，上行平均每月达到 1 500 件。

3. 用好电子商务带来的辐射效应

创立于 2012 年的“伊辉”品牌是黄牛肉养殖和深加工的成熟企业，品牌致力于生产加工销售一条龙、农业工业一体化的企业目标。基地位于泾河源镇，集养殖、研发、加工、电子商务为一体。企业负责人陈飞介绍，旗下先后成立的宁夏伊辉黄牛专业合作社和宁夏泾水源食品有限公司，专注肉牛养殖和深加工配送供应链，电子商务带来的辐射效应，使企业成为连通城乡经济上下行流通的桥梁。

通过政府搭台、企业带农、集体受益的模式，企业就近吸纳就业人员 52 名，为困难群众提供就业岗位 30 多个，务工人员月均增收 2 000 余元，收购困难群众养殖户肉牛，促进特色产业发展，养殖户年均创收 1 800 余万元。

【知识储备】

就商务企业而言，供应链是指在商品或服务的流通过程中，以将其提供给最终客户为目的，所形成的各种运营活动的网链结构。具体而言，供应链主要包括采购环节、物流环节、库存环节和销售环节。本节将重点介绍前三个环节的数据分析。

一、采购数据

采购是供应链管理不可或缺的环节，对采购数据的分析则是优化供应链和采购决策的核心，具有非常重要的战略意义。对于采购数据分析通常包括采购需求分析、采购成本分析、采购策略分析三个方面。

从业务本身来说，采购要求在恰当的时间，以合理的价格（Right price）、恰当的数量（Right quantity）和良好的质量（Right quality），从适合的供应商处（Right place）及时采购（Right time）物料、服务和设备，即采购管理的 5R 原则。

（一）采购需求预测

采购需求与销售需求紧密挂钩，因此预测采购需求时，需要以过去的销售数据为基础进行分析。预测采购需求的一般方法为，采集过去商品的日常销量和活动销量，将其整理为销量统计表，然后基于时间维度进行需求预测汇总。某企业推出了一款小童连衣裙，其不同尺码的商品在 2022 年的日常销量和活动销量分别见表 4-11 和表 4-12。

表 4-11　2022 年小童连衣裙日常销量

月份	汇总数量/件	连衣裙 90 码/件	连衣裙 100 码/件	连衣裙 110 码/件	连衣裙 120 码/件
1	137	38	42	30	27
2	205	48	65	50	42
3	222	52	66	55	49
4	356	80	100	86	90
5	1 603	337	498	479	289
6	1 770	464	521	438	347

表 4-12　2022 年小童连衣裙活动销量

月份	汇总数量/件	连衣裙 90 码/件	连衣裙 100 码/件	连衣裙 110 码/件	连衣裙 120 码/件
1	121	21	22	28	50
2	273	57	53	86	77
3	—	—	—	—	—
4	—	—	—	—	—
5	527	121	109	139	158
6	898	189	210	265	234

结合上述两个表，企业可以根据以往的采购情况，在销量数据的基础上乘以某个采购系数（如 1.2），然后将两个表中的数据结果汇总，就能得到该商品的采购需求预测数据，见表 4-13。

表 4-13　小童连衣裙采购需求预测数据

月份	汇总数量/件	连衣裙 90 码/件	连衣裙 100 码/件	连衣裙 110 码/件	连衣裙 120 码/件
1	309.6	70.8	76.8	69.6	92.4
2	573.6	126	141.6	163.2	142.8
3	266.4	62.4	79.2	66	58.8
4	427.2	96	120	103.2	108
5	2 556	549.6	728.4	741.6	536.4
6	1 077.6	226.8	252	318	280.8

需求总预测＝（日常需求预测＋活动需求预测）＊采购系数

利用这些数据，企业就可以制订出采购计划，从而补充库存，为销售做好准备。为了更加直观地展现每个月的采购需求，数据分析人员可以利用 Excel 将这些数据转化为柱形图，如图 4-33 所示。

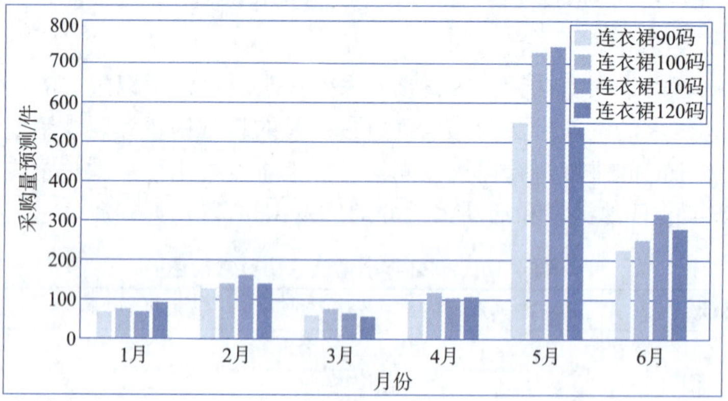

图 4-33　小童连衣裙采购量预测对比

由图 4-33 可知，该商品上半年中，1～4 月份因为气候原因连衣裙整体需求量小，采购量排在前两位是 5 月和 6 月。这几个月的采购量几乎占据了全年采购量的 85%。整体来看，该商品的采购量与季节变化和推广活动有紧密联系，采购量最大的月份集中在该商品使用率最高的时期及新年电商大型促销活动开展时期。

综上所述，产品采购通常受到一些可预测因素的影响，不同时期需求发生着不断的变化。这些变化包括季节性因素（如空调、羽绒服等季节性产品）和非季节性因素（如促销活动和产品普及率），它们都可能导致原先采购需求计划出现变化，产生可以预测的增加或减少。可预测的需求波动应及时修改采购需求计划，避免产品需求的变化给供应链带来一系列的连锁问题，如需求旺季大量缺货供不应求，需求淡季库存过多造成产品积压及库存成本上升。

（二）采购成本分析

采购成本直接影响企业的现金流，特别是发生大量采购时，降低采购成本可以缓解企业的资金，因此分析采购成本有助于企业更好地控制成本，减少资金投入，获得更多利润。分析采购成本时，企业可以重点关注商品价格走势、渠道采购成本及商品的平均采购价格。

1. 商品价格走势

因为受到市场需求、气候、交通等各方面的影响，采购商品的价格会不断变化。分析商品的价格走势，可以帮助企业发现一定的市场规律，从而在商品价格相对较低的时候进行采购。分析价格走势，一般都是根据已有数据构成的走势折线来分析。图 4-34 为某商品价格走势。

图 4-34　某商品价格走势

2. 渠道采购成本

由于不同供货商提供的商品质量、增值服务等不同，其商品价格并不相同，找到物美价廉的商品，开发更优质的供货渠道，是分析供货渠道采购成本的主要目的。

对于多家供应商都可以提供商品的网店来说，可以根据已采购商品的价格数据来判定哪家供应商的进货成本更加低廉或划算，从而进行取舍。对于这样的采购成本比较，无须对数据进行一对一的比价或计算，用对比折线图就可以直接展示出对比效果。图 4-35 为某商品渠道采购成本。

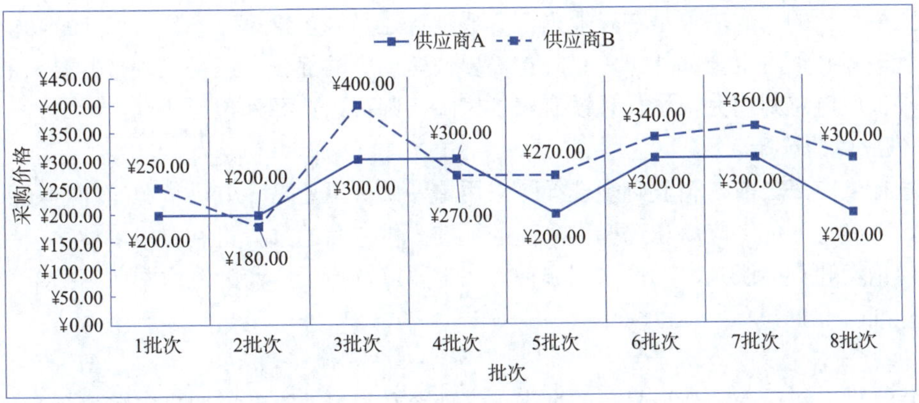

图 4-35　某商品渠道采购成本

3. 商品的平均采购价格

商品的平均采购价格可以反映采购数量与商品价格优惠力度之间的关系。一般情况下，商品采购量越大，供货商的优惠力度就越大，但企业的商品积压风险和投入成本也会越大。

商品采购价格变动是常有的事情，怎样在变动的采购单价中获取到最佳采购时机，较大程度降低投入成本，是很多卖家都希望掌握的方法和技能，找到合适的平均采购价格，一方面能使企业获得更大的优惠，无论是搞促销或让利活动等方面，都有发挥的空间，同时还能有不错的利润。另一方面也能减小企业所面临的风险，将波动价格与平均价格进行划分和对比，即可分析指导采购时机。图 4-36 为某商品平均采购价格。

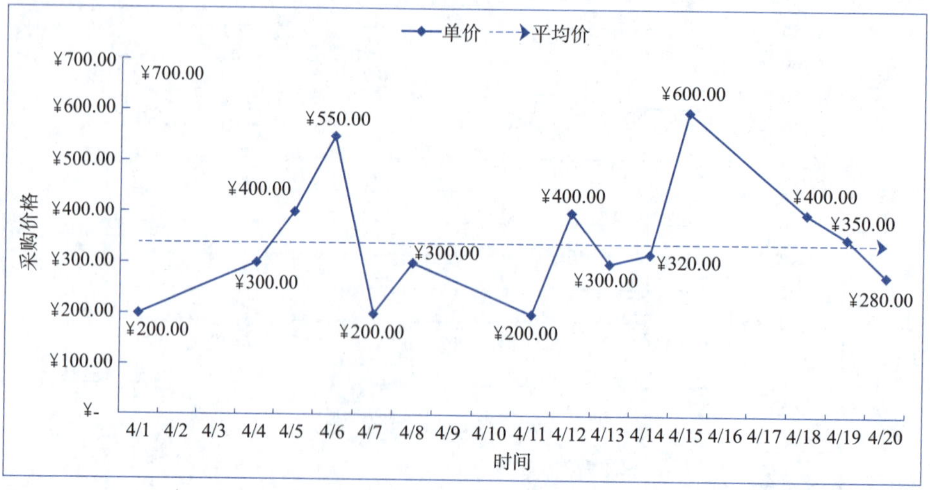

图 4-36　某商品平均采购价格

（三）采购策略分析

采购策略分析的目的是了解目前采购策略所处的状态，并根据状态调整优化，以更好地适应公司业务的需求，最终达到最佳供应链总利润的规模。

采购策略分析的内容包括以下几个方面：

1. 自制还是外包

企业最重要的采购决策是在企业内部完成任务还是外包给第三方执行供应链功能。在运输中，管理者必须决定全部外包，只外包需要快速反应的部分，还是只外包需要高效率的部分，如果供应链总利润大幅增长且没有额外风险，则可以选择外包形式。

2. 供应商的选择

在选择供应商之前，企业必须选择是采用单一供货源还是多方供货源。确定好供应商的数量后，再确定评价供应商和选择供应商的标准。供应商的选择机制有很多种，包括线下竞标、反向拍卖和直接谈判，无论采用哪种方法都要以选择供应商的总成本而不是单一价格作为评判标准。

3. 供货

供货是供应链获得物品和服务的过程，管理者必须根据不断增加供应链盈余的目标设计供货，举例来说，企业应该建立直接材料供货机制，确保供应商与买主之间的良好协调。

4. 与采购相关的指标

采购决策直接影响产品销售成本和应付账款。采购绩效也影响着质量、库存及内向运输成本。管理者应该审核以下影响供应链绩效与采购的相关指标，如应付账款周转天数、平均购买价格、平均购买数量、供应质量和准时交货比例等。

二、物流数据

物流是商务企业实现商品流通的关键环节，特别是对于电商企业而言，物流质量会直接影响企业的效益。对于电子商务网店而言，其物流水平直接影响着店铺 DSR 评分中的物流服务分数，物流服务的优劣也是用户选择下单与否的重要参考依据。分析物流数据不仅需要考虑物流的运费成本，更要考虑物流的质量。以下内容将重点对物流时效和物流异常情况进行分析。

1. 物流时效分析

物流时效是指用户从完成订单支付开始，到用户完成商品签收的时间跨度，即支付—签收时长。近年来，客户对物流时效的要求越来越高，物流稍有差池，就会造成严重影响。物流时效数据分析的主要目的是通过数据分析找出影响订单时效的因素及不同物流公司之间的差距，从而有针对性地进行流程优化，以达到更优的效率，有助于企业发现物流的薄弱环节并加以改善。

以电商企业向客户发货的物流时效为例，分析物流时效时，主要可以从揽收包裹数、平均发货—揽收时长、平均揽收—签收时长及签收成功率四个指标着手。

（1）揽收包裹数。指物流公司向企业反馈的已揽收的包裹教量。

（2）平均发货—揽收时长。指从商品发货到物流公司揽收耗费的平均时间。

（3）平均揽收—签收时长。指从商品被物流公司揽收到客户签收耗费的平均时间。

（4）签收成功率。指签收成功的包裹数量占总发货数量的比例，其计算公式为签收成功率＝签收成功包裹数/（签收成功包裹数＋客户拒绝签收包裹数）。

在生意参谋的“物流”板块中，企业可以采集各种与物流相关的数据，将某物流公司部分地区的部分物流时效指标数据采集并整理到 Excel 中，以便对该公司的物流时效情况进行分析。

2. 物流异常分析

物流异常主要包括发货异常、揽收异常、派送异常、签收异常等情况。企业在分析时可以专门采集物流异常的订单数据，根据异常原因来判断具体的异常情况，然后分析各种情况的出现比例，从而有针对性的进行调整与改善，常见的物流异常问题及主要原因总结见表 4-14。

表 4-14　物流异常情况分类

物流异常分类	具体表现	主要原因
发货异常	用户下单完成支付后 24 小时仍未发货的包裹	缺货出货量大，不能及时发货订单被遗漏等
揽收异常	商品发货后超过 24 小时仍未揽收的包裹	物流公司原因物流信息未及时上传
派送异常	物流揽收后停滞超 24 小时仍未派送的包裹	物流运输原因物流信息未及时上传
签收异常	当日派件，但在次日还没有签收的包裹	快递原因导致未妥投，如货物破损等客户原因导致未妥投，如客户拒签、改签等节假日、恶劣天气等导致未妥投

电子商务企业分析各种物流异常情况的出现比例，以淘宝平台的电商企业为例，这类企业可以在生意参谋中采集物流异常的订单数据，包括订单编号、客户名称、订单创建时间、物流公司、运单号、物流异常原因等，然后对这些数据进行分析。这里仅采集订单编号和对应的物流异常原因两种数据，将其整理到 Excel 中，利用数据透视表，进行整理计算后，创建饼图，结果如图分析各种物流异常情况的出现比例，如图 4-37 所示。

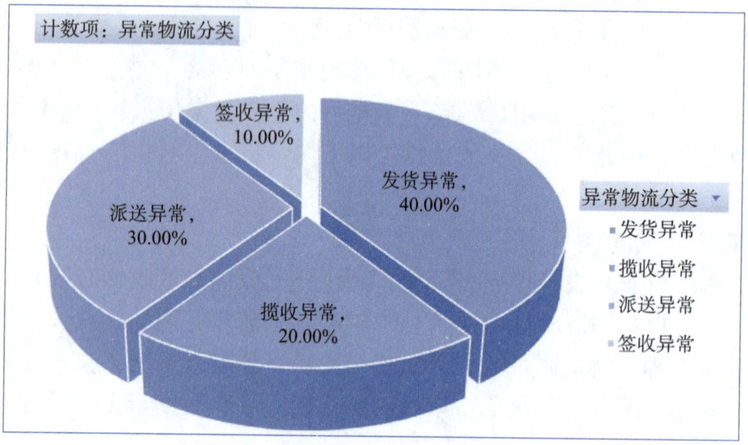

图 4-37　物流异常情况占比

由图 4-37 可知，在该企业物流异常的订单中，发货异常的情况占比最高，几乎占据了所有异常情况的 1/2。另外，派送异常的情况占比也超过了 1/4。企业应该重点查明发货停滞和派送停滞的原因，这样就能有效改善物流异常的情况。

三、库存数据

商务企业强调商品的流通，因此其库存就直接关系到企业的正常运营。如果库存少但商品畅销，就会出现缺货的情况；如果库存多但商品滞销，又会出现库存积压的情况。因此对商务企业而言，分析库存数据是很有必要的。

（一）库存现货率分析

库存现货率即有效库存，商务企业特别是电商企业需要做好库存现货的监控，有效库存是指可以出售的商品库存。利用电商平台工具，可以对库存数据变化情况进行监控和诊断，如图 4-38 所示，为京东商智现货率诊断，主要针对现货率指标进行深入分析，主要包括综合现货率、区域商品分层现货率。

（二）库存滞销分析

库存滞销即无效库存，一般分为两种类型：一种是滞销商品、过季商品等对销售无太大帮助的库存，这类库存形同虚设，又称为假库存；另一种则是因残损、过期、下架等无法继续销售的库存，这类库存又称为死库存。利用电商平台工具，可以针对滞销库存占比指标进行深入分析，主要包括诊断建议和滞销商品明细两个部分。如图 4-39 所示，为京东商智库存滞销诊断页面。

图 4-38　京东商智现货率诊断

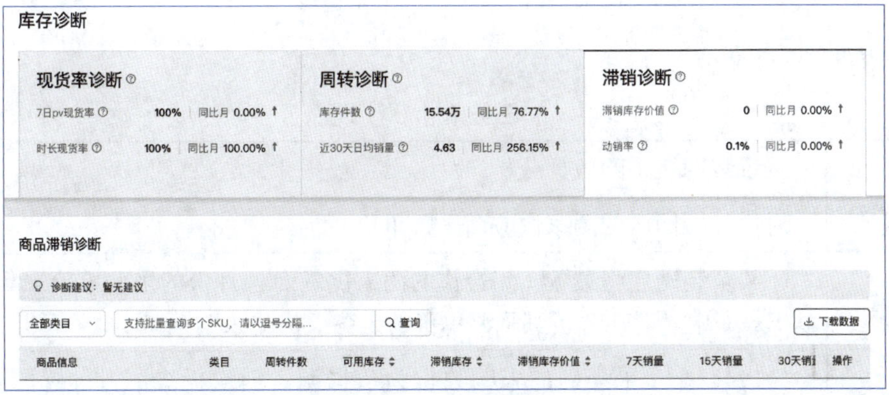

图 4-39　京东商智库存滞销诊断

（三）库存周转分析

库存周转率可以从财务的角度监控库存安全，该指标一般以月、季度、半年或年为周期，其计算公式为

$$库存周转率=销售数量/[(期初库存数量+期末库存数量)/2]$$

库存周转诊断主要针对件数周转指标进行深入分析，主要包括库存分布、库存结构等指标维度，京东商智平台库存周转诊断页面，如图 4-40 所示。

图 4-40　京东商智周转诊断

【任务实训】

任务单 4.3.1

任务项目	某童装网店采购数据分析
任务目标	对比分析网店的两家供应商采购单价
任务描述	某童装网店将最近 1 年合作的两家供货商各月份的采购单价采集并整理到 Excel 中，对比分析其采购单价的走势，优化采购策略
任务要求	（1）以平台采集到的采购数据为数据源，创建折线图，设置图表标题，图表的字体格式等信息。 （2）双击纵坐标轴，在打开的窗格中设置坐标轴的“最小值”。 （3）在 B 供货商单价折线上右击，在弹出的快捷菜单中选择“添加趋势线”。 （4）默认选择窗格中的线性趋势线类型，为该折线系列添加趋势线。 （5）按相同方法为 A 供货商单价走势折线系列添加趋势线。 （6）对比两家供货商的商品单价变化趋势

<table>
<tr><td rowspan="2">任务记录</td><td colspan="4">实施过程</td><td>其他事项</td></tr>
<tr><td colspan="4"></td><td></td></tr>
<tr><td>任务反思</td><td colspan="5"></td></tr>
<tr><td>学号</td><td></td><td>姓名</td><td></td><td>时间</td><td></td></tr>
</table>

【任务实训】

评价单 4.3.1

评价项目					
技能评价	学生互评		组内评价	教师评价	
素质评价	评价要点			达标	未达标
	工匠精神	有耐心、精益求精			
	协作精神	重合作、团队协商			
	创新意识	有想法、创新创意			
	学习能力	会运用、求真求实			
学号		姓名		时间	

【学习总结】

项目学习总结记录

【任务实训】

任务单 4.3.2

任务项目	某童装网店物流数据分析	
任务目标	完成订单物流时效分析	
任务描述	随着电商的发展，用户对于物流时效的感知和要求越来越高。企业通过订单时效的分析，可以向消费者表达并提供具有确定性时效的物流服务，有效缓解消费者等待的焦虑感，以此来提升消费者的物流体验，实现商家、消费者、平台和快递公司的共赢。 某童装品牌天猫旗舰店运营经理近日发现，关于物流时效的投诉及负面评论增多，同时物流咨询量飙升，于是安排数据分析人员小李对店铺近 30 天的物流数据进行分析，为接下来的快递选择、跟进及物流咨询回复提供客观参考，以提升用户物流服务体验	
任务要求	（1）数据获取。根据路径“生意参谋”—“物流”—“物流分布”通过平台以 30 天为时间维度，选定“揽收包裹数”“平均支付—签收时长（小时）”“物流差评率”以及“签收成功率”四个指标，然后单击不同物流公司进行切换查看，并将数据摘录出来，在 Excel 中整理成表。 （2）数据处理。“揽收包裹数”指标过小，数据分析则没有意义，因此这里需要将“揽收包裹数”值小于 5 的字段删掉。 （3）创建数据透视图和数据透视表。插入数据透视图和数据透视表，选择要分析的数据及放置数据透视表的位置，制作数据透视表。 （4）订单时效分析。根据上述数据透视图和数据透视表的分析，可以得出哪些结论？又有哪些建议（分析角度提示：该店铺合作的物流公司有哪些？哪些合作较多？整体而言，哪个物流公司效率更高？具体到某一地区，如福建省，物流选择有何建议?）	
任务记录	实施过程	其他事项

<table>
<tr><td rowspan="2">任务记录</td><td colspan="4">实施过程</td><td>其他事项</td></tr>
<tr><td colspan="4"></td><td></td></tr>
<tr><td>任务反思</td><td colspan="5"></td></tr>
<tr><td>学号</td><td></td><td>姓名</td><td></td><td>时间</td><td></td></tr>
</table>

【任务实训】

评价单 4.3.2

<table>
<tr><td>评价项目</td><td colspan="6"></td></tr>
<tr><td rowspan="2">技能评价</td><td colspan="2">学生互评</td><td colspan="2">组内评价</td><td colspan="2">教师评价</td></tr>
<tr><td colspan="2"></td><td colspan="2"></td><td colspan="2"></td></tr>
<tr><td rowspan="5">素质评价</td><td colspan="4">评价要点</td><td>达标</td><td>未达标</td></tr>
<tr><td>工匠精神</td><td colspan="3">有耐心、精益求精</td><td></td><td></td></tr>
<tr><td>协作精神</td><td colspan="3">重合作、团队协商</td><td></td><td></td></tr>
<tr><td>创新意识</td><td colspan="3">有想法、创新创意</td><td></td><td></td></tr>
<tr><td>学习能力</td><td colspan="3">会运用、求真求实</td><td></td><td></td></tr>
<tr><td>学号</td><td></td><td colspan="2">姓名</td><td></td><td>时间</td><td></td></tr>
</table>

【学习总结】

项目学习总结记录

【任务实训】

任务单 4.3.3

任务项目	某童装网店库存数据分析	
任务目标	完成库存数据整理和分析	
任务描述	库存管理是供应链管理中非常关键的一个环节，电子商务环境下，企业定期对库存数据进行分析，可以及时调整库存管理策略，保证商品供应的平衡，控制商品破损比，加快资金周转等。 小李是某电子商务企业仓库管理人员，按照公司要求，小李本周需要对上半年的库存数据进行整理分析，并将结果上报给部门领导	
任务要求	（1）数据统计。统计整理该电子公司的办公用品库存数据，将获取到的数据整理到 Excel 表格中。 （2）在店铺运营中，商品库存数量应保持适度，既要保证商品供应充足，又不能有太多积压。通过公式：结存数量＝期初数量＋入库数量－出库数量，计算得出各商品的结存数量。 （3）库存商品出现破损是无可避免的，但必须要控制在正常范围之内，企业规定库存破损率小于 1%即为正常破损范围，大于等于 1%即认定为破损率较高，须引起重视。利用自动求和计算得出总库存数量和破损数量，再根据破损率＝破损数量/总库存数量，计算得出破损率。 （4）破损原因分析，根据破损商品情况，对库存商品的破损比例和原因进行分析，并给出优化建议	
任务记录	实施过程	其他事项

<table>
<tr><td rowspan="2">任务记录</td><td colspan="4">实施过程</td><td>其他事项</td></tr>
<tr><td colspan="4"></td><td></td></tr>
<tr><td>任务反思</td><td colspan="5"></td></tr>
<tr><td>学号</td><td></td><td>姓名</td><td></td><td>时间</td><td></td></tr>
</table>

【任务实训】

评价单 4.3.3

<table>
<tr><td>评价项目</td><td colspan="6"></td></tr>
<tr><td rowspan="2">技能评价</td><td colspan="2">学生互评</td><td colspan="2">组内评价</td><td colspan="2">教师评价</td></tr>
<tr><td colspan="2"></td><td colspan="2"></td><td colspan="2"></td></tr>
<tr><td rowspan="5">素质评价</td><td colspan="4">评价要点</td><td>达标</td><td>未达标</td></tr>
<tr><td>工匠精神</td><td colspan="3">有耐心、精益求精</td><td></td><td></td></tr>
<tr><td>协作精神</td><td colspan="3">重合作、团队协商</td><td></td><td></td></tr>
<tr><td>创新意识</td><td colspan="3">有想法、创新创意</td><td></td><td></td></tr>
<tr><td>学习能力</td><td colspan="3">会运用、求真求实</td><td></td><td></td></tr>
<tr><td>学号</td><td></td><td colspan="2">姓名</td><td></td><td>时间</td><td></td></tr>
</table>

【学习总结】

项目学习总结记录

项目训练

一、单项选择题

1. 供应链是一个链状结构，涵盖了(　　)之间有关最终产品和服务的一切业务活动。

A. 供应商到分销商　　B. 供应商到商家
C. 商家到客户　　D. 供应商到客户

2. 某公司，今年6月的销售额是500万元，去年6月的销售额是450万元，那么该公司6月销售额的同比增长率是(　　)。

A. 15%　　B. 11%　　C. 20%　　D. 25%

3. 分析店铺订单的物流配送数据，以下可以提供所需数据的工具为(　　)。

A. 店铺后台　　B. 物流行业调查报告
C. 生意参谋物流板块　　D. 店数据

4. 下列不能提升客单价的方式是(　　)。

A. 更换物流公司　　B. 提供附加服务
C. 开展促销活动　　D. 加强客服推荐

5. (　　)直接代表了用户的搜索意图，用于分析用户行为动机、确定推广关键词、设定着陆页内容等。

A. 品牌词　　B. 核心词　　C. 长尾词　　D. 搜索词

二、多项选择题

1. 影响销售额的数据指标主要有(　　)。

A. 转化率　　B. 客单价　　C. 单击率　　D. 投资回报率

2. 客户行为分析所包含的主要分析维度有(　　)。

A. 客户忠诚度　　B. 客户活跃度　　C. 客户行为轨迹　　D. 客户行为偏好

3. 对于仓储数据分析的意义，下列说法正确的是(　　)。

A. 判断库存产品结构是否完整、是否符合市场需求
B. 判断产品数量是否适中、是否需要补货
C. 判断库存是否处于健康水平、是否存在经济损失的风险
D. 判断供应商是否存在变动、是否稳定和具有竞争力

4. 淘宝网平台网店中商品详情页为主要的流量入口，因此，关于商品详情页的下列说法中(　　)是正确的。

A. 商品详情页的流量低说明需要优化商品排名和主图
B. 收藏率高说明商品比较受买家欢迎
C. 流量不低而跳失率高说明商品详情页中的图片、描述、价格、评价等有问题，需要优化
D. 收藏高但支付转化率低，说明买家不感兴趣所以支付转化率低

5. 下面说法正确的是(　　)。

A. 客服的推荐对于客单价影响不大

B. 关联营销可以增加商品销售数量，但对客单价提升没有帮助

C. 客服是可以通过沟通来直接影响顾客的购买决策，通过优质合理的推荐，提高客单价

D. 在流量相同的情况下，客单价越低，销售额就越高

三、判断题

1. 利润是指包括收入与成本的差额，以及其他直接计入损益的利得和损失。利润也被称之为净利润或净收益。（ ）

2. 复购率指客户对产品的重复购买金额。（ ）

3. SKU是指商品的销售属性集合，假如一款产品有S、M、L三个规格，则对应三个SKU。（ ）

4. 站内免费流量有购物车、论坛、产品推荐等。（ ）

5. 某网店近期直通车推广商品的转化率直线下降，现需进行数据分析，其数据分析的目标为直通车推广转化率下降的原因。（ ）

四、案例分析题

素材文件工作簿中的数据为某店铺与销售额有关的指标数据，要求在Excel中对其数据进行整理和分析，分析其销售额变化的主要影响因素。

项目五　数据可视化及报告撰写

【项目目标】

学习目标

1. 理解数据分析报告的主要内容
2. 掌握几种常见的数据可视化分析方法
3. 熟悉数据分析报告的撰写方法

能力目标

1. 能够根据任务情景完成数据可视化分析的具体任务
2. 能够针对数据可视化分析需求完成数据分析
3. 能够完成数据分析报告撰写

素质目标

1. 培养学生耐心细致、精益求精的工匠精神
2. 培养学生严谨清晰的数据分析思维
3. 培养学生诚实守信的职业道德

【项目导图】

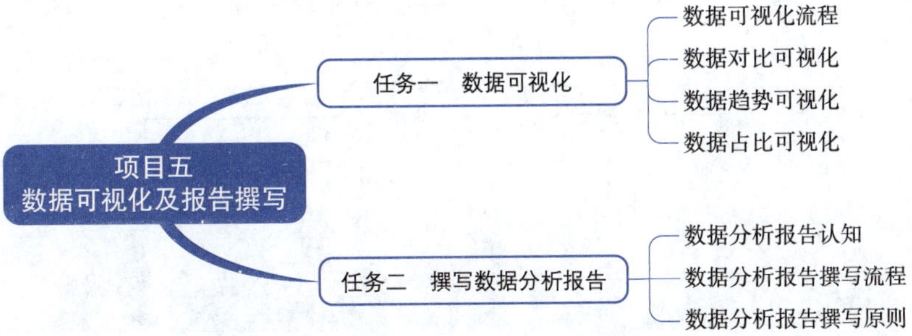

任务一　数据可视化

【案例导入】

中国商业数据智能行业研究

数字孪生融合大数据、人工智能、物联网等技术，利用数据工具和软件对真实工作流进行数字化模拟，在仿真的基础上进行全方位的分析和预测，帮助企业实现一体化的生产排程、供应链协调、销售预测等工作流的管理。经核算，2020 年中国商业数据智能应用市场

规模为 921 亿元，同比增长 35.2%，估算 2021 年该市场规模将达到 1 182 亿元，到 2025 年该市场规模将增至 3 460 亿元，2020 至 2025 年间复合增速约为 30.3%，呈高速增长态势。本市场规模不含数据库市场规模，但商业数据库作为企业数字化的底层基础设施，在中国市场上也有着良好的发展前景，中国商业数据智能应用市场规模及增速如图 5-1 所示。

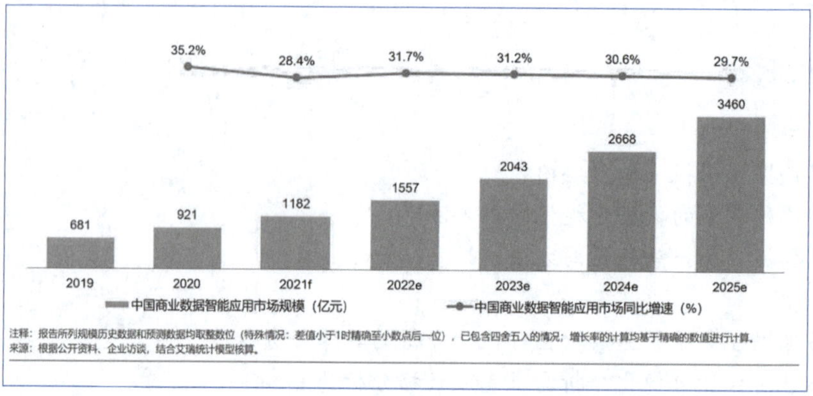

图 5-1　中国商业数据智能应用市场规模及增速

商业数据智能基础应用与扩展应用保持约 2∶8 市场比例，在商业数据智能扩展应用大类中，垂直行业智能应用份额较大且未来 5 年以超过 32%的复合增速高速增长，在基础应用大类中，面向企业应用的 AI 开发平台目前规模较小，但随着人工智能技术的成熟和企业级应用普及，未来市场规模增速较快，2019 年—2025 年中国商业数据智能基础应用市场规模如图 5-2 所示。

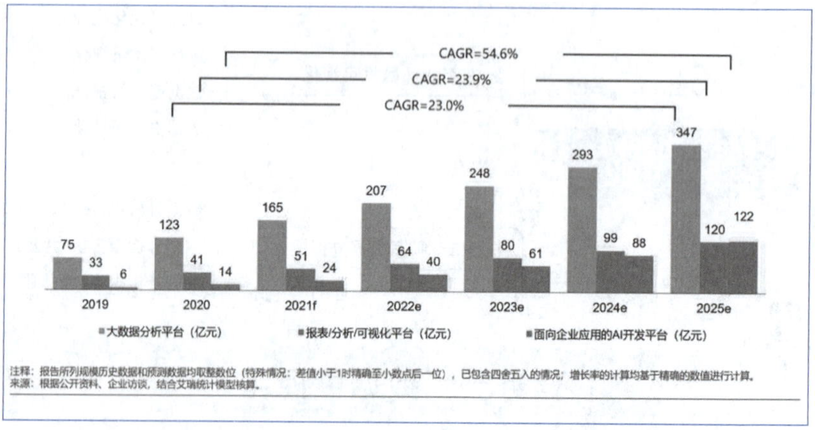

图 5-2　2019 年—2025 年中国商业数据智能基础应用市场规模

从商业数据智能水平的角度上看，零售电商、金融、物流和医疗等行业基本已经迈过了全局可视化阶段，正在持续提升其智能化水平；从同业差异的角度，金融、教育和医疗机构的同业差异性相对较小，制造业商业数据智能应用规模近年来高速增长，具体内容如图 5-3 所示。目前市场呈现出供应商市场分散、不同制造企业发展水平差异大的特点，但在工业互联网、智能制造领域政策和技术创新的促进下，具备高度确定的发展前景。

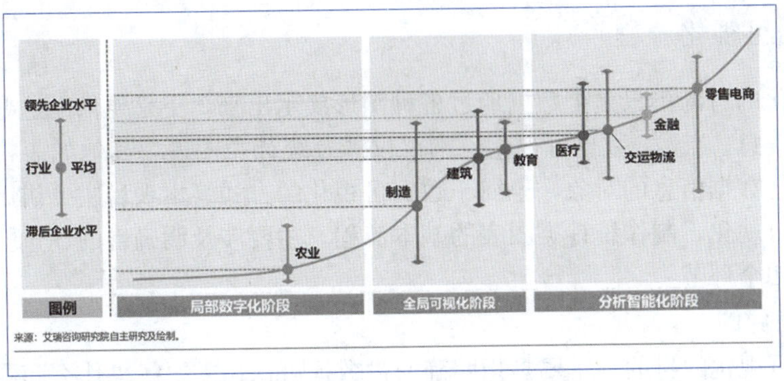

图 5-3　中国部分行业商业数据智能发展差异对比

从国内的商业数据智能市场整体结构上看，垂直行业类的商业数据智能应用占据最大比例，从数据角度就其内部结构进行进一步细分，以观察商业数据智能应用发展前景较好的下游行业。基于 2020 年和 2025 年预测值，金融、零售电商、制造业、医疗行业的垂直行业市场规模占比较高。其中，金融行业是我国传统数字化转型开启最早、平均发展水平最高的行业，目前在商业数据智能应用市场中占据最高的比例，2020—2025 年期间也仍将维持约 28%的复合增速，而制造业商业数据智能应用将随着制造业企业大规模数字化转型的深化不断渗透，应用规模在这一期间的复合增速将超过 45%，在市场比例上的提升也最为显著，2025 年行业垂直商业数据智能市场结构预测情况如图 5-4 所示。

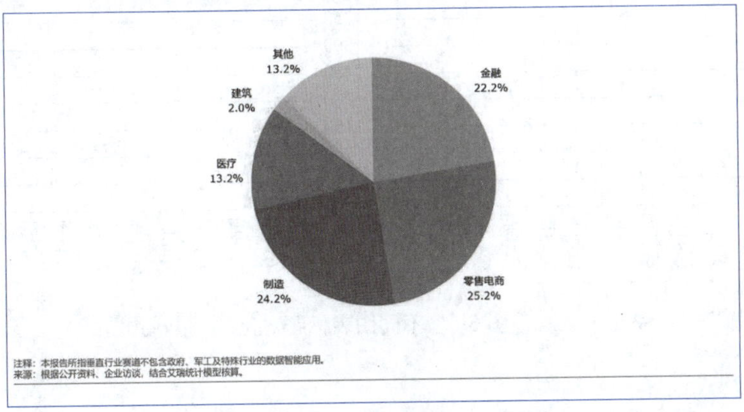

图 5-4　行业垂直商业数据智能市场结构预测

高性能计算设备的应用以及针对数字/数据能力的企业培训产业将推动数据应用效果实现突破；长期来看，随着物联网、5G 通信等技术的进一步成熟，商业数据智能产品有望向数字孪生类产品形态延伸，为企业提供更高透明度的业务洞察和未来预测。

【知识储备】

通常，人们更喜欢接收图形信息，因此将枯燥的数字转化为可视化图形，有助于人们更好地理解数字传达的信息，由此可见，数据可视化是数据分析十分重要的手段。本书在前面介绍数据分析的过程中也大量使用了数据可视化的手段，本项目将进一步介绍数据可视化的内容。

一、数据可视化流程

数据可视化的目的不只是把数据通过各种图形展示出来，更是要借助这些图形来探索数据背后的隐藏信息。当然，数据可视化也不仅仅涉及统计类图表，其他如表格、地图、图形符号等能够表达数据信息的对象，也属于数据可视化的方式。本项目主要讲解利用统计类图表来实现数据可视化，制作统计类图表的基本流程，主要涉及明确目的、选择图表、视觉设计和突出信息四个环节。

（一）明确目的

明确数据可视化的目的，主要是指明确通过数据可视化需要解决什么问题，需要探索什么内容或陈述什么事实等。一般情况下，明确图表要达到的目的比制作图表更为重要。如果对数据认识不清，就容易造成以下后果。

1. 标题不合适

大多数图表，特别是独立于数据源的图表，都需要一个准确的标题，这样才能让使用者知道图表想要表达的核心内容。好的图表标题应该让使用者获得有意义的信息，若不明确数据可视化的目的，就很难拟定恰当的图表标题，易让使用者失去阅读兴趣。

图 5-5 中右侧图表的标题显然比左侧图表的标题更加合适，即使不看图表的其他部分，使用者也能从右侧图表的标题中得到有意义的信息。

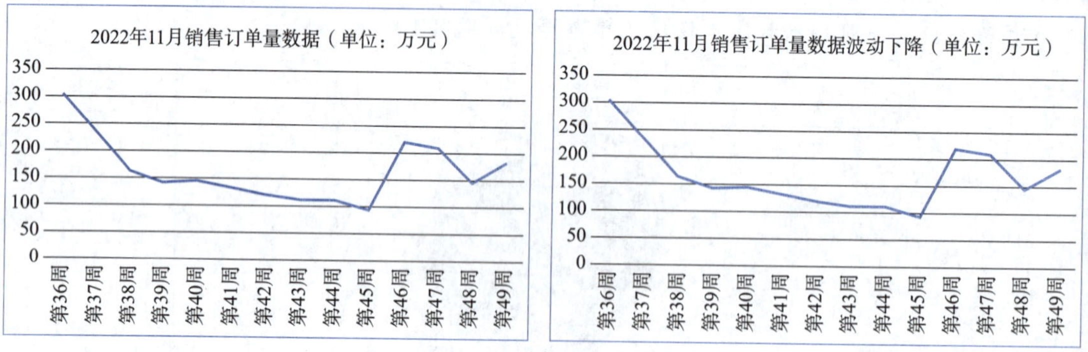

图 5-5　不同图表标题对比

2. 可视化方式选择不当

无法明确数据可视化的目的，就无法选择合适的可视化方式，这会让使用者难以理解图表。例如，数据可视化的目的是查看某电商平台某月销售额数据的变化趋势，此时使用饼图的效果就不如使用折线图或柱形图好，饼图完全无法表现数据的变化趋势，如图 5-6 所示。

（二）选择图表

明确目的后，企业需要围绕这个目的找到相应的数据源，并选择合适的图表展示需要可视化的数据。要想选择正确的图表，除了明确目的外，企业还应该明确数据之间的关系，然后根据不同的关系找到合适的图表。总体而言，数据之间的关系可以分为比较、联系、分布和构成四种。

1. 比较

这是通过对比两个或多个不同类的数据来比较数据之间的大小关系。例如对多个项目进

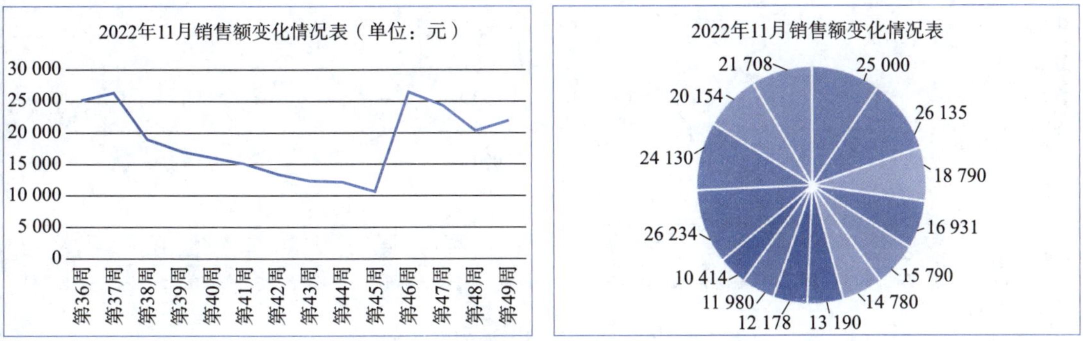

图 5-6　不同图表数据表达效果对比

行比较时，可以选择柱形图或条形图；对某个周期内多个时间点的数据进行比较时可以选择折线图或柱形图等。

2. 联系

这是通过分析两个或多个数据在某维度的影响下，探索数据之间的密切程度。例如分析两个变量之间的联系，最常用的就是散点图；分析多个变量之间的联系则可选择气泡图。

3. 分布

这是通过分析来寻找数据在一定区域或范围内的分布情况。直方图、正态分布图、曲面图等都是分析分布关系时常用的图表类型。

4. 构成

这是通过分析来寻找数据占整体的比例情况。例如使用饼图分析数据的相对或绝对构成情况。

（三）视觉设计

视觉设计在这里可以简单地理解为图表美化，其目的主要是使信息更易于接收。就图表而言，可以重点从以下三个方面入手来完成视觉设计工作。

1. 配色

图表配色不建议使用过多的颜色种类，但应该包含明度的变化。过多的颜色种类不仅让人感觉眼花缭乱，而且无法突出主题。

2. 刻度

在没有添加数据标签的前提下，要想大致标识出图形对应的数据，可以充分利用刻度。图表的坐标轴上一般会显示刻度，此外，还可以为图表添加网格线来辅助显示数据。

图 5-7 所示的两个图表中，右侧图表使用了网格线，通过刻度的辅助使数据更加直观，比左侧图表的效果更好。

3. 文字

虽说图表的核心是图形，但文字也是图表中不可或缺的元素。处理图表中的文字时，首先要保证文字内容准确且不宜过长。无论是坐标轴上的文字，还是标题或标签文字都不宜过长，过长的文字不仅会影响美观，还会影响阅读。如果坐标轴上的文字无法精简，则可考虑调整图表类型。

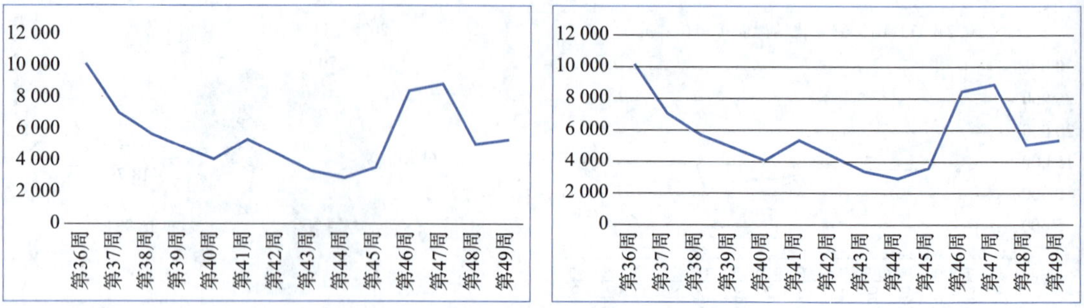

图 5-7　不同图表是否添加刻度效果对比

（四）突出信息

如果图表中存在关键信息或核心数据，可通过单独设置其格式等方法将该信息突出显示；使用者更容易注意到该处内容，从而加深对图表的理解。

例如在众多数据中，需要强调某项目数据的变化趋势，则可以将其他项目对应的折线图淡化，单独强调该项目对应的折线图，如图 5-8 所示。

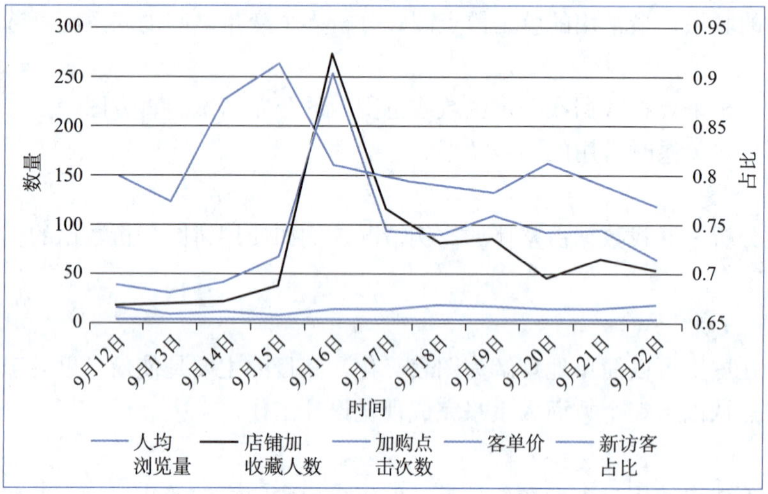

图 5-8　强调某项目数据的变化趋势

二、数据对比可视化

数据对比通常是指把两个或多个有一定联系的数据指标进行比较，从数量上展示和说明被对比对象的规模大小、水平高低、速度快慢等。在进行数据对比可视化分析时，常用的图表类型有柱形图、条形图等。

（一）柱形图

柱形图在直角坐标系中用宽度相同但长度不同的矩形条来表示数据的多少，使用者能够通过观察矩形条来对比不同的数据。柱形图一般适用于内容较为独立、缺乏连续性的数据对象。

下面介绍两种较为常用的柱形图。

1. 簇状柱形图

又分为单式簇状柱形图和复式簇状柱形图。单式簇状柱形图是用一组矩形条来比较该统计对象在各个维度的数量关系，如图 5-9 所示；复式簇状柱形图则是由两组或多组矩形条来比较两个或多个统计对象在多个维度的数量关系，同组的矩形条外观需一致，在各个维度下的排列顺序也应相同，如图 5-10 所示。

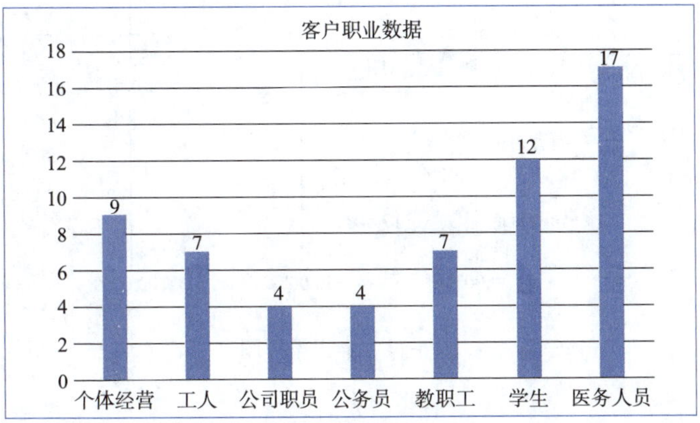

图 5-9　单式簇状柱形图

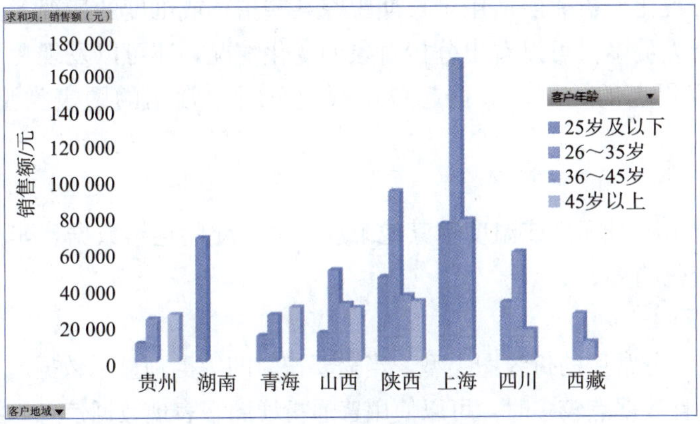

图 5-10　复式簇状柱形图

2. 堆积柱形图

当存在多个数据系列且希望强调总量时，可使用堆积柱形图来表示。这类柱形图将多个统计对象的同一个维度指标用一个矩形条来表示，矩形条的总长度代表该指标的总量，矩形条中的各段区域则对应不同的统计对象。

（二）条形图

条形图也是常用的统计图之一，它能够使人们一眼看出各个数据的大小，适用于比较数据之间的差别。实际上，条形图可以看作水平排列的形图，条形图也有簇状条形图、堆积条形图、百分比堆积条形图和三维条形图之分。如果需要比较的维度小于或等于五个，可以使用柱形图；如果大于五个，则可以考虑使用条形图，堆积条形图如图 5-11 所示。

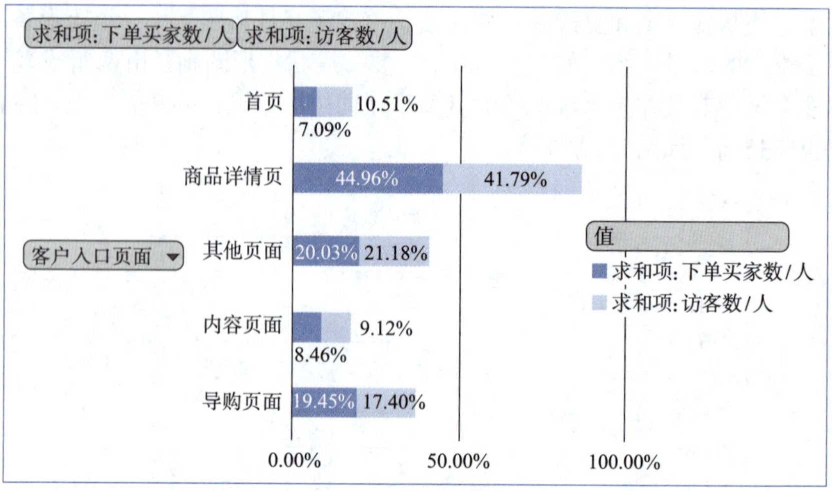

图 5-11 堆积条形图

三、数据趋势可视化

数据趋势的可视化分析一般适用于长期跟踪某些指标或维度的情况。通过数据趋势可视化分析，数据分析人员不仅可以看出分析对象的变化情况，还可以发现变化趋势中明显的拐点，以便分析出现拐点的原因。数据趋势可视化分析中常用的图表类型有折线图、面积图等。

（一）折线图

折线图可以显示随时间（或温度等其他维度）而变化的连续数据，非常适用于显示在相等间隔下数据的变化趋势。

1. 普通折线图

普通折线图是十分常用的折线图类型，当需要按时间等类别显示数据趋势，同时时间等类别的作用非常重要且数据点较多时，可以使用普通折线图来表现数据信息，如图 5-12 所示。

2. 堆积折线图

堆积折线图用于显示每一数值的大小随时间或其他维度而变化的趋势，强调的是数据叠加后整体的变化趋势，这种类型的折线图使用率较低，通常可用堆积面积图替代。

3. 百分比堆积折线图

百分比堆积折线图可以按时间等类别显示数据在变化时占整体的百分比情况，此时纵坐标轴将以百分比数值显示，这类折线图的使用率较低，通常可用百分比堆积面积图替代。

（二）面积图

面积图强调的是数量随时间或其他维度变化的程度，同时也可以表现数据变化的趋势。在需要同时表现总体情况和变化趋势时，使用面积图是很好的解决方案。

面积图包括普通面积图、堆积面积图、百分比堆积面积图和三维面积图等，各图表类型的作用与对应折线图的作用相似。

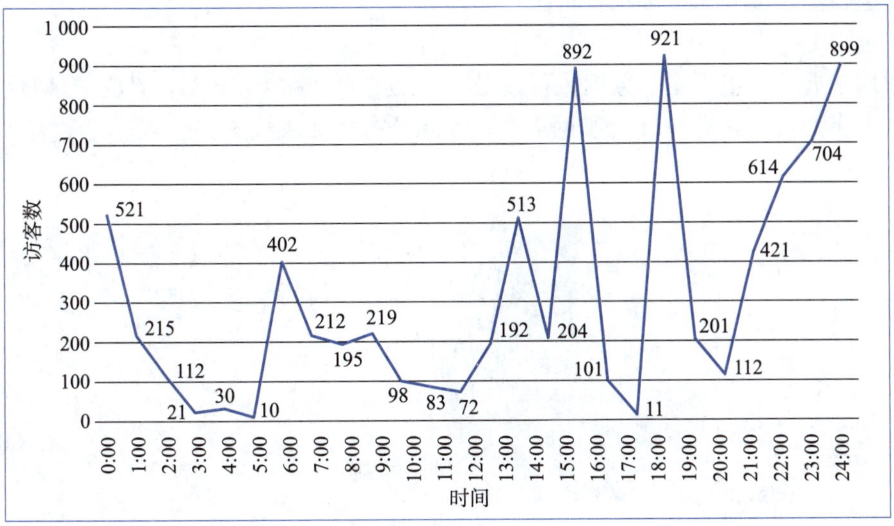

图 5-12　普通折线图

图 5-13 所示为某企业 2022 年三种产品销量的变化情况，使用堆积面积图就可以直观地显示其销量的总量和变化趋势。

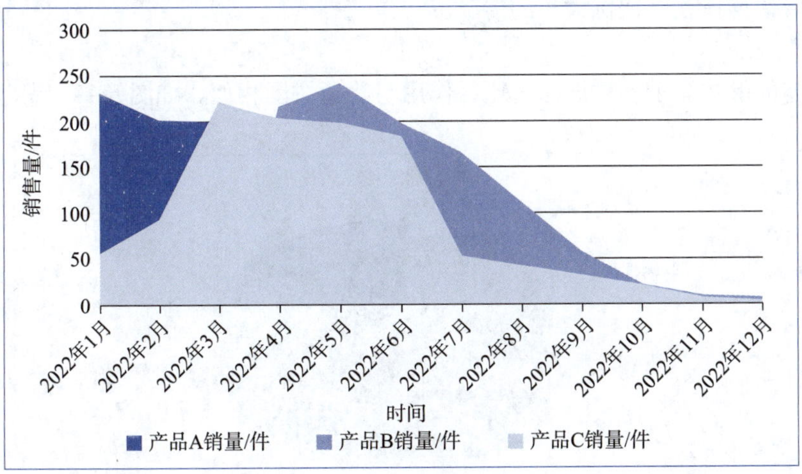

图 5-13　产品销量的堆积面积图

四、数据占比可视化

通过数据占比可视化分析，数据分析人员可以直观地看到各项数据所占的比例大小，从而快速找准处于核心地位或起关键作用的数据对象。在进行数据占比可视化分析时，常用的图表类有饼图、圆环图等。

（一）饼图

当一组数据只有一个维度，且需要反映各项目数据所占的比例时，可以使用饼图这个可视化工具。饼图由多个扇形区组成，各个扇形的大小就能反映数据的大致占比。饼图的类型主要有普通饼图、复合饼图和三维饼图三种。

1. 普通饼图

它适用于展示一组少量的数据，各数据所占比例的总和为100%，且需要体现各教据占整体比例大小的情况，图5-14为某网店客户来源分布情况饼状图。

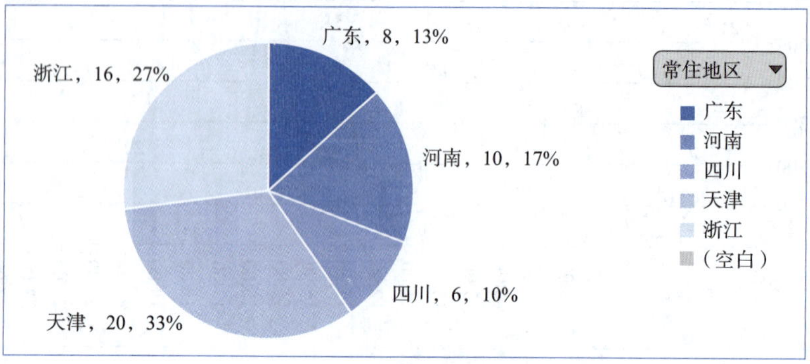

图5-14　客户来源普通饼图

2. 复合饼图

它适用于展示一组大量的数据，各数据所占比例的总和为100%，且需要体现某部分数据的细分领域数据占整体比例大小的情况。

3. 三维饼图

它以立体的形式显示各数据的占比，作用与普通饼图相似，如图5-15所示。

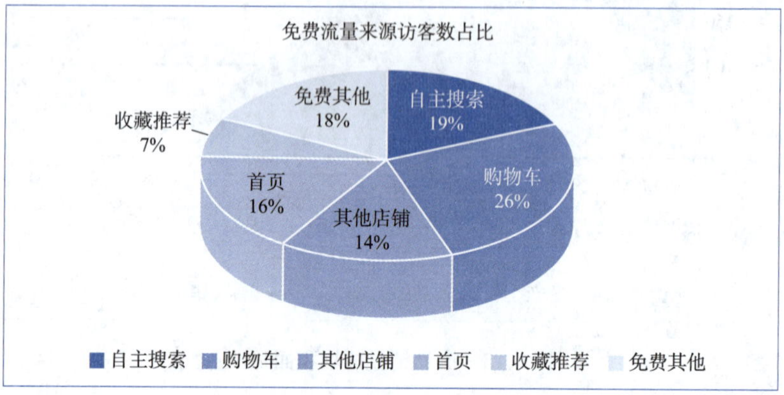

图5-15　客户来源三维饼图

（二）圆环图

圆环图同样可以显示各个部分与整体之间的关系，但其不同之处在于，圆环图可以包含多组数据，一组数据组成一个圆环，多组数据组成多组圆环。需要注意的是，当包含多组数据时，需要添加辅助信息来解释圆环图中各层圆环对应的数据对象，如图5-16所示。

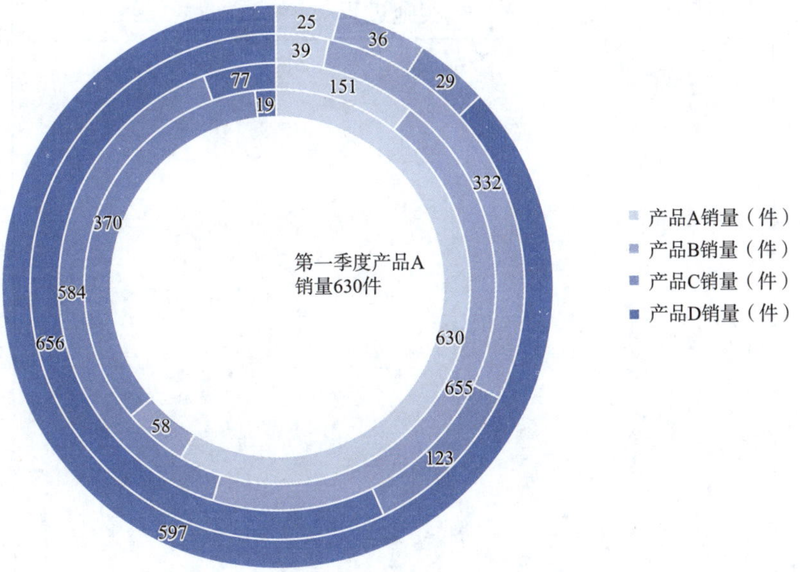

图 5-16　各产品一季度销售量圆环图

【任务实训】

任务单 5.1.1

<table>
<tr><td>任务项目</td><td colspan="2">利用柱形图分析童装网店产品</td></tr>
<tr><td>任务目标</td><td colspan="2">利用柱形图对比童装网店男童鞋产品近几年各类目商品的销量及其占比情况</td></tr>
<tr><td>任务描述</td><td colspan="2">某电商网店经营童装商品，现要求对于男童鞋产品近几年销量情况进行统计，并来利用柱形图展现统计结果</td></tr>
<tr><td>任务要求</td><td colspan="2">（1）数据统计。统计整理该童鞋产品销售额数据，将获取到的数据整理到 Excel 表格中。
（2）利用数据透视表整理销售额明细数据。
（3）将数据结果以柱形图形式展现</td></tr>
<tr><td rowspan="2">任务记录</td><td>实施过程</td><td>其他事项</td></tr>
<tr><td></td><td></td></tr>
</table>

<table>
<tr><td rowspan="2">任务记录</td><td colspan="4">实施过程</td><td>其他事项</td></tr>
<tr><td colspan="4"></td><td></td></tr>
<tr><td>任务反思</td><td colspan="5"></td></tr>
<tr><td>学号</td><td></td><td>姓名</td><td></td><td>时间</td><td></td></tr>
</table>

【任务实训】

评价单 5.1.1

评价项目					
技能评价	学生互评		组内评价	教师评价	
素质评价	评价要点			达标	未达标
	工匠精神	有耐心、精益求精			
	协作精神	重合作、团队协商			
	创新意识	有想法、创新创意			
	学习能力	会运用、求真求实			
学号		姓名		时间	

【学习总结】

项目学习总结记录

【任务实训】

任务单 5.1.2

任务项目	利用折线图分析童装市场成交量和竞争环境	
任务目标	利用折线图分析女童连衣裙 2022 年市场成交量变化趋势及店铺主要竞争对手的同类商品在近几年的成交量变化趋势	
任务描述	某电商网店经营童装商品，现要求对于女童连衣裙 2022 年市场成交量变化趋势及店铺主要竞争对手的同类商品在近几年的成交量变化趋势进行分析，并利用折线图展示	
任务要求	（1）数据统计。统计整理该女童连衣裙产品市场成交量数据，将获取到的数据整理到 Excel 表格中。 （2）利用数据透视表整理成交量明细数据。 （3）将数据结果以折线图形式展现	
任务记录	实施过程	其他事项

<table>
<tr><td rowspan="2">任务记录</td><td colspan="4">实施过程</td><td>其他事项</td></tr>
<tr><td colspan="4"></td><td></td></tr>
<tr><td>任务反思</td><td colspan="5"></td></tr>
<tr><td>学号</td><td></td><td>姓名</td><td></td><td>时间</td><td></td></tr>
</table>

【任务实训】

评价单 5.1.2

<table>
<tr><td>评价项目</td><td colspan="5"></td></tr>
<tr><td rowspan="2">技能评价</td><td colspan="2">学生互评</td><td colspan="2">组内评价</td><td>教师评价</td></tr>
<tr><td colspan="2"></td><td colspan="2"></td><td></td></tr>
<tr><td rowspan="5">素质评价</td><td colspan="3">评价要点</td><td>达标</td><td>未达标</td></tr>
<tr><td>工匠精神</td><td colspan="2">有耐心、精益求精</td><td></td><td></td></tr>
<tr><td>协作精神</td><td colspan="2">重合作、团队协商</td><td></td><td></td></tr>
<tr><td>创新意识</td><td colspan="2">有想法、创新创意</td><td></td><td></td></tr>
<tr><td>学习能力</td><td colspan="2">会运用、求真求实</td><td></td><td></td></tr>
<tr><td>学号</td><td></td><td>姓名</td><td></td><td>时间</td><td></td></tr>
</table>

【学习总结】

项目学习总结记录

【任务实训】

任务单 5.1.3

任务项目	利用饼状图分析童装网店各地区销售占比	
任务目标	利用饼状图，分析某童装网店各个地区销售量占比情况	
任务描述	某电商网店经营童装商品，现要求对于童装网店 2022 年各个地区销售量占比情况进行分析，并利用饼状图展现	
任务要求	（1）数据统计。统计整理该网店 2022 年各个地区销售量数据，将获取到的数据整理到 Excel 表格中。 （2）利用数据透视表整理销售数据。 （3）将数据结果以饼状图形式展现	
任务记录	实施过程	其他事项

	实施过程				其他事项
任务记录					
任务反思					
学号		姓名		时间	

【任务实训】

评价单 5.1.3

<table>
<tr><td>评价项目</td><td colspan="5"></td></tr>
<tr><td rowspan="2">技能评价</td><td colspan="2">学生互评</td><td colspan="2">组内评价</td><td>教师评价</td></tr>
<tr><td colspan="2"></td><td colspan="2"></td><td></td></tr>
<tr><td rowspan="5">素质评价</td><td colspan="3">评价要点</td><td>达标</td><td>未达标</td></tr>
<tr><td>工匠精神</td><td colspan="2">有耐心、精益求精</td><td></td><td></td></tr>
<tr><td>协作精神</td><td colspan="2">重合作、团队协商</td><td></td><td></td></tr>
<tr><td>创新意识</td><td colspan="2">有想法、创新创意</td><td></td><td></td></tr>
<tr><td>学习能力</td><td colspan="2">会运用、求真求实</td><td></td><td></td></tr>
<tr><td>学号</td><td></td><td>姓名</td><td></td><td>时间</td><td></td></tr>
</table>

【学习总结】

项目学习总结记录

任务二 撰写数据分析报告

【案例导入】

江西省网络商品交易市场分析报告（节选）

2021 年，电子商务显示出了强劲的韧性，成为服务构建以国内大循环为主体、国内国际双循环相互促进的新发展格局的重要力量。电子商务创新全球产业分工及协作方式，有效提升内外贸一体化程度，促进国内国际双循环畅通。从国内市场来看，网络购物已经成为我国居民消费的重要渠道。

在线服务电子商务创新活跃，直播电子商务为农产品及更多品牌提供了数字化零售新模式，B2B 电子商务加速带动了供应链上下游企业数字化协同，跨境电子商务成为稳定外贸的重要力量，农村电子商务助力脱贫攻坚顺利收官，RCEP 协议签署推进“丝路电商”合作新发展。

社交电商、直播电商等新模式快速应用，成为许多线下企业开辟线上市场的重要抓手。智能制造与数据赋能催生出用户直连制造（C2M）等新模式，电子商务促进要素优化配置作用不断提升，服务民生能力进一步增强。

1. 江西省网络主体达到 621 743 家

2021 年，江西省网络主体达到 621 743 家，其中交易类主体 514 523 家，占比 82.75%；非交易类主体 107 220 家，占比 17.25%，如图 5-17 所示。

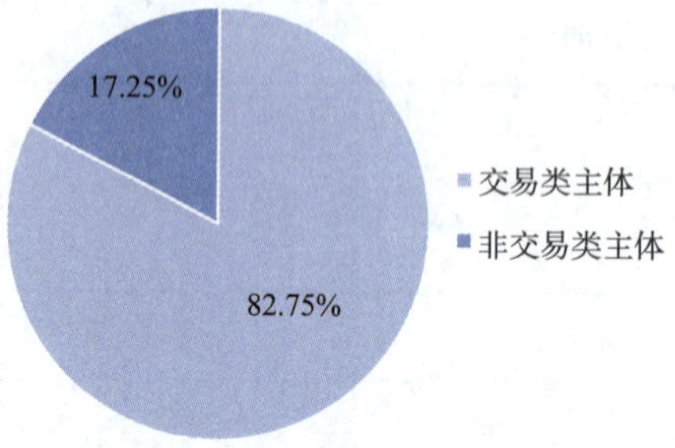

图 5-17 江西省网络主体构成

2. 江西省网络商品交易市场主体数量为 514 523 家

2021 年，江西省网络商品交易市场活跃，参与网络商品交易经营行为的市场主体数量达到 514 523 家；其中，国内主流交易平台辖区内网店数量最多，达到 349 431 家，占比 67.91%；网络餐饮平台店铺数量为 155 366 家，占比 30.20%；直播电商网店数量为 8 917 家，占比 1.73%；辖区内自建交易网站数量为 707 家，占比 0.14%；辖区内交易平台数量为 102 家，占比 0.02%，如图 5-18 所示。

3. 江西省网络商品交易总额达到 1 629.99 亿元

2021 年，江西省网络商品交易总额达到 1 629.99 亿元，其中，国内主流交易平台网店

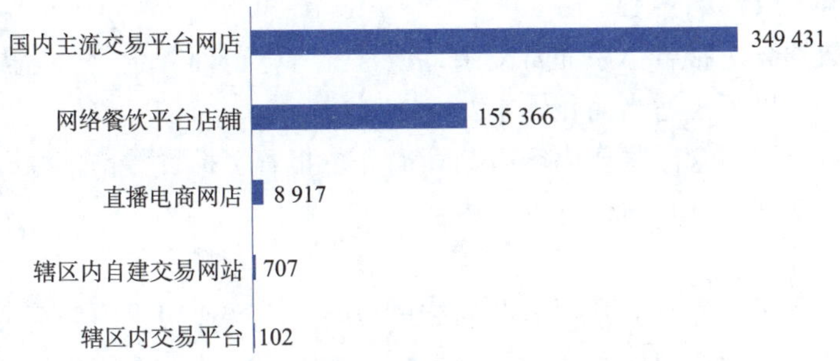

图 5-18　江西省网络市场组体构成

交易额最高，达到 1 625.96 亿元，占网络商品交易总额的 99.75%；辖区内自建交易网站的交易额为 3.32 亿元，占网络商品交易总额的 0.20%；辖区内交易平台的交易额为 0.71 亿元，占网络商品交易总额的 0.05%。

4. 网络商品交易区域对比分析

2021 年，江西省辖区内交易平台数量为 102 家，在五省市中位列第五位。

【知识储备】

数据分析报告实际上是一种应用文体，它是根据数据分析得出结论，展示内容并提出解决办法的一种文件，是决策者掌握信息、执行决策的重要工具之一。数据分析人员完成数据分析工作后，为了与他人沟通或交流分析结果，就需要将分析结果体现在数据分析报告中，制作数据分析报告的主要目的在于将分析结果、可行性建议及其他有价值的信息传递给其他相关人员。

本任务将对数据分析报告的基本知识和制作方法进行介绍。

一、数据分析报告认知

（一）数据分析报告的作用

总体来看，数据分析报告的作用，集中体现为展示分析结果、验证分析质量和提供决策参考三个方面。

1. 展示分析结果

数据分析报告可以将数据分析结果，清晰且有条理地展示给决策者或其他相关人员，使他们迅速理解、分析和研究问题的基本结论。

2. 验证分析质量

数据分析报告实际上也是对整个数据分析过程的总结，通过报告中对数据分析方法的描述、对数据结果的处理与分析等，数据分析人员可以重新检验数据分析的质量和准确性，在制作报告的过程中检查数据内容是否有误，以便及时修正或调整。

3. 提供决策参考

数据分析报告可以为决策者提供决策参考，决策者往往没有过多的时间去详细了解数据分析指标、数据分析模型的具体情况，他们关注的只是结果，并利用数据分析结果来制定决策方案。

（二）数据分析报告的内容

严格来说，数据分析报告体系非常复杂，通常针对电子商务企业运营需求，而制作的商业报告，对报告结构进行了适当简化。

一份商业报告所需包含的主要内容有公司简介、报告目标、数据来源、数据展示、数据分析和报告结论几个部分。具体包含的内容如下：

1. 公司简介

通常是对一个企业或组织的基本情况的简单说明。在商业报告中撰写公司简介时，首先需要明确公司的背景，如公司性质和组成方式等，其次从整体上介绍公司的经营范围、公司理念和公司文化，再次概括介绍公司现在的经营状况，最后指明公司未来的发展方向或现阶段的发展目标。

2. 报告目标

在撰写商业报告时需要明确商业报告的目标，在接到需求公司的商业报告项目后，应阐明需求企业对于经营的疑虑，再针对企业面临的主要问题，提出解决办法。

3. 数据来源

向消费者企业说明商业规划中所有数据的来源，并指出为什么要选择这些数据源，以及数据的搜集方法。一般可以使用数据统计工具获得相关数据。例如分析店铺运营的生意参谋软件，分析会员数据的 CRM 软件等。

4. 数据展示

将商业规划中所用到的数据展现出来，包括商品相关数据的各种处理方法等。例如制作童装销售店铺的商业报告，则需要把各种童装商品的类目数据、品牌数据和销售平台数据等数据加以展示。

5. 数据分析

对于店铺而言，数据分析主要涉及商品类目成交量、商品类目销售额、商品品牌成交量、商品品牌销售额、销售平台数据，与这几个方面数据相关的其他数据也需要进行细化和分析，以便全面评估数据结果。

6. 报告结论

在商业报告结论的撰写过程中，要从消费者企业的诉求出发，为消费者企业提供建议。例如某消费者企业想知道在开设网上店铺时，什么商品类目和品牌能有好的成交量或好的销售额，淘宝和天猫这两种类型的店铺，哪个具有更大的优势等。

（三）数据分析报告的结构

数据分析报告要有一个好的框架，像盖房子一样，好的分析肯定是有基础、有层次的，且层次明了，让读者一目了然，结构清晰、主次分明，这样才能易读易懂，同时也会吸引读者继续研读报告的内容。

数据分析报告具有一定的结构，但是这种结构并不是一成不变的。不同的数据分析师、不同性质的数据分析及不同的需求，得到的数据分析报告也有不同的结构。最经典的报告结构是“总—分—总”结构，它主要包括：引入、正文和结论三大部分，如图 5-19 所示。

二、数据分析报告撰写流程

数据分析报告撰写流程就是撰写数据分析报告的思路，概括出该数据分析报告写作的步骤及每个步骤用到的方法，报告撰写流程如图 5-20 所示。

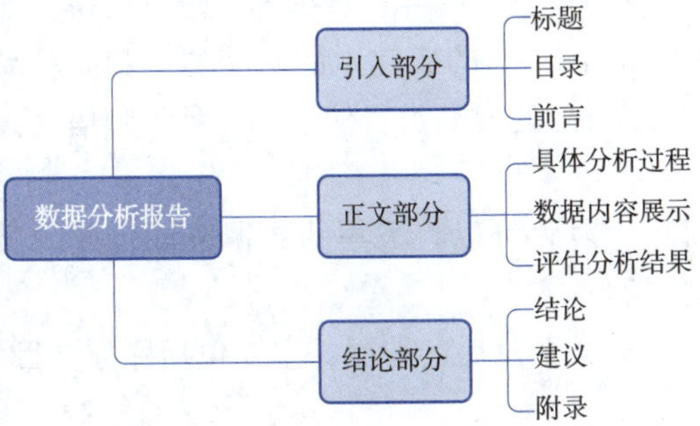

图 5-19　数据分析报告结构

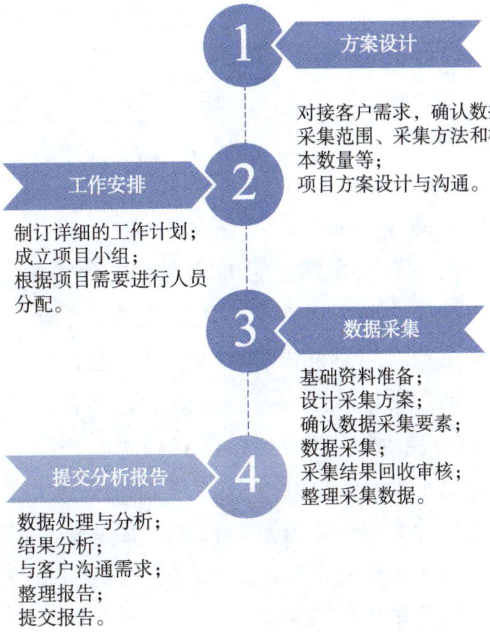

图 5-20　数据分析报告撰写流程图

了解数据商业报告的内容组成后，下面将以制作某电子商务公司开设网上店铺的商业报告为例，展示一份完整的商业报告的制作过程。

1. 制作公司简介

L 电子商务公司是集销售和服务于一体的专业洗衣机经销商，涵盖洗衣机、烘干机等众多洗衣机品牌和机器配件。公司具有专业的进货渠道，是众多洗衣机品牌的特约经销商，已经在 20 个城市开设实体店，针对新时代消费群，公司在原有的 20 个城市中的实体店配备了完善的渠道营销网络和售后服务分支机构，为消费者提供专业的售后服务。为了顺应网购的大潮流，公司准备进驻互联网，打算在淘宝或者天猫上开设网上旗舰店，服务更多的消费者。

2. 撰写报告目标

L 公司关于开设网上店铺存在以下两个需要解决的问题

（1）销售什么商品？

（2）选择淘宝和天猫中的哪一种店铺类型？

3. 撰写报告流程

撰写报告流程就是报告的数据分析流程，首先在淘宝和天猫两个平台上找到销售量前 10 名的店铺，搜集这 10 家店铺销售的商品类目和品牌。分别对各商品类目和品牌的成交量和销售额进行分析，找出最佳商品类目和洗衣机品牌。最后，对销售量前 10 名的店铺所对应的销售平台（淘宝和天猫）进行分析，找出最佳销售平台。图 5-21 为 L 公司数据分析报告流程图。

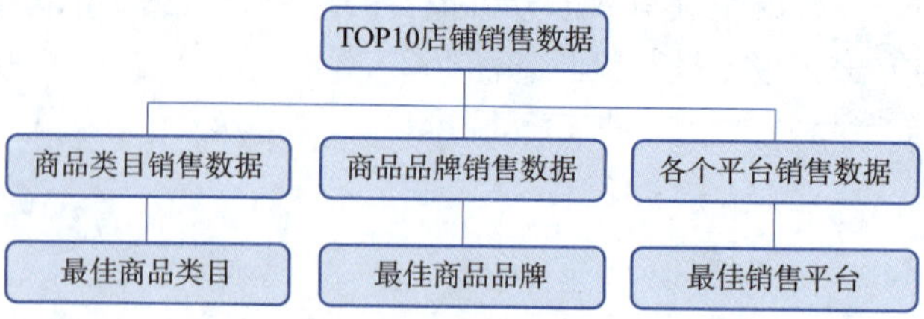

图 5-21　L 公司数据分析报告流程图

4. 数据采集

由于 L 公司网上店铺的开设平台主要是阿里巴巴旗下的淘宝和天猫，制作商业报告时的数据应主要来自淘宝和天猫这两个平台，可以通过阿里巴巴的专业数据统计工具获得，如阿里指数、生意参谋等。淘宝和天猫两个平台中排名前 10 名的店铺中的商品类目和商品品牌数据。可以通过商家网独立店铺运营数据搜集每家店铺的商品类目信息和商品品牌信息。

5. 展示报告中的数据

由于 L 公司的业务主要涉及洗衣机相关的商品，因此可以将采集的数据按该行业的类目进行分类整理，并加以展示。需要展示的内容包括：

（1）销售量前 10 名的店铺，按类目进行排序并分类汇总后的数据，主要包括标准类目、成交量及销售额数据。

（2）洗衣机产品品牌展示，主要包括标准品牌、成交量、销售额数据。

（3）L 公司的销售平台主要是在淘宝和天猫中选择，包括两个销售平台的洗衣机成交量和销售额数据。

6. 分析图表数据

数据分析的意义在于企业可以通过商业报告中的数据分析，判断市场的动向，从而制订合适的生产与销售计划。下面就根据数据展示的内容，对相关数据进行分析。本案例中，主要从三个方面进行具体数据分析。第一，商品类目。通过对商品类目数据的分析，可以了解市场上各种商品的成交量和销售额。第二，商品品牌。分析商品品牌的成交量和销售额，可以帮助销售商认识所销售的品牌，并确定主要的销售品牌。第三，销售平台。由销售平台所制作的饼图可以对比天猫和淘宝两个平台的销售额。

7. 报告结论

通过以上的数据内容及数据分析，可以得出几点建议。第一，商品类目。如果该公司比较看重商品类目的成交量，那么主营类目首先应考虑的是成交量较高的洗衣机类目。如果该公司比较看重商品类目的销售额，那么主营类目首先应考虑的是洗烘一体机，因为洗烘一体机的定价远远高于其他商品类目。第二，商品品牌。商品的品牌选择上，公司应该选择在消费者群体中拥有较高的品牌形象认知，成交量和销售额都比较高的×品牌。第三，销售平台。通过淘宝和天猫的销售平台数据，天猫拥有更高的销售能力，所以该公司应该将天猫作为第一考虑的销售平台。

三、数据分析报告撰写原则

数据分析报告在撰写过程中需注意以下四项原则：

（一）规范性原则

数据分析报告，要“以数据说话”，所使用的数据单位、名词术语一定要规范、标准统一、前后一致，要与业内公认的术语一致。所使用指标的数据来源有清晰的说明，从数据管理系统采集的要说明系统名称，现场测量的要说明抽样方式、样量和测量时间段等。

（二）突出重点原则

数据分析报告要突出数据分析的重点，在各项数据分析中，应根据分析目标重点选取关键指标，科学专业地进行分析。此外，针对同一类问题，其分析结果也应当按照问题重要性的高低来分级阐述。

（三）谨慎性原则

数据分析报告的撰写过程一定要谨慎，基础数据必须真实、完整，分析过程必须科学、合理、全面，分析结果要可靠，内容要实事求是，不可主观臆测。

（四）创新性原则

创新对于分析报告而言，一是要适时地引入新的分析方法和研究模型，在确保数据真实的基础上，提高数据分析的多样性，从而提高质量，一方面可以用实际结果来验证或改进它们，另一方面也可以让更多的人了解到全新的科研成果；二是要倡导创新性思维，提出的优化建议在考虑企业实际情况的基础上，有一定的前瞻性、操作性、预见性。

总之，一份完整的数据分析报告，应当围绕目标确定范围，遵循一定的前提和原则，系统地反映存在的问题及原因，从而进一步找出解决问题的方法。

【任务实训】

任务单 5.2.1

<table>
<tr><td>任务项目</td><td colspan="2">童装企业开设网店数据分析报告撰写</td></tr>
<tr><td>任务目标</td><td colspan="2">完成童装企业开设网店数据分析的数据分析报告</td></tr>
<tr><td>任务描述</td><td colspan="2">某童装企业经营童装商品多年，有稳定的销售渠道，现公司准备进驻互联网，打算在淘宝或者天猫上开设网上旗舰店，服务更多的消费者，现邀请数据分析人员，结合行业现状，完成数据分析报告，帮助企业选择合适的销售平台和品牌等</td></tr>
<tr><td>任务要求</td><td colspan="2">按照数据分析报告撰写流程，撰写一份完整的数据分析报告</td></tr>
<tr><td rowspan="2">任务记录</td><td>实施过程</td><td>其他事项</td></tr>
<tr><td></td><td></td></tr>
</table>

任务记录	实施过程				其他事项
任务反思					
学号		姓名		时间	

【任务实训】

评价单 5.2.1

<table>
<tr><td>评价项目</td><td colspan="5"></td></tr>
<tr><td rowspan="2">技能评价</td><td colspan="2">学生互评</td><td colspan="2">组内评价</td><td>教师评价</td></tr>
<tr><td colspan="2"></td><td colspan="2"></td><td></td></tr>
<tr><td rowspan="5">素质评价</td><td colspan="3">评价要点</td><td>达标</td><td>未达标</td></tr>
<tr><td>工匠精神</td><td colspan="2">有耐心、精益求精</td><td></td><td></td></tr>
<tr><td>协作精神</td><td colspan="2">重合作、团队协商</td><td></td><td></td></tr>
<tr><td>创新意识</td><td colspan="2">有想法、创新创意</td><td></td><td></td></tr>
<tr><td>学习能力</td><td colspan="2">会运用、求真求实</td><td></td><td></td></tr>
<tr><td>学号</td><td></td><td>姓名</td><td></td><td>时间</td><td></td></tr>
</table>

【学习总结】

项目学习总结记录

项目训练

一、单项选择题

1. (　　)是及时、有效反馈出数据异常的一种手段。

A. 数据统计　　B. 数据分析　　C. 数据采集　　D. 数据监控

2. 数据分析报告中的前言页主要包括(　　)三个方面的内容。

A. 标题、目录及前言　　B. 分析背景、目的及思路

C. 分析背景、趋势及整体结论　　D. 目的、思路及框架"

3. 在 Excel 表格图表中，不存在的图形类型是(　　)。

A. 条形图　　B. 圆锥形图　　C. 柱形图　　D. 扇形图

4. 下列不能提升客单价的方式是(　　)。

A. 更换物流公司　　B. 提供附加服务　　C. 开展促销活动　　D. 加强客服推荐

5. Excel 电子表格 A1 到 C5 为对角构成的区域，其表示方法是(　　)。

A. A1∶C5　　B. C5∶A1　　C. A1，C5　　D. A1＋C5

二、多项选择题

1. 常用的数据分析报告可以分为以下三种类型(　　)。

A. 专题分析报告　　B. 综合分析报告　　C. 行业数据报告　　D. 日常数据通报

2. 正文是一篇数据分析报告的核心部分，必须与分析思路相结合，要以严谨科学的论证，确保观点的合理性和真实性。以下对正文部分的描述正确的是(　　)。

A. 正文部分要包括分析背景、目的及思路三方面

B. 正文部分以图文并茂的方式将数据分析过程与分析结果进行展示

C. 正文部分的展示需要美观，可以风格多样，加入多种展示样式、丰富展示的类型

D. 正文在编写过程中应科学严谨、结构清晰、结论明确

3. 报表可以认为是一种服务手段，从用户方便查看及使用角度出发，针对不同的目标用户需要有不同的设计偏向，以下说法正确的是(　　)。

A. 对决策层人员，要直接把结果以最简单的方式呈现，并且尽量减少操作

B. 向决策层人员展示的内容都需向中层管理人员展示

C. 对管理人员，一方面要汇报问题的解决方案，一方面要协助管理者向下安排工作，解决具体问题

D. 对一线执行人员，要求报表便于使用、有针对性，解决实际工作中出现的具体问题

三、判断题

1. 数据分析报告在撰写的过程中需注意以下四项原则：规范性原则、突出重点原则、创新性原则及多样性原则。(　　)

2. 一份完整的数据分析报告，应当围绕目标确定范围，遵循一定的前提和原则，系统地反映存在的问题及原因，从而进一步找出解决问题的方法。(　　)

四、案例分析题

以笔记本电脑子类目为例。利用阿里指数分析该商品品类的市场行情，搭建《笔记本电脑市场行情分析报告》的报告框架，并对分析思路进行简单的阐述。